Thomas Schauder

Heimkinderschicksale

Thomas Schauder

Heimkinderschicksale

Falldarstellungen und Anregungen
für Eltern und Erzieher problematischer Kinder

Anschrift des Autors:

Dr. phil. Thomas Schauder
Psychologische Praxis
Egerländer Str. 35a
65779 Kelkheim/Ts.

1. Auflage 2003

Das Buch gründet auf einem früheren Werk des Autors, erschienen unter dem Titel „Verhaltensgestörte Kinder in der Heimerziehung", 1995 bei Psychologie Verlags Union

© Beltz Verlag, Weinheim, Basel, Berlin 2003
Programm PVU Psychologie Verlags Union
http://www.beltz.de

Lektorat: Sabine Obergfell
Herstellung: Uta Euler
Umschlagbild: amana Germany GmbH, Hamburg
Satz: TypoStudio Tobias Schaedla, Heidelberg
Druck und Bindung: Druckhaus „Thomas Müntzer", Bad Langensalza
Printed in Germany

ISBN 3-621-27533-9

Für Jonas

Ich danke allen, die mit ihrer konstruktiven Kritik zum Gelingen des Buches beigetragen haben.

Insbesondere danke ich Ute für ihre engagierte und kompetente Hilfe und Unterstützung.

Inhalt

Um was geht es in diesem Buch
– und wen interessiert das?   IX

I Heimerziehung – was ist das und wozu ist sie gut?   1
1.1   Gesetzliche Rahmenbedingungen
      der Heimerziehung   1
1.2   Konzeptuelle Gedanken zur Heimerziehung   7
1.2.1 Definition der Heimerziehung   7
1.2.2 Kennzeichen der Heimerziehung   8
1.2.3 Ziele und Grenzen der Heimerziehung   9
1.2.4 Psychologische Diagnostik als Grundlage
      der therapeutischen Arbeit mit dem Kind   11
1.2.5 Die therapeutische Arbeit mit dem Kind   14
1.2.6 Die psychotherapeutische Arbeit mit den Eltern   25

2 Welche Kinder kommen schließlich ins Heim
       – und wieso?   36
2.1   Das Kind als Symptomträger   36
2.2   Formen kindlicher Verhaltensstörungen   38
2.2.1 Definition von Verhaltensstörung   38
2.2.2 Störungen des Leistungsverhaltens   40
2.2.3 Nichtleistungsbezogene Störungen   41
2.2.4 Verhaltensstörungen als Symptomkomplex   44
2.3   Ursachen kindlicher Verhaltensstörungen   45
2.3.1 Gestörte Familienverhältnisse   45
2.3.2 Psychische Störungen der Eltern   49
2.3.3 Suchtprobleme der Eltern   50
2.3.4 Sexueller Missbrauch   51
2.3.5 Misshandlungen   53
2.3.6 Interaktion diverser Verursachungsfaktoren   54

3 Klaus, Helena, Jan und Agnes
    – vier ausgewählte Kinderschicksale   56
  3.1 Klaus, 9 Jahre   59
  3.2 Helena, 10 Jahre   92
  3.3 Jan, 8 Jahre   113
  3.4 Agnes, 7 Jahre   144

4 Noch etwas zum Thema Heimerziehung – Ausblick   174

5 Worauf sollten Väter oder Mütter achten
    – ausgewählte Leitsätze und Regeln   177

6 Wer hilft, wenn Hilfe gebraucht wird
    – Informationen über Anlaufstellen   183

Sachregister   187

Literaturvorschläge   192

Um was geht es in diesem Buch — und wen interessiert das?

Dieses Buch handelt von sogenannten „verhaltensgestörten" Kindern, die wegen des Ausmaßes und der Schwere ihrer Störungen ins Heim kommen. Es geht um Kinder, die mit ihrem Verhalten im Kindergarten, in der Schule, in der Freizeit und zu Hause in ihrer Familie immer wieder derart gegen alle gültigen Regeln und Normen verstoßen, dass ein weiteres Miteinander nicht mehr möglich erscheint. Diese Kinder werden wegen ihres gravierenden Fehlverhaltens als verhaltensauffällig bzw. verhaltensgestört bezeichnet und müssen, wenn andere Maßnahmen nicht greifen, in einer Einrichtung der Kinder- und Jugendhilfe untergebracht und betreut werden.

Dieses Buch wendet sich an alle, die mit Kindern zu tun haben: an Eltern, an Adoptiv- und an Pflegeeltern, an Erziehungsstelleneltern, an Erzieher im Kindergarten, in der Kindertagesstätte, im Heim bzw. in einer stationären Einrichtung der Kinder- und Jugendhilfe, im Kinderdorf, an Lehrer in einer Schule oder in einem Ausbildungsbetrieb und ausdrücklich an alle, die sich für Kinder interessieren.

Die genannten – professionell oder nicht professionell – erzieherisch tätigen Erwachsenen werden im Zusammensein mit den ihnen anvertrauten Kindern im Alltag immer wieder mit Verhaltensweisen der Kinder konfrontiert, bei denen sich den Erwachsenen die Frage stellt, ob das beobachtete Verhalten der Kinder „noch normal" ist.

Ich war über zwölf Jahre als Klinischer Psychologe in einem heilpädagogischen Kinderheim – in einer vollstationären Einrichtung der Kinder- und Jugendhilfe – tätig. Und ich hatte mich tagtäglich exakt mit dieser Frage zu beschäftigen. Zu meinen primären Aufgabenbereichen gehörte eine fundierte diagnostische Abklärung der zu beobachtenden kindlichen Verhaltensstörungen und ihrer Ursachen. Die in einer solchen Einrichtung betreuten Kinder haben in der Regel bereits eine Odyssee verschiedener Hilfemaßnahmen hinter sich gebracht, bis sie schließlich im Heim landeten.

Dieses Buch ist entstanden, weil ich mich schon seit geraumer Zeit mit dem Gedanken trug, meine vielfältigen Erfahrungen mit diesen Kindern und deren Eltern niederzuschreiben. Zum einen war es mir wohl ein persönliches Bedürfnis, meine Erlebnisse und Eindrücke, meine Betroffenheit und manchmal Hilflosigkeit auf diese Weise noch einmal zu reflektieren. Mit meinem Bericht möchte ich zudem die Wahrnehmung der Leserinnen und Leser schärfen, damit sie folgenschwere Probleme in der Erziehung von Kindern und Jugendlichen rechtzeitig erkennen und angemessen darauf reagieren mögen, um eine spätere Heimunterbringung vermeiden zu können.

Zum anderen möchte ich dazu beitragen, das Bild in der Öffentlichkeit über die pädagogische und psychologische Arbeit in Kinder- und Jugendheimen der Erziehungshilfe zu hinterfragen und Vorurteile in Bezug auf die Heimerziehung abzubauen. Bis heute wird in Politik und Gesellschaft häufig Ursache und Wirkung der Heimerziehung verwechselt und die Kausalität der Zusammenhänge verkannt. „Kein Wunder, es musste ja so kommen! Das war ein Heimkind!" Solche und ähnliche Äußerungen begründen das spätere Scheitern eines Menschen, etwa dessen Straffälligwerden, maßgeblich mit der Tatsache, dass dieser in einem Heim aufgewachsen ist. Die Assoziation, dass das Heim mehr oder minder die Schuld oder Verantwortung für das persönliche Scheitern dieses Menschen trägt, liegt nahe. Das Heim hat mit seiner Erziehung versagt und diesen Menschen zum Täter werden lassen.

Tatsache ist jedoch – und dies wird allzu oft nicht zur Kenntnis genommen – dass primär das engere soziale Umfeld aufgrund elementarer Störungen unterschiedlichsten Ursprungs überhaupt erst eine Heimaufnahme notwendig und oft unumgänglich werden lässt. Zu massiven innerfamiliären Konflikten kommt in vielen Fällen ein ungünstiges soziales Milieu mit geringem Sozialprestige und gesellschaftlicher Isolation hinzu, oft einhergehend mit finanziellen Nöten, Schulden und Mietrückständen. Unter diesen Lebensbedingungen ist ein förderliches Erziehungsklima in der Familie nicht (mehr) gewährleistet. Nicht selten besteht unmittelbare „Gefahr in Verzug" für das Kind, wie es die Familienrichter im Juristendeutsch formulieren, so dass unverzüglich gehandelt werden muss. Weil das Zuhause, die Familie, in irgendeiner Weise „aus dem Lot" ist bzw. gravierende Probleme aufweist, reagiert das Kind mit Verhaltensstörungen. Dies gilt – bis auf wenige Ausnahmen – für annähernd alle der als verhaltensgestört bzw. verhaltensauffällig diagnostizierten Kinder. Das Kind wird zum Symptomträger eines nicht intakten Familienmilieus. Das System Familie ist gestört, einzelne Familienmitglieder – und nicht zuletzt die Kinder – weisen psychische Störungen auf.

Welche Kinder kommen schließlich ins Heim – und wieso? In diesem Kapitel wird ausführlich auf die Formen kindlicher Verhaltensstörungen und ihrer Ursachen eingegangen. Es soll der kausale Zusammenhang zwischen relevanten familiären Problemen und den diversen Symptomen kindlicher Verhaltensauffälligkeiten als Reaktionen der Kinder auf das gestörte familiäre Milieu dargestellt werden.

Heimerziehung – was ist das und wozu ist sie gut? Zuvor erfolgen in diesem Kapitel einige konzeptuelle Gedanken zur Heimerziehung. Es soll versucht werden, einen Einblick in die Grundlagen heilpädagogisch-psychologisch ausgerichteter Heimerziehung zu geben und deren Notwendigkeit und Ziele unter Berücksichtigung der aktuellen gesetzlichen Rahmenbedingungen verständlich zu machen.

Klaus, Helena, Jan und Agnes – vier ausgewählte Kinderschicksale. Diese Falldokumentationen aus der Praxis stehen im Mittelpunkt des Buches. Es handelt sich dabei ausschließlich um authentische und keinesfalls besonders spektakuläre Fälle. Die persönlichen Daten in den Beschreibungen wurden durch den Autor verändert. Darüber hinaus wurden inhaltliche Modifikationen vorgenommen, so dass die Anonymität der betroffenen Personen gewährleistet ist.

Noch etwas zum Thema Heimerziehung – Ausblick. Hier folgen einige kritische Gedanken zum Stellenwert der Heimerziehung im Rahmen der Kinder- und Jugendhilfe.

Worauf sollten Väter oder Mütter achten – ausgewählte Leitsätze und Regeln. In diesem Kapitel werden einige wichtige erzieherische Leitsätze und Regeln für Eltern vorgestellt, um dazu beizutragen, dass Kinder zu selbstbewussten und zufriedenen Menschen werden können.

Wer hilft, wenn Hilfe gebraucht wird – Informationen über Anlaufstellen. Schließlich sollen in diesem Kapitel einige Anregungen und Vorschläge unterbreitet werden, an wen sich Eltern, Erzieher und Lehrer wenden können, wenn sie in Erziehungsfragen nicht mehr weiter wissen.

Mit diesem Buch soll auch ein Einblick gegeben werden in die pädagogische und psychologische Arbeit mit Kindern, die in früheren Zeiten (zu Unrecht) als „schwer erziehbar" bezeichnet und in entsprechenden „Anstalten" untergebracht wurden. In erster Linie jedoch sollen durch die detaillierte Schilderung einiger ausgewählter familiärer Realitäten Hintergründe offen gelegt und betroffenen Eltern, Erziehern und Lehrern Anstöße gegeben werden, ihre Wahrnehmung für Probleme im erzieherischen Alltag zu schärfen und rechtzeitig zu handeln, wenn es angezeigt ist. So können später notwendig werdende, umfassende und einschneidende Maßnahmen wie z.B. eine Fremdunterbringung der ihnen anvertrauten Kinder und Jugendlichen in einem Erziehungsheim vermieden werden.

Bei den Leserinnen und Lesern soll mit den Berichten Betroffenheit und Nachdenklichkeit ausgelöst werden. Sie sollen sensibilisiert werden für soziale Problemfälle, die man sich nicht gerne vor Augen führt und mit denen die moderne Leistungsgesellschaft nur ungern konfrontiert wird. „Die hier geschilderten Kinderschicksale betreffen doch Außenseiter unserer Gesellschaft", so werden einige sagen, „sie repräsentieren doch nicht die Norm!" Das ist sicherlich korrekt. Aber es gibt sie! Und gar nicht so selten, wie viele meinen! Ende 1996 lebten in Deutschland über 125.000 Kinder und Jugendliche außerhalb der Herkunftsfamilie: 50.700 in Pflegefamilien und 75.500 in ca. 3.000 Heimen, Wohngruppen und Kinderdörfern (laut Bundesministerium für Familie, Senioren, Frauen und Jugend in: Kinder- und Jugendhilfegesetz (KJHG), 1999, S. 9).

Um diese Kinder geht es in diesem Buch.

Kelkheim/Ts., im März 2003   Thomas Schauder

Heimerziehung – was ist das und wozu ist sie gut?

1.1 Gesetzliche Rahmenbedingungen der Heimerziehung

GESETZESTEXT

Heimerziehung

„Hilfe zur Erziehung in einer Einrichtung über Tag und Nacht (Heimerziehung) … soll durch eine Verbindung von Alltagserleben und pädagogischen und therapeutischen Angeboten Kinder und Jugendliche in ihrer Entwicklung fördern und entsprechend ihrem Alter und Entwicklungsstand sowie den Möglichkeiten der Verbesserung der Erziehungsbedingungen in der Herkunftsfamilie

1. eine Rückkehr des Kindes oder des Jugendlichen in die Familie zu erreichen versuchen oder
2. die Erziehung in einer anderen Familie oder familienähnlichen Lebensform vorbereiten oder
3. die Verselbständigung des Jugendlichen fördern und begleiten. …"

Bundesministerium für Familie, Senioren, Frauen und Jugend in: Kinder- und Jugendhilfegesetz (KJHG), 1999, S. 53, § 34.

Heimerziehung ist spätestens dann angezeigt, wenn alle zuvor durchgeführten ambulanten Maßnahmen erfolglos geblieben sind. Kinder, für die eine solche Jugendhilfemaßnahme im Rahmen des Kinder- und Jugendhilfegesetzes (KJHG) aus dem Jahre 1990 eingeleitet wird, fallen ihrer sozialen Umgebung nicht nur aufgrund ihrer Verhaltensstörungen massiv zur Last, sondern sie leiden auch selbst erheblich unter ihren Problemen.

In der Regel werden diese Kinder auffällig, wenn sie „sozial bestehen" müssen, wenn sie außerhalb ihrer Familie im alltäglichen Umgang mit anderen Menschen – seien es Gleichaltrige oder Erwachsene – zurechtkommen sollen. So lange sie sich fast ausschließlich im familiären Milieu aufhalten, werden die besagten Verhaltensauffälligkeiten für das soziale Umfeld weniger stark zur Belastung bzw. können noch weitgehend kaschiert und verharmlost werden.

Vorschulalter. Bereits im Krabbel- bzw. Spielkreis der Kleinkinder können auffällige Verhaltensweisen beobachtet werden, wobei es sich schon zu diesem frühen Zeitpunkt um erste Hinweise einer sich anbahnenden sozialen Fehlentwicklung der Kinder handeln kann.

Den Erziehern im Kindergarten machen Kinder zu schaffen, die sich nicht in die Gruppe integrieren lassen, die übermäßig schüchtern, zurückhaltend und unsicher auftreten oder durch erhebliche Aggressionen gegen Spielsachen und/oder andere Kinder auffallen. Diese Kinder sorgen mit ihrer Eigenproblematik im sozialen Miteinander immer wieder für Schwierigkeiten, indem sie „anecken" und in ihrem „Anderssein" permanent Konflikte im alltäglichen Zusammenleben auslösen. Allerdings kommt es nur in seltenen, besonders schwer wiegenden Fällen bereits zu diesem Zeitpunkt zu ernsthaften Folgen, wie etwa der Aufkündigung des Kindergartenplatzes.

Schulalter. In der Schule haben diese Störungen häufig zum ersten Mal weitreichende Konsequenzen, wenn sich die Lehrer und/oder die Eltern der Mitschüler über das abnorme und auffällige Verhalten eines Kindes beschweren und schließlich dessen Ausschluss vom Unterricht oder gar dessen Schulverweis fordern. Gerade in der Schule kommt es erfahrungsgemäß zum Ausbruch einer Verhaltensproblematik, wenn über das Sozialverhalten hinaus konkrete (Schul)Leistungen gefordert werden. Zur seelischen Überforderung des Kindes gesellt sich nun auch noch eine leistungsmäßige, da es aufgrund seiner psychischen Belastungen kaum mehr in der Lage ist, die notwendigen Ressourcen zu mobilisieren, um den schulischen Leistungsanforderungen genügen zu können. Die Folge sind unter anderem erhebliche Schulleistungsprobleme und massive Schwierigkeiten im Umgang mit den Klassenkameraden und Lehrern. Spätestens jetzt müssen sich die Betroffenen mit diesen Problemen auseinander setzen.

Im Regelfall wird in einer solchen Situation der schulpsychologische Dienst bemüht, und/oder es werden verschiedene andere Institutionen wie etwa örtliche Erziehungsberatungsstellen und psychologische oder medizinische Praxen eingeschaltet.

GESETZESTEXT

Beratungsdienste

„Erziehungsberatungsstellen und andere Beratungsdienste und -einrichtungen sollen Kinder, Jugendliche, Eltern und andere Erziehungsberechtigte bei der Klärung und Bewältigung individueller und familienbezogener Probleme und der zugrunde liegenden Faktoren, bei der Lösung von Erziehungsfragen sowie bei Trennung und Scheidung unterstützen. Dabei sollen Fachkräfte verschiedener Fachrichtungen zusammenwirken, die mit unterschiedlichen methodischen Ansätzen vertraut sind."
Bundesministerium für Familie, Senioren, Frauen und Jugend in: Kinder- und Jugendhilfegesetz (KJHG), 1999, S. 52, § 28

Führen diese Maßnahmen allesamt zu keinem Resultat bzw. zu keinen spürbaren positiven Veränderungen, bleibt den Eltern letztlich nur der Weg zum Jugendamt, um dort „Hilfe zur Erziehung" zu beantragen.

Hilfe zur Erziehung

„1. Ein Personensorgeberechtigter hat bei der Erziehung eines Kindes oder eines Jugendlichen Anspruch auf Hilfe (Hilfe zur Erziehung), wenn eine dem Wohl des Kindes oder des Jugendlichen entsprechende Erziehung nicht gewährleistet ist und die Hilfe für seine Entwicklung geeignet und notwendig ist.

2. … Art und Umfang der Hilfe richten sich nach dem erzieherischen Bedarf im Einzelfall; dabei soll das engere soziale Umfeld des Kindes oder des Jugendlichen einbezogen werden.

3. Hilfe zur Erziehung umfasst insbesondere die Gewährung pädagogischer und damit verbundener therapeutischer Leistungen. …"

Bundesministerium für Familie, Senioren, Frauen und Jugend in: Kinder- und Jugendhilfegesetz (KJHG), 1999, S. 51, § 27

Wenn alle zuvor durchgeführten ambulanten Maßnahmen nicht den erhofften Erfolg gebracht haben, wird durch das zuständige Jugendamt eine stationäre Unterbringung in einer entsprechenden Einrichtung der Kinder- und Jugendhilfe gewährt.

Einrichtungen der Kinder- und Jugendhilfe

„1. Bei Hilfen nach §§ 32 bis 34 und § 35a …
(§ 32: Erziehung in einer Tagesgruppe,
§ 33: Vollzeitpflege,
§ 34: Heimerziehung, sonstige betreute Wohnform und
§ 35a: Eingliederungshilfe für seelisch behinderte Kinder und Jugendliche – Anmerkung des Verfassers)
soll darauf hingewirkt werden, dass die … in der Einrichtung für die Erziehung verantwortlichen Personen und die

Eltern zum Wohl des Kindes oder des Jugendlichen zusammenarbeiten. Durch Beratung und Unterstützung sollen die Erziehungsbedingungen in der Herkunftsfamilie innerhalb eines im Hinblick auf die Entwicklung des Kindes oder Jugendlichen vertretbaren Zeitraums so weit verbessert werden, dass sie das Kind oder den Jugendlichen wieder selbst erziehen kann. Während dieser Zeit soll durch begleitende Beratung und Unterstützung der Familien darauf hingewirkt werden, dass die Beziehung des Kindes oder Jugendlichen zur Herkunftsfamilie gefördert wird. Ist eine nachhaltige Verbesserung der Erziehungsbedingungen in der Herkunftsfamilie innerhalb dieses Zeitraums nicht erreichbar, so soll mit den beteiligten Personen eine andere, dem Wohl des Kindes oder des Jugendlichen förderliche und auf Dauer angelegte Lebensperspektive erarbeitet werden. ...“

Bundesministerium für Familie, Senioren, Frauen und Jugend in: Kinder- und Jugendhilfegesetz (KJHG), 1999, S. 55f., § 37

Häufig ist zum Wohle des Kindes eine Herausnahme aus der Herkunftsfamilie und eine Unterbringung des Kindes in einer Einrichtung der Kinder- und Jugendhilfe angezeigt (vgl. die im Eingangskapitel erwähnte Statistik des Bundesministeriums für Familie, Senioren, Frauen und Jugend).

In einigen, besonders tragischen Fällen ist es angezeigt, dies gegen den erklärten Willen der Eltern zu tun, wenn für das Kind „Gefahr im Verzug" besteht. Dann wird – in der Regel vom Jugendamt – das Familiengericht eingeschaltet und § 1666 (Gerichtliche Maßnahmen bei Gefährdung des Kindeswohls) und/oder § 1666a (Trennung des Kindes von der elterlichen Familie; Entziehung der Personensorge insgesamt) des Bürgerlichen Gesetzbuches (BGB) kommen zur Anwendung.

Gefährdung des Kindeswohls

„(1) Wird das körperliche, geistige oder seelische Wohl des Kindes oder sein Vermögen durch missbräuchliche Ausübung der elterlichen Sorge, durch Vernachlässigung des Kindes, durch unverschuldetes Versagen der Eltern oder durch das Verhalten eines Dritten gefährdet, so hat das Familiengericht, wenn die Eltern nicht gewillt oder nicht in der Lage sind, die Gefahr abzuwenden, die zur Abwendung der Gefahr erforderlichen Maßnahmen zu treffen. ...“

Bürgerliches Gesetzbuch (BGB), 2002, S. 346, § 1666

„(1) Maßnahmen, mit denen eine Trennung des Kindes von der elterlichen Familie verbunden ist, sind nur zulässig, wenn der Gefahr nicht auf andere Weise, auch nicht durch öffentliche Hilfen, begegnet werden kann. (2) Die gesamte Personensorge (Aufenthaltsbestimmungsrecht und Sorgerecht, Anmerkung des Verfassers) darf nur entzogen werden, wenn andere Maßnahmen erfolglos geblieben sind oder wenn anzunehmen ist, dass sie zur Abwendung der Gefahr nicht ausreichen.“

Bürgerliches Gesetzbuch (BGB), 2002, S. 346, § 1666a

Ein solch massiver Eingriff durch das Familiengericht erfolgt, wenn die Eltern ihrer Personensorge für ihr(e) Kind(er) nicht nachkommen, wie es in § 1631 geregelt ist, bzw. wenn sie gegen diesen verstoßen.

Personensorge

„(1) Die Personensorge umfasst insbesondere die Pflicht und das Recht, das Kind zu pflegen, zu erziehen, zu beaufsichtigen und seinen Aufenthalt zu bestimmen. (2) Kinder haben ein Recht auf gewaltfreie Erziehung. Körperliche Bestrafungen, seelische Verletzungen und andere entwürdigende Maßnahmen sind unzulässig. ...“

Bürgerliches Gesetzbuch (BGB), 2002, S. 342, § 1631

Das gesetzlich festgelegte Ziel einer Fremdunterbringung besteht grundsätzlich darin, eine rasche Rückkehr des Kindes in seine Herkunftsfamilie zu ermöglichen. Dazu bedarf es qualifizierter heilpädagogisch-psychologischer Interventionen. Allerdings ist dieses Ziel nicht immer realisierbar. In manchen Fällen ist das familiäre Milieu derart umfassend gestört, dass das betroffene Kind so schwer wiegende Störungen davongetragen hat, dass von einer – zumindest temporären – Familienunfähigkeit gesprochen werden muss. Wenn eine Reintegration in die Herkunftsfamilie oder eine familienintegrative Maßnahme (z.B. die Unterbringung in einer Pflegefamilie) oder eine familienanaloge Maßnahme (z.B. die Unterbringung in einer familienähnlichen Wohngruppe) aufgrund der Massivität der Störungen des Kindes nicht möglich erscheint, bleibt nur eine Alternative: die Erziehung in einem (heil)pädagogischen Heim.

Daher kann kein Zweifel bestehen: Die Heimerziehung ist ein unverzichtbarer und bedeutender Bestandteil der gegenwärtigen Kinder- und Jugendhilfemaßnahmen.

1.2 Konzeptuelle Gedanken zur Heimerziehung

1.2.1 Definition der Heimerziehung

Heimerziehung bedeutet eine erwünschtermaßen – und gesetzlich festgelegte – zeitlich begrenzte stationäre, meist heilpädagogisch-psychologisch ausgerichtete Erziehung außerhalb des ursprünglichen und natürlichen familiären Lebensfeldes durch pädagogische Fachkräfte, wobei die betroffenen Kinder und Jugendlichen in der Regel in alters- und geschlechtsgemischten Gruppen in einer Art Lebensgemeinschaft zusammengeschlossen sind.

Heimerziehung als außerfamiliäre Erziehungsform soll keinesfalls als Methode der Wahl bei familieninternen Problemen oder als

Alternative zum herkömmlichen Familienverband verstanden werden. Eine Heimeinrichtung ist weder ein elitärer Internatsbetrieb für auserwählte Kinder und Jugendliche, deren Eltern sich für eine solche besondere Erziehungsform entschieden haben, noch eine Art „Kinderknast", in den die Kinder zur Strafe gesteckt werden, wenn es zu Hause nicht so läuft, wie es den elterlichen oder gesellschaftlichen Erwartungen entspricht.

Heimerziehung, üblicherweise eine staatlich finanzierte Maßnahme der Kinder- und Jugendhilfe, ist als (häufig letzte) Erziehungsperspektive dann angesagt und notwendig, wenn alle ambulanten bzw. teilstationären fachlichen Hilfsangebote nicht (mehr) ausreichen, um den innerfamiliär bedingten Teufelskreis existentieller Probleme zu durchbrechen, die dadurch verursachte Fehlentwicklung des Kindes oder Jugendlichen zu stoppen und die Voraussetzungen für eine adäquate Entwicklung zu gewährleisten.

> **Heimerziehung** sollte in solchen Fällen vermieden werden, in denen eine alternative Vorgehensweise erfahrungsgemäß erfolgversprechend ist, wie etwa das Angebot ambulant-mobiler therapeutischer Maßnahmen – und sie sollte dann ohne Zögern realisiert werden, wenn es eine solche Perspektive nachweislich nicht gibt.

1.2.2 Kennzeichen der Heimerziehung

Distanz. Professionelle Pädagogik im Rahmen stationärer Heimerziehung unterscheidet sich von der Erziehung in der Familie unter anderem dadurch, dass eine wesentlich größere (emotionale) Distanz zwischen den Erziehenden und dem zu Erziehenden, also zwischen den Erwachsenen und dem Kind, existiert. Eltern neigen im Regelfall aufgrund ihrer Eigenproblematik dazu, das Fehlverhalten ihrer Kinder als Affront gegen sich selbst zu deuten und nicht im Zusammenhang mit ihrem eigenen (Fehl)Verhalten und in Verbindung zur familiären Gesamtsituation zu interpretieren. Von den Erziehern wird das kindliche Fehlverhalten, unabhängig von dessen Ausmaß und Tragweite, nicht oder bei weitem nicht so entscheidend persönlich genommen, sondern als Ausdruck der kindlichen Sorgen und Nöte verstanden. Dies ist möglich, da die Erzieher im Gegensatz zu den Eltern naturgemäß weniger – im Idealfall gar nicht – verstrickt sind in die Problematik des Kindes. Sie können somit erheblich rationaler, d.h. problembewusster, handeln und in den fraglichen (Konflikt)Situationen angemessener und im Gegensatz zu den Eltern weniger emotional-affektiv geleitet reagieren. Auf diese Weise ist es ihnen darüber hinaus möglich, konsequenter zu sein und Folgen von Handlungen aufzuzeigen, um dem Kind bzw. Jugendlichen in seinen Nöten Orientierung und Halt zu geben.

Supervision. Um diesen hohen Erziehungsstandard zu erreichen, bedarf es der permanenten Hinterfragung und Überprüfung des pädagogischen Handelns im Rahmen einer regelmäßig stattfindenden psychologischen Supervision. Die ständig notwendige Bewusstmachung der Zusammenhänge und Hintergründe sowie von Projektionen und Loyalitätskonflikten ist unbedingte Voraussetzung, um die Beziehungs- und Kommunikationsstörungen des betroffenen Kindes zu erkennen, zu benennen und im stationären Alltag mit dem Kind zu durchleben. Gerade die psychologische Supervision trägt entscheidend dazu bei, sich nicht „gefühlsmäßig" in die Problematik der Kinder und Jugendlichen verstricken zu lassen und emotionale Distanz zu wahren.

1.2.3   Ziele und Grenzen der Heimerziehung

In Orientierung am gesellschaftlichen Auftrag und gemäß der gesetzlichen Bestimmungen sind die therapeutischen Bemühungen einer heilpädagogisch-psychologischen Einrichtung der stationären Kinder- und Jugendhilfe auf eine „Verbesserung der Erziehungsbedingungen in der Herkunftsfamilie" (§ 34 KJHG) auszurichten. Ziel der Maßnahme ist es, „eine Rückkehr des Kindes oder des Jugendlichen in die Familie zu erreichen" (§ 34 KJHG), sofern sich dies „innerhalb eines im Hinblick auf die Entwicklung des Kindes oder Jugendlichen vertretbaren Zeitraums" (§ 37 KJHG) realisieren lässt.

Qualität der Heimerziehung. Eine erfolgreiche Reintegration des Kindes bzw. Jugendlichen in seine Herkunftsfamilie ist abhängig von der Qualität der Heimerziehung. Diese wird insbesondere durch die Qualifikation der dort tätigen Fachpersonen unterschiedlicher Fakultäten – Erzieher, Psychologen, Lehrer etc. – und deren interdisziplinärem Zusammenwirken bestimmt. Dies darf als notwendige, wenngleich keinesfalls hinreichende Voraussetzung verstanden werden.

Ausmaß der Störungen. Der Erfolg der Heimerziehung und die Reintegration in die Herkunftsfamilie hängen jedoch maßgeblich ab vom Ausmaß der kindlichen Verhaltensstörungen sowie dem Grad der Dysfunktionalität in der Familie und im sozialen Umfeld. Insbesondere die Art und das Ausmaß der innerfamiliären Störungen bedingen entscheidend die Bereitschaft der Eltern zu einer konstruktiven Zusammenarbeit mit der Einrichtung.

Mitarbeit der Eltern. Die Grenzen der pädagogisch-psychologischen Einflussnahme auf das Kind gehen interaktiv einher mit dem elterlichen Engagement und deren Involvierung in den therapeutischen Prozess. Ohne das aktive Mitwirken der Eltern lässt sich mit und bei dem Kind wenig bewirken. Ein Elternteil formulierte das aus seiner Sicht im Rahmen eines Gespräches so: „Wenn Sie mit Ihrer Heimerziehung Erfolg haben, dann schreiben Sie sich das auf Ihre Fahne. Wenn Sie Misserfolg haben, dann sagen Sie, die Eltern haben nicht richtig mitgemacht!"

Alternativen. Ist eine Reintegration in die Herkunftsfamilie auf absehbare Zeit nicht möglich, sind alternative Zukunftsperspektiven für das Kind oder den Jugendlichen zu suchen: die Vermittlung in einen fremdfamiliären Rahmen, wie er in einer Pflegefamilie gegeben ist, die langfristige Unterbringung bis hin zur Verselbständigung in einer professionell-familiären Einrichtung wie einem Kinderdorf oder einer Kleinsteinrichtung, in der in Kleingruppen vier bis fünf Kinder in einem familienähnlichen Rahmen von ausgebildeten Pädagogen und Erziehern betreut werden, oder eine Heimunterbringung im herkömmlichen Sinn.

Es sei an dieser Stelle noch einmal ausdrücklich betont, dass die klassische Heimerziehung längerfristig nur begrenzt als Erziehungsmaßnahme geeignet ist und keinesfalls die Methode der Wahl darstellt. Vielmehr sollte die Heimerziehung – wie oben definiert – als zeitlich begrenzte Maßnahme verstanden werden.

1.2.4 Psychologische Diagnostik als Grundlage der therapeutischen Arbeit mit dem Kind

Individualdiagnostik

Grundsätzlich gilt für die heilpädagogisch-psychologisch ausgerichtete Heimerziehung die Maxime, das Kind „dort abzuholen, wo es steht". Dies beinhaltet eine qualifizierte, am Einzelfall orientierte Vorgehensweise. Um effektive und erfolgversprechende therapeutische Arbeit mit dem Kind leisten zu können, bedarf es einer multikausalen und treatmentorientierten, d.h. einer handlungs- bzw. behandlungsorientierten psychologischen Individualdiagnostik. Die Erfassung des aktuellen psychischen Zustands des Kindes ist dabei ebenso von Bedeutung wie die Eruierung der familiären und außerfamiliären Rahmenbedingungen, unter denen das Kind bislang aufwuchs.

Das Gesamtbild diagnostischer Befunde ergibt sich auf der Basis eines multidimensionalen Ansatzes.

Stellungnahmen und Berichte. In der Regel existieren diverse schriftliche Stellungnahmen bisher konsultierter Institutionen wie Frühfördereinrichtungen, Erziehungsberatungsstellen, psychologischer und ärztlicher Praxen, kinderneurologischer Zentren, etc. sowie Berichte von Kindergarten, Schule und Hort, welche dem zuständigen Jugendamt vorliegen und die der Heimeinrichtung unter Wahrung des Datenschutzes zur Verfügung gestellt werden. Diese Daten veranschaulichen unter anderem die Vorgeschichte bzw. den bisherigen Entwicklungsverlauf des betreffenden Kindes und seiner Verhaltensprobleme. Diese Informationen sind dem pädagogischen Fachpersonal der Heimeinrichtung zugänglich zu machen – bei aller berechtigter und teilweise auch unberechtigter Diskussion um den Datenschutz.

Diagnostische Gespräche. In den diagnostischen Gesprächen mit den Eltern sowie mit dem Kind lässt sich die Erhebung entwicklungs- und familienanamnestischer Daten vervollständigen.

Entwicklungsanamnestisch relevant sind z.b. Informationen über den Verlauf der Schwangerschaft, der Geburt und der ersten Wochen nach der Geburt (prä-, peri- und postnatale Einflussfaktoren) sowie über den weiteren frühkindlichen Entwicklungsverlauf. Hier interessieren beispielsweise Informationen über mögliche Entwicklungsverzögerungen, etwa den Zeitpunkt des Laufenlernens, des Spracherwerbs sowie der Sauberkeitserziehung, und ob und wann Kinderkrankheiten oder sonstige Erkrankungen des Kindes aufgetreten sind, und ob Krankenhausaufenthalte bzw. Kuren – und damit Trennungen von zu Hause – notwendig wurden.

Familienanamnestisch von Interesse sind z.b. Informationen über die familiären Rahmenbedingungen während der Schwangerschaft und nach der Geburt – eventuelle Belastungen bzw. Krisen in diesen Zeiträumen –, über umzugsbedingte Ortswechsel, eventuelle Trennungsperioden der Eltern bzw. deren Scheidungstermin, den Zeitpunkt der Geburt von Geschwistern sowie Informationen über Qualität und Quantität der Kontakte zu Verwandten, Freunden und Bekannten und ähnliches mehr.

Diese Gesprächskontakte mit den Eltern sollten in regelmäßigen Abständen stattfinden. In deren Verlauf stehen die gedankliche Konfrontation mit dem eigenen (Fehl)Verhalten und den dahinter stehenden Problemen sowie die Bewertung und Beurteilung der eigenen Verhaltensweisen im Vordergrund. In den zum Teil getrennt, zum Teil gemeinsam geführten Gesprächen mit dem Kind und seinen elterlichen Bezugspersonen soll die familiäre Realität beleuchtet werden. Es geht um die Eruierung der Zusammenhänge zwischen kindlichem Fehlverhalten und familiären Rahmenbedingungen, um die häufig divergierende Sichtweise der Eltern und des Kindes hinsichtlich der in der Familie existierenden Probleme und um die Klärung der Frage, ob und was verändert werden soll (vgl. Kapitel 1.2.5 und 1.2.6).

Testpsychologische Untersuchung. Ferner ist eine qualifizierte testpsychologische Untersuchung des Kindes in Verbindung mit einer ausführlichen Verhaltensbeobachtung notwendig, um sich ein detailliertes Bild von dessen Persönlichkeit machen zu können. Dabei ist sowohl die Leistungsdiagnostik relevant als auch die Nichtleistungsdiagnostik – letztere wird häufig fälschlicherweise als Persönlichkeitsdiagnostik bezeichnet, was falsch bzw. unexakt ist, weil auch Leistungsmerkmale zur Persönlichkeit zählen. Es geht dabei unter anderem um die Klärung der Stärken und Schwächen der kindlichen Persönlichkeit sowie um die Beantwortung konkreter Fragen wie etwa der nach der Beschulbarkeit bzw. der angemessenen Schulform: die Regelschule, die Sonderschule für Lernbehinderte oder die Sonderschule für Erziehungshilfe.

Die Anwendung psychologischer Testverfahren ist teilweise und mit Sicherheit zu Unrecht verpönt. Werden diese Tests korrekt und von dafür ausgebildeten Fachpersonen gewissenhaft durchgeführt, liefern sie wertvolle und unverzichtbare Erkenntnisse über die Persönlichkeit des Kindes oder Jugendlichen, welche in Ergänzung einer umfassenden Verhaltensbeobachtung interpretiert werden können.

Verhaltensbeobachtung. Der stationären Verhaltensbeobachtung kommt eine besondere Bedeutung zu. Im Gegensatz zu ambulanten Maßnahmen, bei denen bestimmte (Konflikt)Situationen meist künstlich herbeigeführt werden (müssen), kann im Rahmen einer stationären Unterbringung das Verhalten des Kindes in vivo, also direkt und unmittelbar, beobachtet werden. Zeigt das Kind aggressive Verhaltensweisen? Richtet es seine Aggressionen primär gegen sich selbst (intropunitives Verhalten: Autoaggressionen), gegen andere Menschen oder gegen Objekte (extrapunitives Verhalten)? Wie steht es um seine soziale Kompetenz? Kann es sich in Konfliktsituationen mit anderen Kindern oder mit Erwachsenen altersentsprechend durchsetzen bzw. behaupten? Werden Verwahrlosungstendenzen offenkundig? – um nur einige relevante Fragen zu nennen. Dabei ist sowohl der Kontakt der Kinder untereinander als auch zu den Erwachsenen Gegenstand des diagnostischen Interesses.

Fragestellungen dieser oder ähnlicher Art lassen sich über die Verhaltensbeobachtung vor Ort und in der Alltagssituation klären. Über die unmittelbare Konfrontation des Kindes mit seinem (Fehl)Verhalten können oft Zusammenhänge aufgezeigt werden. Ein Kind reagiert seinen Ärger durch die Schule im Spiel mit anderen Kindern am Nachmittag ab. Ein anderes Kind löst permanent eine Art „Treibjagdphänomen" aus. Egal wann und wo und bei wem es auftaucht – alle anderen Kinder sind sofort gegen das betreffende Kind eingestellt und „jagen" es wie die Jäger ihr auserwähltes Opfer. Auf diese Weise nimmt das besagte Kind den (hier ausschließlich negativ getönten) Kontakt zu anderen Kindern auf. Die Erzieher sind präsent und können die Abläufe direkt beobachten und nötigenfalls pädagogisch eingreifen.

1.2.5 Die therapeutische Arbeit mit dem Kind

Psychologische und (heil)pädagogische Schwerpunkte

Die moderne stationäre Heimerziehung bedient sich heutzutage einer Vielzahl therapeutischer „Werkzeuge" und beschränkt sich nicht nur auf die Anwendung einer Methode. Die Zeiten der ausschließlichen „Verwahrung" sogenannter „schwer erziehbarer Kinder" gehören – zumindest in unserer Gesellschaft – Gott sei Dank der Vergangenheit an.

Aus didaktischen, aber auch aus inhaltlichen Gründen kann grundsätzlich zwischen psychologischen und pädagogischen Aspekten der therapeutischen Arbeit mit dem Kind unterschieden werden. Auf eine solche Unterscheidung wird hier jedoch verzichtet, da beide Interventionsansätze in der Praxis kaum isoliert vorstellbar sind. Psychologie und Pädagogik sind wie die Zahnräder eines Uhrwerks interaktiv miteinander verknüpft und müssen entsprechend aufeinander abgestimmt sein.

Erziehungs- und Hilfepläne. Wie im vorherigen Abschnitt bereits ausgeführt, bedarf die therapeutische Arbeit einer fundierten psychodiagnostischen Grundlage. Auf dieser psychologischen Basis lassen sich gezielt individuelle Erziehungs- und Hilfepläne im Sinne therapeutischer Strategien aufstellen, welche dann im pädagogischen Alltag zur Anwendung kommen. So existiert beispielsweise ein fundamentaler Unterschied, ob ein Kind aus Angst die Schule verweigert oder ob es über die Verweigerung einen Machtkampf mit seinen Eltern austrägt. Im ersten Fall wird mit dem Kind eher behutsam und einfühlsam umzugehen sein, die therapeutischen Maßnahmen werden primär auf einen allmählichen Angstabbau abzielen. Im zweiten Fall wird es angebracht sein, die Gründe für den Machtkampf offen zu legen, unter Umständen wird es notwendig sein, dem Kind sehr deutlich seine Grenzen aufzuzeigen und ihm klar zu machen, wer das Sagen hat. Für das gleiche Verhalten des Kindes liegen sehr unterschiedliche Erklärungsansätze vor, und auf das gleiche kindliche Verhalten muss mit sehr unterschiedlichen therapeutischen Maßnahmen reagiert werden.

Strukturierung des Gruppenalltags. Grundsätzlich lässt sich sagen, dass über die Strukturierung des Gruppenalltags den Kindern ein Lebensrahmen vorgegeben wird, welcher durch Transparenz, Kontinuität und Konsequenz gekennzeichnet ist. Viele der betroffenen Kinder erfahren zum ersten Mal in ihrem Leben einen geregelten Tagesablauf, zu dem sowohl Pflichten als auch Rechte gehören. Es versteht sich beispielsweise von selbst, dass der Tag nach dem Wecken mit der Körperpflege (Zähneputzen, Waschen) beginnt und dass die Kinder danach ein ausgiebiges Frühstück erwartet. Sie haben in die Schule zu gehen, ob sie Lust haben oder nicht, und sie erhalten selbstverständlich nach dem Schulbesuch ein warmes Mittagessen. Nach der Mittagsruhe steht die Erledigung der Hausaufgaben auf der Tagesordnung, danach können sie über ihre Freizeit verfügen. Es ist täglich ihre Aufgabe, vor den Mahlzeiten den Tisch zu decken, ihr Zimmer in Ordnung zu halten und dergleichen mehr. Auf diese Weise erfahren die Kinder Orientierung und Halt innerhalb der in der Einrichtung gültigen Regeln und Normen. Es werden nach dem Motto „Von der äußeren zur inneren Ordnung" allmählich Ängste ab- und Sicherheit aufgebaut.

Operante Konditionierung. Die Kinder bekommen für ihr Verhalten von den Erziehern entsprechende Rückmeldungen. Erwünschte, d.h. sozial angemessene Verhaltensweisen der Kinder werden durch die Erzieher (positiv) verstärkt – beispielsweise gelobt oder belohnt – und unerwünschte, sozial unangemessene Verhaltensweisen werden demgemäß nicht verstärkt – z.b. getadelt oder bestraft. Auf diese Weise lernen die Kinder durch Bekräftigung und Verstärkung (Prinzip des Operanten Konditionierens).

„Wenn-Dann-Beziehungen". Dabei ist entscheidend, dass die pädagogischen Reaktionen – z.b. Bestrafung oder Belohnung – auf das kindliche (Fehl)Verhalten durch Konsequenz, Kontinuität und Kontingenz (d.h. in systematischem Bezug zum Verhalten stehend) geprägt sind. Wenn das Kind ein unangemessenes Verhalten zeigt, z.b. ein anderes Kind attackiert, dann ist es wichtig, dass immer direkt und unmittelbar eine eindeutige Reaktion durch die Erzieher erfolgt – in diesem Beispiel eine Abklärung der Umstände und eine Maßregelung. Ebenso gilt, dass immer dann direkt und unmittelbar ein Lob ausgesprochen wird, z.b. wenn das Kind freiwillig eine Arbeit in der Gruppe übernimmt. Wir sprechen hier auch von sogenannten „Wenn-Dann-Beziehungen".

Gesicherte Ursachenzuschreibungen. Die Konsequenz, Kontinuität und Kontingenz der erzieherischen Maßnahmen ist von entscheidender Bedeutung für die Entwicklung der Kinder. Diese erfahren so Ursachenzusammenhänge zwischen ihrem eigenen

Verhalten und den darauf erfolgenden Reaktionen anderer Menschen ihrer sozialen Umgebung. Im Idealfall stellen diese Reaktionen quasi einen Spiegel ihres eigenen Verhaltens dar. Positive (negative) Verhaltensweisen des Kindes werden über positive (negative) Reaktionen aus der sozialen Umgebung rückgemeldet und verstärkt (nicht verstärkt). Gesicherte Ursachenzuschreibungen tragen mit zur Festigung der kindlichen Persönlichkeit bei. Das Kind lernt, die Reaktionen der Eltern und anderer wichtiger sozialer Bezugspersonen einzuschätzen und über eigenes Handeln auszulösen. Dies stärkt das Vertrauen in die eigene Handlungskompetenz und ist von immenser Bedeutung für die Ausbildung eines gesunden Selbstwertgefühls.

Bei den hier betroffenen Kindern ist jedoch festzustellen, dass es ihre Eltern – aus den unterschiedlichsten Gründen heraus – genau an den genannten Faktoren Konsequenz, Kontinuität und Kontingenz in ihrem Erziehungsverhalten haben fehlen lassen. Diese Kinder kennen häufig keine klaren Wenn-Dann-Beziehungen; sie müssen erst noch lernen, dass erwachsene Bezugspersonen konsequent reagieren (können). Manche der Eltern haben derart mit sich selbst zu schaffen, dass sie über keinerlei Ressourcen verfügen, um auf die Bedürfnisse ihrer Kinder adäquat einzugehen. Deren Kinder erleben das Verhalten ihrer Eltern als desinteressiert und ablehnend. Andere Eltern reagieren ausschließlich in Abhängigkeit von ihrer eigenen Stimmungslage. Geht es ihnen gut, dann zeigen sie eine oft übertriebene Aufmerksamkeit ihren Kindern gegenüber, geht es ihnen jedoch schlecht, dann lassen sie die Kinder links liegen. Dies erleben die Kinder als besonders verunsichernd. Ihr eigenes Verhalten ist nicht Auslöser der elterlichen Reaktionen. Das Verhalten der Eltern ist durch Intransparenz gekennzeichnet und erscheint vom Zufall gesteuert.

Negative Reaktionen. Viele der besagten Kinder haben ausschließlich negative Formen der elterlichen Reaktionen auf ihr Verhalten erlebt. Diese Kinder haben die Erfahrung machen müssen, dass ihre Eltern sich nicht weiter um sie kümmern, wenn sie „unauffällig" bleiben. Die elterliche Aufmerksamkeit auf sich zu ziehen gelingt ihnen jedoch immer, wenn sie etwas angestellt haben. Dann erfolgt mit an Sicherheit grenzender Wahrscheinlichkeit eine Reaktion der Eltern; wenngleich eine negative in Form von Schimpfen, Strafen, Schlagen und ähnlichem. Diese Kinder haben sich mit der Zeit darauf eingestellt, die elterlichen Reaktionen sozusagen zu erzwingen, indem sie in ihrem kindlichen Verhalten auffällig von der Norm abweichen, um überhaupt Beachtung von Seiten der Eltern zu bekommen. Dabei gilt: Je auffälliger ihr eigenes Verhalten ist, umso sicherer und intensiver sind die (negativen) Reaktionen der Eltern.

Diskriminationslernen. In diesen Fällen ist es notwendig, dass die Kinder in der Einrichtung erleben, dass sie alternativ zu ihren bisherigen negativ geprägten Interaktionserfahrungen mit positiven Verhaltensweisen angenehme(re) soziale Kontakte gestalten können (Diskriminationslernen). Dies bedeutet häufig ein grundlegendes Umlernen, welches den Kindern nicht leicht fällt. Nicht selten fehlt ihnen das (Ur)Vertrauen in die eigenen Fähigkeiten, aktiv positive Reaktionen bei anderen Personen auszulösen, was auch bedeutet, von anderen geliebt und akzeptiert zu werden – so wie sie sind, mit allen Ecken und Kanten.

Lernen am Modell. Neben den Lernerfahrungen im Sinne des Operanten Konditionierens kommt dem Lernen am Modell eine hervorgehobene Bedeutung zu. Über die Nachahmung bzw. Imitation des Verhaltens anderer können die Kinder allmählich alte, inadäquate Verhaltensweisen durch neue, der jeweiligen sozialen Situation angemessene(re) ersetzen. Den Erziehern, aber auch denjenigen Kindern, die bereits entsprechende Lernerfahrungen gemacht haben, kommt hierbei Vorbildfunktion zu. Sie leben den anderen Kindern alternative Verhaltensweisen vor. Zum Beispiel mit Konflikten konstruktiv umzugehen – und nicht unangemessen aggressiv zu reagieren; unangenehme, angstbesetzte Situationen auszuhalten, sich ihnen zu stellen – und nicht zu fliehen; ehrlich zu sein und eigenes Fehlverhalten zuzugeben, die Konsequenzen zu ertragen – und nicht auszurasten.

Identifikation. Auch der Aspekt der Identifikation mit einer anderen Person ist entscheidend. Neben den Eltern als wichtigste Identifikationspersonen kann eine andere Person, etwa eine Erzieherin der Einrichtung, eine solche Rolle (stellvertretend) einnehmen. Sofern nicht absolut konträre, sich gegenseitig ausschließende Botschaften von den verschiedenen Identifikationspersonen erfolgen, die das Kind in einen unüberwindbaren Loyalitätskonflikt stürzen, kann das Kind durchaus von außerfamiliären Identifikationspersonen profitieren. Auf diese Weise erfolgt insbesondere die Übernahme geschlechtsspezifischer Einstellungen und Verhaltensweisen sowie die Übernahme moralischer Haltungen und Normen.

Psychophysiologische Symptome. Außer dem sozialen Lernen spielen auch andere Lernbereiche für das Funktionieren des alltäglichen Zusammenlebens eine gewichtige Rolle. In diesem Zusammenhang sind insbesondere psychophysiologische Symptome wie beispielsweise das Einnässen zu nennen. So bedient sich die Therapie des Einnässens sowohl der Elemente des Operanten wie auch des Klassischen Konditionierens. Für jeden „trockenen" Tag oder für jede „trockene" Nacht erhält das Kind eine positive Verstärkung, z.B. in Form einer Belohnung (Operantes Lernen). Zur Behandlung des nächtlichen Einnässens wird oft eine sogenannte „Klingelmatte" eingesetzt. Beim Feuchtwerden der Matte ertönt eine Klingel und weckt das Kind, damit es den Urin einhält. Hier wird ein neutraler, erlernter Reiz (die Klingel) mit einem unkonditionierten, einen Reflex auslösenden Reiz (das Einhalten des Urins) verknüpft (Klassisches Konditionieren).

Alternative Verhaltensweisen. Mit Hilfe der hier grob umrissenen Methoden kommt es mit der Zeit zu einem Verlernen unerwünschten Verhaltens und zu einem Erlernen bislang nicht zur Verfügung stehender, alternativer Verhaltensweisen. Dadurch werden dem verhaltensgestörten Kind neue Erfahrungserlebnisse eröffnet, was in Verbindung mit kognitiven Prozessen, auf die weiter unten eingegangen wird, zu einer allmählichen Stärkung und Stabilisierung der Persönlichkeit des Kindes führt. Über Erfolgserlebnisse wird das Selbstwertgefühl gesteigert, und Ängste können reduziert werden. Dabei ist sehr wichtig, dass sowohl (schul)leistungsbezogene wie auch Aspekte der sozialen Kompetenz (Selbstsicherheit) trainiert werden. Über schulische Erfolge lässt sich das Sozialverhalten des Kindes maßgeblich beeinflussen und umgekehrt. Gute Lernerfolge und entsprechende Rückmeldungen, gute Noten etwa, steigern das Selbstwertgefühl und tragen erheblich zu einer intrapsychischen Balance des Kindes bei. Permanente schulische Misserfolge hingegen bedingen massive Frustrationserlebnisse, die zu Aggressionen gegen sich selbst und/oder andere führen (können). Ein in ständige Streitereien verwickeltes Kind behindert sich andererseits in seinem Leistungsvermögen ganz entscheidend, so dass die Leistung aufgrund der sozialen Probleme auf der Strecke bleibt. In einer Heimsonderschule für Erziehungshilfe können die eben erwähnten Aspekte in Zusammenarbeit mit der Heimgruppe entsprechend berücksichtigt werden.

Freizeitbereich. Außerhalb der Schule kommt dem Freizeitbereich mit zunehmendem Alter eine immer größer werdende Bedeutung zu. Ist das Kind in der Lage, sich beim Spiel und im sportlichen Wettkampf mit den anderen Kindern zu behaupten und gelingt es ihm, über seine Leistung und/oder seine persönliche Ausstrahlung Akzeptanz und soziale Anerkennung zu bekommen, wird die Entwicklung seines Selbst, insbesondere die Ausprägung seines Selbstwertgefühls, davon maßgeblich profitieren. Es ist daher notwendig, dass ein Kind, welches soziale Kontakte ausschließlich über negatives Verhalten gestaltet, lernt, positive Zuwendung über sozial adäquate Verhaltensweisen zu erzielen. Daher gehören zum Heimalltag ausdrücklich regelmäßig stattfindende gemeinsame Sport- und Freizeitaktivitäten wie Turngruppe, Fußball-AG, Chorgemeinschaft, Bastelkreis etc.

Reflexion. Die hier exemplarisch skizzierten Veränderungen auf der Verhaltensebene bedürfen der beiderseitigen kontinuierlichen Reflexion. Sowohl das Kind als auch die pädagogischen Betreuer müssen sich „kognitiv" im Klaren sein über die Zusammenhänge im therapeutischen Prozess. Die Bewusstmachung und Verdeutlichung der Veränderungen auf der Verhaltensebene sollen beim Kind eine allmähliche Modifikation seiner (Fehl)Einstellungen bewirken – und umgekehrt. Über die verhaltensbegleitende Rückmeldung durch die psychologischen und pädagogischen Fachkräfte soll ferner eine Konfrontation mit der aktuellen familiären Realität sowie den persönlichen Erfahrungen aus der Vergangenheit erfolgen, um so die Zusammenhänge zwischen dem eigenen (Fehl)Verhalten und den familiären Rahmenbedingungen transparent(er) zu machen.

Familiäre Rahmenbedingungen. In den Gesprächen mit den Kindern wird deren (Fehl)Verhalten explizit in Bezug zu den gegebenen familiären Rahmenbedingungen gesetzt. Welche Probleme haben die Eltern, und wie wirken sie sich auf das Verhalten des Kindes aus? Welche spezifischen Reiz-Reaktions-Ketten existieren in der Interaktion zwischen Eltern und Kind? Auf welche Signale der Eltern reagiert das Kind beispielsweise mit Aggressionen? Welche Themen in der Familie sind dem Kind wichtig und werden von den Eltern als Tabu behandelt? Fühlt sich das Kind von seinen Eltern verstanden? Hinsichtlich welcher Aspekte wünscht sich das Kind Veränderungen? Sollen die Eltern konsequenter, ehrlicher, durchschaubarer sein? Diese und ähnliche Fragen werden in den Gesprächen mit den Kindern thematisiert. Ziel ist, das Bewusstsein der Kinder hinsichtlich des eigenen Verhaltens alters- und entwicklungsentsprechend zu steigern und sie zu lehren, Verantwortung für das eigene Tun zu übernehmen.

Dies sei ebenfalls an einem Beispiel verdeutlicht. Nicht selten reagieren die Kinder ihre familiär bedingte Frustration an anderen, gänzlich unbeteiligten Personen wie Freunden, Mitschülern, Lehrern etc. ab. Es ist hilfreich und notwendig, den Kindern diesen Zusammenhang bewusst zu machen, damit sie mit der Zeit alternative und angemessenere Möglichkeiten des Abreagierens ihrer Unzufriedenheit erlernen. Dies ist etwa dadurch zu erreichen, dass das Kind in Abhängigkeit von seinem Alter und unter Berücksichtigung seines individuellen Entwicklungsstandes lernt, seine

Empfindungen bewusst(er) wahrzunehmen und sein Erleben in Gesprächen mit anderen zu benennen.

Einzel- und Gruppengespräche. Die wichtigen kognitiven Fähigkeiten – Selbstbeobachtung und Selbstwahrnehmung, Selbstbeurteilung und Selbstbewertung – können in Ergänzung zu situativen Interventionen im Gruppenalltag im Rahmen von psychologischen Einzel- und Gruppengesprächen mit den betroffenen Kindern trainiert werden. Ebenso wie in den Gesprächen mit den Eltern (vgl. Kapitel 1.2.6) geht es in erster Linie darum, die Kinder mit dem eigenen (Fehl)Verhalten zu konfrontieren und ihnen die Gelegenheit zur Selbstreflexion zu bieten. Die Kinder sollen wie ihre Eltern unter psychologischer Anleitung lernen, über sich und die eigenen Sorgen und Nöte konstruktiv nachzudenken und diese Gedanken dann auch zu äußern.

Selbststeuerung. Bestimmte (Konflikt)Situationen aus dem Alltag in der Gruppe können im Rahmen von Gesprächen noch einmal gezielt durchdacht und nachträglich beurteilt und bewertet werden. Diese immer wieder aufs Neue notwendige Bewusstmachung des persönlichen (Fehl)Verhaltens soll Einsicht und Erkenntnis hinsichtlich des eigenen Handelns und damit die Eigenverantwortung des Kindes fördern. Mit Hilfe diverser Techniken der Selbststeuerung soll das Kind die Fähigkeit zur Kontrolle des eigenen Verhaltens und zu einem planvollen und zielgerichteten Handeln erlangen. Um dies zu erreichen, ist es angezeigt, den Kindern den Zusammenhang zwischen Gedanken, Gefühlen und Verhalten (im Sinne der rational-emotiven Therapie (RET) nach Ellis, 1995) zu verdeutlichen. Vereinfacht dargestellt gilt: Negative und nicht hilfreiche Gedanken des Kindes wie „Ich bin unfähig und keiner mag mich!" werden eher negative Emotionen wie Gefühle des Versagens und der Unzulänglichkeit zur Folge haben, und das betreffende Kind wird mit seinem Verhalten eher scheitern. Bei positiven und hilfreichen Gedanken wie „Ich bin wertvoll und ich mache alles so gut ich kann!" wird sich das Kind deutlich besser fühlen, und sein Verhalten wird eher erfolgreich sein. Die

Kinder erlernen die Fähigkeit, ihre negativen, irrationalen Gedanken durch positive, rationale zu ersetzen. Durch die damit verbundene Verbesserung ihrer emotionalen Befindlichkeit lernen sie, maßgeblich Einfluss auf ihr Verhalten zu nehmen. Das Ziel dieser therapeutischen Verfahren der Selbstverbalisation besteht im Wesentlichen darin, Selbstinstruktionen bewusst als Mittel zur Planung und Gestaltung des eigenen Verhaltens einzusetzen. Negative, nicht hilfreiche Gedanken im Sinne des unerwünschten Grübelns („Wie geht es wohl meiner Mutter?") können über Gedankenstopp durch positive bzw. neutrale Gedanken („Halt! Stopp! Ich will mir keine Sorgen machen!") ersetzt werden. Die Häufigkeit des Provozierens von Konflikten lässt sich mit Hilfe dieses Ansatzes ebenfalls reduzieren („Halt! Stopp! Ich will keinen Ärger!"). Das Kind soll lernen, sich selbst zu loben und zu bekräftigen („Das habe ich gut hingekriegt!") und sich selbst zu motivieren („Ich werde mir Mühe geben! Ich mache alles so gut ich kann!"). Das Kind soll die Fähigkeit erwerben, vor dem Handeln zu sich selbst zu sprechen, um so das eigene Verhalten gezielt steuern zu können.

Die zuletzt erwähnten „kognitiven Ansätze" lassen sich – zur Unterstützung und in Kombination mit den dargestellten Therapiemaßnahmen auf der Verhaltensebene – erfolgreich bei Kindern anwenden, die über eine zumindest durchschnittlich ausgeprägte Intelligenz verfügen und rational ansprechbar sind. Auf diese Weise wird die Selbst- und Fremdwahrnehmung verändert, die Selbst- und Fremdbewertung gefördert und das Realitätsbewusstsein und das Vertrauen in die eigene Handlungskompetenz gesteigert. Gegebenenfalls ist es angezeigt, über die kognitive Auseinandersetzung und das „Training in vivo" hinaus mit Hilfe eines Rollenspiels – als Modell einer realen (Problem)Situation – neue Fertigkeiten konkret zu trainieren und einzuüben.

> Sowohl im pädagogischen Alltag als auch in der psychologischen Sitzung geht es um den **Zusammenhang zwischen kognitiven, affektiven und Verhaltensanteilen.**

Im sozialen Miteinander innerhalb der Gruppe vollzieht sich ein individuelles Verhaltenstraining, welches der kognitiven Reflexion unter ausdrücklicher Einbindung der emotional-affektiven Eigenwahrnehmung der Kinder bedarf. Diese kognitiven und emotionalen Rückmeldungen erfolgen im Idealfall situativ und „in vivo" durch die pädagogischen Betreuer – sofern dies das betroffene Kind in der (Konflikt)Situation zulässt und die jeweiligen Erzieher in der Alltagsbelastung dies realisieren können – und alternativ bzw. in Ergänzung dazu in prozessbegleitenden psychologischen Einzel- oder Gruppensitzungen. Auf diese Weise gehen pädagogische und psychologische Interventionen Hand in Hand.

Grenzen der therapeutischen Arbeit mit dem Kind

Die therapeutischen Einflussmöglichkeiten sind abhängig vom Ausmaß der kindlichen Störungen und vom Schweregrad der familiären Problematik sowie von der Bereitschaft der Eltern zur Zusammenarbeit.

Sehr selten ist das Kind aufgrund der krank machenden Bedingungen in der Familie so gestört, dass kaum mehr pädagogische Fortschritte im Rahmen der Heimerziehung erzielt werden können. In diesen Fällen sind weiter spezialisierte Hilfeangebote wie etwa Einzelbetreuungs- oder erlebnispädagogische Maßnahmen angezeigt.

Rechtzeitige Intervention. Erfahrungsgemäß steigen die Erfolgsaussichten in der therapeutischen Arbeit mit dem Kind, je jünger das Kind ist und je früher interveniert wird. Je weniger das kindliche Fehlverhalten im Verhaltensrepertoire des Kindes verankert und gefestigt ist, um so leichter lässt sich das Fehlverhalten verlernen und durch ein angemessenes Verhalten ersetzen. Zudem wird das Kind im Falle eines stark gestörten Familiensystems frühzeitig aus dem seine Verhaltensstörungen auslösenden familiären Milieu herausgenommen, es muss also im Vergleich zu älteren Leidensgenossen das krank machende Familienklima weniger lang und intensiv ertragen.

Bereitschaft der Eltern. Im Regelfall lässt es sich mit dem Kind „leichter" und erfolgreicher arbeiten als mit den elterlichen Bezugspersonen. Es gilt grundsätzlich: Je stärker sich die Eltern aktiv in den therapeutischen Prozess eingeben (vgl. Kapitel 1.2.6), um so größer sind die Erfolgsaussichten in Bezug auf die Arbeit mit dem Kind.

Die Grenzen der therapeutischen Arbeit mit dem Kind entsprechen im Wesentlichen den Möglichkeiten der Heimerziehung, über (heil)pädagogische und psychotherapeutische Maßnahmen Veränderungen sowohl beim Kind als auch im System Familie bewirken bzw. herbeiführen zu können. Der Schwerpunkt der (heil)pädagogischen Heimerziehung liegt beim Dienst am Kind; der psychotherapeutischen Arbeit mit den Eltern kommt jedoch ebenfalls eine herausragende Bedeutung zu.

1.2.6 Die psychotherapeutische Arbeit mit den Eltern

Funktion der Elternarbeit

In Übereinstimmung mit den bisherigen Ausführungen steht der systemisch orientierte Denkansatz, wonach das (verhaltens)auffällige Kind als Symptomträger eines gestörten Familienverbandes verstanden wird.

Eine ernsthafte und andauernde **Störung** – in Unterscheidung von einer zeitlich begrenzten, vorübergehenden Krisenphase – liegt dann in einer Familie vor, wenn mindestens ein Familienmitglied ein deutlich qualitativ und/oder quantitativ normabweichendes Verhalten über einen längeren Zeitraum hinweg kontinuierlich zeigt mit der Folge, dass die Kommunikation bzw. Interaktion der einzelnen Familienmitglieder untereinander maßgeblich beeinträchtigt wird und ein zufriedenstellendes oder zumindest erträgliches Zusammenleben nicht mehr möglich ist.

Das natürlicherweise gegebene Abhängigkeitsverhältnis der Kinder von ihren Eltern und die daraus resultierende Rollenverteilung innerhalb des Familiensystems bedingen es, dass die Kinder als schwächste Glieder der familiären Gemeinschaft die persönlichkeitsbedingten Probleme ihrer Eltern in die Öffentlichkeit tragen. Sie tun dies sozusagen stellvertretend für die Erwachsenen, die sich aufgrund ihrer Ängste weigern, etwas zu unternehmen und nach konstruktiven Lösungen ihrer Schwierigkeiten zu suchen. Die Probleme der Eltern sind zu Problemen der Kinder geworden, wobei es den Kindern noch weniger gelingt, ihre Sorgen vor der sozialen Umwelt zu verbergen.

Kind und Eltern einbeziehen. Folgerichtig ist es notwendig, nicht nur das Kind als Symptomträger zu therapieren, sondern gleichermaßen die Eltern als „Symptomverursacher" in den Prozess der stationären heilpädagogisch-psychologischen Erziehung ihres Kindes aktiv und umfassend mit einzubeziehen. Von der Grundannahme ausgehend, dass man die kindlichen Verhaltensstörungen primär als Resultat eines Wechselspiels systemisch- und persönlichkeitsbedingter Probleme und Schwierigkeiten in der Familie auffassen kann, ist für eine erfolgreiche Therapie des Kindes eine begleitende und parallel verlaufende therapeutische Arbeit mit den Eltern, in der Folge kurz „Elternarbeit" genannt, unverzichtbar.

Bereitschaft zur Zusammenarbeit. Ein Mindestmaß an Bereitschaft der Eltern zur Zusammenarbeit mit der Einrichtung ist notwendig. Andernfalls gestaltet sich die therapeutische Arbeit mit dem Kind, so zeigt es die Erfahrung, als ausgesprochen schwierig. Hat das Kind den Eindruck, die Eltern ziehen mit der Einrichtung „an einem Strang", sind gänzlich andere Bedingungen gegeben, als wenn das Kind eine negative Einstellung der Eltern gegenüber der Maßnahme wahrnimmt. Wenn sich die Eltern gar entschließen können, über die in der Einrichtung stattfindende Elternarbeit hinaus „etwas für sich selbst zu tun", indem sie beispielsweise bei Bedarf gemeinsam eine Paartherapie beginnen oder – wenn notwendig – ihre persönlichen Probleme psychotherapeutisch in Angriff nehmen, ist das besonders förderlich für den pädagogisch-psychologischen Prozess mit dem Kind. Das Kind erfährt auf diese Weise sehr eindrucksvoll, dass auch seine Eltern aktiv werden und bereit sind, sich ihren Problemen zu stellen, um die notwendigen Veränderungen in die Wege zu leiten.

Bei den verhaltensgestörten Kindern, die aus Scheidungsfamilien stammen, ist es angezeigt, sowohl mit dem Elternteil zu arbeiten, bei dem das Kind aktuell lebt, als auch mit dem getrennt lebenden Elternteil. Häufig haben beide Eltern neue Partner, so dass es notwendig ist, auch diese in den therapeutischen Prozess mit einzubeziehen. Leider sind sich die geschiedenen Eltern im Regelfall selten einig, so dass es sich im Rahmen der Elternarbeit als äußerst schwierig gestaltet, im Interesse und im Sinne des gemeinsamen Kindes einen Minimalkonsens zu erzielen.

Entwicklungsstand. Eine wichtige und entscheidende Rolle spielt das Alter – genauer der Entwicklungsstand – der Kinder bzw. Jugendlichen. Mit zunehmendem Alter verlieren die Eltern an Einfluss und Bedeutung, da die Abhängigkeit der Kinder von den Eltern geringer und schließlich mit der Pubertät ein Entwicklungsstadium erreicht wird, welches durch Loslösung und Distanzierung von den elterlichen Bezugspersonen gekennzeichnet ist. Daher kommt der Elternarbeit im Rahmen heilpädagogischer Heimerziehung von Kindern eine besondere Relevanz zu im Vergleich zu der stationären Therapie Jugendlicher. Allerdings gilt auch für die Jugendlichen, dass eine Bewältigung bzw. Aufarbeitung der Erfahrungen mit den Eltern von enormer Wichtigkeit ist für die Gestaltung eines positiven, weniger problembehafteten Entwicklungsverlaufes der Jugendlichen.

Ziele der Elternarbeit

Die Elternarbeit, gleichermaßen verstanden als notwendige Voraussetzung und als unverzichtbarer Bestandteil der therapeutischen Arbeit mit dem Kind, verfolgt kein dogmatisch geprägtes Ziel, vielmehr lässt sie sich pragmatisch-funktional definieren. Es geht nicht darum, die Eltern psychologisch „umzukrempeln" und zu „anderen", zu „neuen", in den Grundfesten ihrer Persönlichkeit veränderten Menschen zu machen.

> Elternarbeit wird als **Hilfe zur Selbsthilfe** verstanden mit dem Ziel, es den Eltern zu ermöglichen, die eigenen Probleme „in den Griff" zu bekommen, d.h. sie ertragen und mit ihnen umgehen zu lernen und auf dieser Grundlage ihre erzieherischen Kompetenzen zu steigern.

Grundvoraussetzung für die Hilfe zur Selbsthilfe ist, dass die Eltern eine gewisse Bereitschaft mitbringen, sich durch eine Fachperson mit ihren Problemen konfrontieren zu lassen und sich mit ihrer Eigenproblematik auseinander zu setzen. Diese Bereitschaft hängt in der Regel vom Grad des Leidensdruckes ab, unter dem die Eltern stehen. Sind sie „am Ende mit ihrem Latein", wissen sie nicht mehr ein noch aus, so sind sie eher bereit, fachliche Hilfe von außen anzunehmen.

Vertrauen. Dabei ist der Aspekt des Vertrauens von Bedeutung. Meist fehlt den Eltern aufgrund ihrer individuellen Lebenserfahrungen und ihrer Eigenproblematik das, was mit dem Begriff „Urvertrauen" umschrieben wird. Sie neigen vielmehr dazu, aufgrund tief sitzender Ängste, ihrem sozialen Gegenüber von vornherein mit Skepsis zu begegnen. Dies gilt insbesondere hinsichtlich staatlicher Institutionen, namentlich den Mitarbeitern des Jugendamtes, wie auch in Bezug auf die Einrichtung, und hier insbesondere den therapeutischen Gesprächspartnern gegenüber. Nicht selten haben die Eltern bereits zahlreiche (ambulant tätige) Fachleute konsultiert, ohne bislang den gewünschten Erfolg erzielt zu haben.

Für eine erfolgreiche Elternarbeit ist deshalb entscheidend, den Eltern glaubhaft zu vermitteln, dass sie in ihren Sorgen und Nöten von ihrem Gesprächspartner akzeptiert werden. Es muss deutlich werden, dass sie nicht vor einer Art „Richter" stehen und in ihren erzieherischen „Verfehlungen" angeklagt und verurteilt werden. Die persönliche Ausstrahlungskraft und Überzeugungsarbeit des

Therapeuten entscheidet maßgeblich darüber, ob eine vertrauensvolle Atmosphäre zwischen Therapeuten und Eltern entstehen kann, welche eine notwendige Voraussetzung für eine erfolgreiche Zusammenarbeit ist.

Zwei Aspekte: Gegenstand und Problemlösung. In der Elternarbeit geht es grundsätzlich um zwei Aspekte: das „Was" und das „Wie". Der erste Schwerpunkt beinhaltet die Frage nach dem eigentlichen Gegenstand der therapeutischen Gespräche. Um was geht es in den Gesprächen zwischen Therapeuten und Eltern? Ein wichtiges, wenn nicht gar primäres Ziel der Elternarbeit besteht im Erkennen und Benennen der (eigenen) Probleme und damit der Eigenanteile der Eltern an den Schwierigkeiten ihrer Kinder. Wenn es im Rahmen der Elternarbeit gelingt, diese zentralen Themen zur Sprache zu bringen und hierüber weitgehend Einvernehmen zwischen Therapeuten und Eltern herzustellen, ist ein erster, großer Schritt getan. Um „etwas" mit der Elternarbeit bewirken zu können, muss zunächst für alle Beteiligten klar und eindeutig festgelegt werden, um was es sich bei diesem „etwas" handelt.

Selbstvorwürfe. Häufig sind massive Widerstände bei den Eltern vorhanden, die sich nicht ohne weiteres überwinden lassen. Das Zugeben(können) eigener Anteile und damit die Übernahme von persönlicher Verantwortung an den Verhaltensstörungen ihrer Kinder bedeutet eine sehr schmerzhafte und in der Regel angstbesetzte Auseinandersetzung der Eltern mit sich selbst und die kräftezehrende Überwindung langjährig vorhandener Schutzbarrieren. Lassen die Eltern eine solche Konfrontation zu, hat dies in der Regel massive Selbstvorwürfe zur Folge.

Viele Eltern erleben ihre Kinder mehr oder minder bewusst als Spiegel ihrer Selbst. Die Probleme ihrer Kinder erinnern sie oft noch einmal sehr intensiv an die eigenen Kindheitsprobleme, unter deren Auswirkungen viele der Eltern noch bis in die Gegenwart leiden. Sie erfahren ihre Kinder sozusagen als Personifizierung ihrer eigenen „Negativanteile", deren sie sich zum Teil schämen, die sie ablehnen bzw. deren Existenz sie nicht wahr haben wollen. Ihre Kinder führen ihnen damit auch die eigene Begrenztheit und Unzulänglichkeit sehr deutlich vor Augen, weswegen es zu teilweise massiven Gefühlen der Wut und Ablehnung ihren Kindern gegenüber kommt. Darüber sind die Eltern dann zutiefst erschrocken; wollten sie doch so vieles anders und besser machen als ihre eigenen Eltern. Und nun sind sie in ihren Bemühungen gescheitert, selbst „bessere" Eltern zu sein als die eigenen.

Schuldgefühle. Oftmals fühlen sich die Eltern über längere Zeiträume hinweg einem starken sozialen Druck ausgesetzt durch die eigenen Eltern, Lehrer und andere relevante Personen ihrer sozialen Umgebung. Sie haben schon länger unter einem schlechten Gewissen gelitten, welches sie sich aber nur zum Teil eingestehen konnten. Die dadurch bedingten Schuldgefühle auf Seiten der Eltern – sei es wegen den negativen Emotionen ihren Kindern gegenüber, sei es wegen der häufig berechtigten Kritik am eigenen (Erziehungs)Verhalten – lösen in der Regel diverse Verdrängungsmechanismen bzw. Prozesse der kognitiven Umstrukturierung aus. Im Sinne des Selbstschutzes werden hauptsächlich andere für ihre (innerfamiliären) Probleme verantwortlich gemacht (Prinzip der externalen Attribuierung).

Therapieabbruch. Die Folge ist, dass viele der besagten Eltern die Realität verkennen und sich in eine Art Scheinwelt flüchten. Daher ist es nicht in allen Fällen möglich, diesen elterlichen „Schutzwall" im Rahmen der Elterngespräche aufzubrechen. Wird die damit verbundene Belastung als schwer wiegender erlebt als der persönliche Leidensdruck, erfolgt der Therapieabbruch. Dies kann im schlimmsten Fall auch den Bruch der Eltern mit ihren Kindern zur Folge haben. Um sich selbst zu schützen, opfern manche Eltern ihre Kinder, indem sie darauf beharren, dass diese „den Teufel im Leib haben" und ihnen, den Eltern, somit gar nichts anderes übrig bleibt, als mit ihren „verfluchten" Kindern zu brechen.

Problemlösung. Lässt sich hingegen Einigkeit zwischen Therapeuten und Eltern hinsichtlich des „Was" erzielen, stellt sich die

Frage nach dem „Wie". Es folgen konkrete Überlegungen zur Problemlösung. Wie kann ich die Schwierigkeiten in den Griff bekommen? Bei dieser Phase der Elternarbeit handelt es sich in der Regel um einen sehr zeitaufwendigen und steinigen Weg. Veränderungen in der hier notwendigen Form bedeuten gezwungenermaßen eine große Belastung für die Betroffen und sind mindestens so anstrengend wie der bisherige Verlauf der Elternarbeit. Daher ist es angezeigt, die einzelnen „Schritte der Veränderung" sorgfältig abzuwägen, um die Betroffen nicht zu überfordern. Auch hier müssen sich Therapeut und Eltern einig sein, wie der Veränderungsprozess gestaltet werden soll bzw. kann.

Gedanken, Gefühle, Verhalten. Diesbezüglich kann zwischen drei Ebenen unterschieden werden (vgl. Kapitel 1.2.5). Es wird von der grundsätzlichen Annahme ausgegangen, dass mit modifizierten Gedanken und Einstellungen (kognitive Ebene) entsprechende gefühlsmäßige (emotionale Ebene) und damit Verhaltensprozesse (konative Ebene) in Gang gebracht werden (können).

> Bei **Veränderungsprozessen** greifen drei Ebenen ineinander: Einstellungsänderungen lösen entsprechende emotionale Vorgänge aus und bewirken folgerichtig Verhaltensänderungen.

Die Veränderungsprozesse bewegen sich innerhalb der persönlichen Möglichkeiten sowie innerhalb der sozialen bzw. gesellschaftlichen Rahmenbedingungen, in denen die Familie lebt. Hierzu zählt beispielsweise der soziale Status der Familie oder materielle Aspekte wie etwa das Vorhandensein hoher Schulden.

> Im Gegensatz zu einem gesunden Familiensystem befindet sich das gestörte in einem permanenten Zustand der Imbalance. **Homöostase**, d.h. „Ausgewogenheit", kann jedoch nur dann hergestellt werden, wenn alle relevanten Familienmitglieder aktiv am therapeutischen Prozess beteiligt und in die angestrebten Veränderungen involviert sind.

Es ist unbedingt notwendig, dass Fort- und Weiterentwicklungen Einzelner von den anderen relevanten Familienmitgliedern nachvollzogen und mitgemacht werden, damit die in Gang gesetzten Entwicklungen nicht auseinander driften. Zum Beispiel sollten positive Veränderungen der in einem heilpädagogischen Heim betreuten Kinder und die mögliche Stagnation bei den elterlichen Bezugspersonen berücksichtigt werden.

Grenzen der Elternarbeit

Aus Selbstschutz wollen sich Eltern verhaltensgestörter Kinder häufig einer konstruktiven Mitarbeit entziehen, indem sie die Verantwortung für die (Fehl)Entwicklung ihrer Kinder ablehnen und darauf beharren, dass andere – der Kindergarten, die Schule oder das Jugendamt – versagt haben. Alle anderen haben Fehler gemacht, nur nicht sie selbst, die Eltern. Häufig machen sie ihr Kind für die existierenden Probleme verantwortlich, oder sie weigern sich grundsätzlich, sich mit den vorhandenen Schwierigkeiten selbstkritisch auseinander zu setzen. In vielen Fällen verschließen sie sich und entziehen sich einer Konfrontation mit der für sie unangenehmen Realität, indem sie eine Mitarbeit gänzlich ablehnen (vgl. den Abschnitt Therapieabbruch).

Suchtproblematik. Eine ablehnende Haltung der Eltern lässt sich insbesondere dann feststellen, wenn zumindest bei einem Elternteil eine Suchtproblematik vorliegt, die von den Betroffenen nicht eingestanden wird. Die Bereitschaft zum (selbst)kritischen Dialog mit einer Fachperson ist dann nur sehr eingeschränkt bzw. gar nicht vorhanden. Die Betroffenen erleben jede diesbezügliche therapeutische Intervention als akute und existentielle Bedrohung, auf die sie mit teilweise paradox wirkender Abwehr und Verharmlosung oder Leugnung ihrer Probleme reagieren.

Angst. Neurotische Erscheinungsbilder, insbesondere diverse Formen der Angst, behindern erheblich eine konstruktive und selbstkritische Auseinandersetzung der Eltern mit ihrer Eigenproblematik. Beim Vorliegen einer schweren Angstproblematik ist es angezeigt, über Methoden des Angstabbaus allmählich auf eine Gesprächsatmosphäre hinzuarbeiten, die es ermöglicht, die hinter der Angst stehenden Probleme aufzugreifen und anzugehen.

Massive Verfehlungen. Bei ganz massiven Verfehlungen der Eltern, wie etwa sexuellem Missbrauch oder Misshandlungen, sind die therapeutischen Möglichkeiten der Elternarbeit – nicht nur im Rahmen heilpädagogischer Heimerziehung – ebenfalls sehr stark eingeschränkt. Die betroffenen Eltern sind in den seltensten Fällen bereit und in der Lage, sich ihrer persönlichen Realität und damit ihrer ganzen Verantwortung zu stellen. Vielmehr sind die Ängste vor den Konsequenzen und die deshalb aufgebauten Abwehr- und Schutzmechanismen so stark ausgeprägt, dass ein offenes, vertrauliches bzw. vertrauensvolles Gespräch über die Vorfälle und die zugrunde liegenden Ursachen ihres schwer wiegenden Fehlverhaltens kaum möglich ist.

Uneinigkeit. Schließlich stellt immer wieder die Uneinigkeit geschiedener Eltern ein erhebliches Problem dar. Ein Elternteil, in der Regel derjenige, bei dem das Kind lebt, befürwortet die Maßnahme und hat sie oft selbst beantragt, weil er sich nicht mehr alleine zu helfen weiß. Der andere lehnt in Verkennung der Realität die vorübergehende Heimunterbringung, z.B. zur Abklärung der Problematik, ab und arbeitet entsprechend dagegen. Dies hat in der Regel eine erhebliche Verunsicherung beim Kind zur Folge, wenn es beispielsweise vom getrennt lebenden Elternteil mit Versprechungen – etwa der Ankündigung, bald von ihm „herausgeholt" zu werden – geködert wird, die im Regelfall gar nicht eingelöst werden können.

Unklare Rollen. Ähnliche Probleme ergeben sich, wenn weitere Bezugspersonen, die einen relevanten (Erziehungs)Einfluss auf die Kinder ausüben, beteiligt sind. Dabei handelt es sich in der Regel um Familienangehörige wie Großeltern bzw. Onkel und Tanten. Nicht selten sind in diesem Zusammenhang gravierende Vermischungen von Rollen festzustellen. Die eigentliche „Elternrolle" wird von den Großeltern wahrgenommen bzw. beansprucht, sie verweisen sowohl die Kindeseltern als auch deren Kinder in die Rolle der zu Erziehenden, so dass sich die Kindeseltern mit ihren Kindern auf der gleichen Ebene, der „Geschwisterebene", wiederfinden. Auf diese Weise wird es den Kindeseltern unmöglich gemacht, ihre Erziehungsrolle adäquat wahrzunehmen und auszufüllen.

Häufig sind es die Kindeseltern selbst, die diese Rollenkonfusion erst ermöglicht haben, weil sie die eigenen Eltern zur persönlichen Entlastung gebraucht haben – etwa, wenn sie beide weiterhin voll berufstätig sein wollen oder müssen. Die Kinder haben dann den größten Teil des Tages bei den Großeltern verbracht, die einerseits oftmals in Konkurrenz zu den Kindeseltern treten und den Beweis führen, die „besseren Eltern" zu sein, andererseits aber häufig mit der Erziehung der ihnen anvertrauten Enkel völlig überfordert sind. In solchen Fällen erweist es sich als zwingend notwendig, auch diese Familienmitglieder mit in den therapeutischen Prozess einzubeziehen. Leider zeigt sich aber nur allzu oft, dass diese relevanten Bezugspersonen allenfalls bedingt oder gar keine Bereitschaft zur Zusammenarbeit mit der Einrichtung zeigen.

Kontaktabbruch. Elternarbeit ist dann nicht realisierbar – auch nicht bedingt und mit Einschränkungen – wenn sich die elterlichen Bezugspersonen völlig der Verantwortung entziehen und nicht mehr zur Verfügung stehen. Dies gilt grundsätzlich auch für solche Fälle, in denen wegen „Gefahr in Verzug" ein richterlicher Entzug des Aufenthaltsbestimmungsrechts bzw. des Sorgerechts nach § 1666 des Bürgerlichen Gesetzbuches (vgl. Kapitel 1.1) erfolgen musste. Die Erfahrung zeigt, dass es für die Kinder sehr schwer ist, mit ihrer Situation und ihrer Vergangenheit fertig zu werden, deren Eltern den Kontakt zu ihnen – aus welchen Gründen auch immer – vollständig abgebrochen haben. Gerade diese Kinder neigen dazu, ihre Eltern in Schutz zu nehmen und die „Schuld" für alles bei sich zu suchen.

Der therapeutische Auftrag, den Kindern eine realistisch(er)e Sichtweise ihrer Lebenssituation zu vermitteln, ist dann nur sehr eingeschränkt zu erfüllen, da häufig massive Widerstände gegen diese Wahrnehmung der familiären Wirklichkeit bei den betroffenen Kindern vorhanden sind. Diesen Kindern gelingt es dann nur sehr selten, ihr Leben in den Griff zu bekommen; viele von ihnen scheitern an den ungeklärten Fragen ihrer Vergangenheit.

2 Welche Kinder kommen schließlich ins Heim – und wieso?

2.1 Das Kind als Symptomträger

Beim entwicklungspsychopathologischen Erklärungsansatz (vgl. Petermann, 2000) wird für die Entstehung kindlicher Verhaltensstörungen ein Wechselspiel zwischen systemisch- und persönlichkeitsbedingten Störungen und Defiziten verantwortlich gemacht. Dabei werden drei große Gruppen unterschieden: Neurobiologische, psychische und soziale Systeme, die im Entwicklungsverlauf in dynamischer Weise interagieren und sich gegenseitig regulieren.

Trotz der Komplexität dieser Zusammenhänge kann das Kind im Wesentlichen als Produkt seiner Erziehung im engeren und seiner Sozialisation im weiteren Sinne verstanden werden. Die in diesem Buch beschriebenen verhaltensauffälligen Kinder können als Symptomträger eines gestörten Familiensystems bezeichnet werden. Die zu beobachtenden Symptome können aus dieser systemischen Sichtweise als Versuch des Kindes interpretiert werden, mit seiner schwierigen Lebenssituation zurecht zu kommen.

Signal. Das verhaltensgestörte Kind fällt seiner sozialen Umgebung (unangenehm) auf mit seinem außerhalb der allgemein gültigen Normen liegenden Verhalten. Das Kind zieht mit seinen Verhaltensauffälligkeiten mehr oder minder bewusst die Aufmerksamkeit seiner Mitmenschen auf sich und zwingt die anderen zum Handeln. Dem (Fehl)Verhalten des Kindes kommt somit Signalcharakter zu. Mit seinem auffälligen Verhalten weist das

Kind auf seine Art sehr deutlich und unübersehbar seine soziale Umgebung auf die Existenz relevanter Probleme innerhalb seines familiären Systems hin.

Ventil. Daneben erfüllen die kindlichen Verhaltensauffälligkeiten eindeutig eine Ventilfunktion. Häufig sind diese Reaktionsweisen die einzige Möglichkeit für das betroffene Kind, die in seiner Familie existierenden psychischen Belastungen zu ertragen. Die von mehr oder minder allen Kindern erlebten Gefühle der Hilflosigkeit und Verzweiflung werden insbesondere über aggressive Verhaltensweisen zu kompensieren versucht. Hinzu kommt, dass oft genug eine erhebliche Diskrepanz zwischen den inner- und den außerfamiliär gültigen Normen und Werten existiert. Versucht das Kind, sich seinem sozialen Umfeld außerhalb der Familie anzupassen, kommt es unweigerlich zu einem Loyalitätskonflikt den Eltern gegenüber, welcher dann über das (unangemessene) Verhalten ausagiert wird.

Die im Familienverband lebenden Mitglieder haben selten Interesse daran, dass die in ihrer Familie existierenden Schwierigkeiten und Probleme – in welcher Form auch immer – in die Öffentlichkeit gelangen. Im Gegensatz zum Symptomträger Kind versucht die Restfamilie in der Regel, die familieninternen Probleme zu verharmlosen bzw. zu verheimlichen. Die erwachsenen Mitglieder gestörter Familiensysteme schließen nicht selten Augen und Ohren, wenn es um die Wahrnehmung ihrer familiären Schwierigkeiten geht. Dies ist nicht zuletzt deshalb der Fall, da sie sich ansonsten mit ihrer Eigenproblematik auseinander setzen müssten, was in der Regel enorme Ängste auslöst und wozu deshalb nur die wenigsten bereit und in der Lage sind.

So sind sich die Eltern der Tragweite der Probleme in der Familie und der daraus für sie und ihre Kinder resultierenden Konsequenzen oft gar nicht bewusst. Das auffällige Kind ist mit seinen häufig existentiellen (familiärbedingten) Sorgen und Nöten völlig auf sich alleine gestellt. Die Eltern sind viel zu sehr mit sich und der Verdrängung ihrer eigenen Probleme beschäftigt, als dass sie in der Lage wären, auf die grundlegenden Bedürfnisse ihrer Kinder, etwa nach genügend Aufmerksamkeit und emotionaler Zuwendung, adäquat einzugehen.

2.2 Formen kindlicher Verhaltensstörungen

2.2.1 Definition von Verhaltensstörung

Die Formen kindlicher Verhaltensstörungen sind mannigfaltig ausgeprägt. Sie lassen sich nach Frequenz, Stabilität, Intensität und Generalität kennzeichnen.

Frequenz. Mit Frequenz ist die Häufigkeit bzw. die Auftretensdichte der Symptome gemeint. So kann z.b. kindliches Einnässen mehrfach am Tage, einmal täglich, mehrmals wöchentlich oder sporadisch in größeren Zeitabständen auftreten.

Stabilität. Die Stabilität umschreibt die Beständigkeit und Änderungsresistenz des kindlichen Fehlverhaltens. Verhaltensweisen, denen eine schwere Angstproblematik zugrunde liegt, z.b. motorische Unruhe und Hyperaktivität aufgrund traumatisch bedingter Verlustängste, sind sehr stabil, sie lassen sich nicht ohne Weiteres verändern.

Intensität. Intensität bedeutet die Heftigkeit und Stärke der Symptome. So variieren beispielsweise aggressive Verhaltensauffälligkeiten in ihren Ausprägungsgraden – von körperlichen Auseinandersetzungen, die die Grenzen des „Normalen" überschreiten (schweres Prügeln), bis hin zu Gewaltanwendungen mit ernsthafter Verletzungsgefahr (z.B. Hantieren mit Messern) und mehr (z.B. Zustechen mit dem Messer, Würgen etc.).

Generalität. Mit Generalität ist der Allgemeinheitsgrad der Symptome gemeint. Bestimmte Verhaltensauffälligkeiten werden beispielsweise ausschließlich in der Familie beobachtet (z.B. Stehlen: die unerlaubte, heimliche Entnahme von Geldbeträgen aus Mutters Portemonnaie), während andere Verhaltensweisen in allen Lebensbereichen auftreten (z.B. Lügen: in der Schule, auf dem Spielplatz, bei Bekannten, zu Hause etc.).

> **Kindliche Verhaltensstörungen bzw. -auffälligkeiten** können als längerfristige qualitative und/oder quantitative Abweichungen von der sozialen und statistischen Gruppennorm mit massiven Folgeerscheinungen definiert werden. Eine Behandlungsmaßnahme ist deshalb indiziert.

Die soziale Norm orientiert sich im Wesentlichen an den Reaktionen wichtiger Bezugspersonen aus dem sozialen Umfeld (Kindergarten, Schule etc.). Hinsichtlich der statistischen Norm kann zwischen Verhaltensexzessen (z.b. Aggression, Einnässen) und Verhaltensdefiziten (z.b. zu wenig Sozialkontakt aufgrund von sozialer Unsicherheit) unterschieden werden.

> **Behandlungsbedürftigkeit** ist spätestens immer dann gegeben, wenn das Kind selbst und/oder seine engere soziale Umgebung (Familie) und/oder die weitere soziale Umgebung (Kindergarten, Schule, Hort etc.) massiv unter dem Verhalten des Kindes leidet.

Leistungs- und Nichtleistungskriterien. Die kindlichen Verhaltensstörungen lassen sich grundsätzlich nach Leistungs- und Nichtleistungskriterien klassifizieren. Erfahrungsgemäß bedingen sich soziales Fehlverhalten und schulische Leistungsschwierigkeiten gegenseitig; sie sind interaktiv miteinander verknüpft. Ein Kind mit erheblichen Schulleistungsproblemen hat in seiner Klasse automatisch einen anderen Status als eines, welches leistungsmäßig mithalten kann. Der Klassenprimus wiederum nimmt eine andere Rolle in der Klasse ein als das Gros der durchschnittlichen Schüler. Das Ansehen und die Akzeptanz eines Kindes steht unter anderem mit seiner Leistung in Zusammenhang. Dabei kommt einem Topschüler nicht unbedingt immer der höchste Status in der Klasse zu; hat er den Ruf eines Strebers, wird er isoliert bzw. abgelehnt. Umgekehrt muss ein schlechter Schüler nicht gezwungenermaßen auch einen Negativstatus in der Klasse einnehmen; gelingt es ihm, sein Leistungsproblem vor den Mitschülern geschickt zu überspielen, kann er durchaus ein angesehener Kamerad sein.

Die Zusammenhänge zwischen Leistung und Sozialverhalten bzw. zwischen Leistung und Sozialstatus sind also nicht linear, sondern hängen von verschiedenen Faktoren ab. Häufig haben jedoch Kinder mit milieubedingten Leistungsproblemen auch im Beziehungsgefüge der Klasse bzw. im Sozialkontakt mit den anderen Kindern erhebliche Schwierigkeiten und umgekehrt. Permanente Misserfolge im Leistungsbereich bedingen Frustrations- und Versagensgefühle, auf die die Kinder zumeist mit Aggressionen, seltener mit Depressionen (vgl. die Theorie der erlernten Hilflosigkeit von Seligman, 1999) oder mit einer Kombination aus beiden (im Sinne extremer Stimmungsschwankungen) reagieren. Werden sie zu Außenseitern, fällt es ihnen doppelt schwer, Leistungsdefizite aufzuholen. Es entsteht somit ein Teufelskreis.

2.2.2   Störungen des Leistungsverhaltens

Leistungsdefizite und Teilleistungsstörungen. Relevante Auffälligkeiten bzw. Störungen im (Schul)Leistungsbereich sind bei mehr oder minder allen Heimkindern festzustellen und zeigen sich insbesondere in erheblichen Leistungsdefiziten, die oft einen Rückstand von mehr als einem (Schul)Jahr umfassen. Die schulischen Lernstofflücken sind meist in allen Unterrichtsfächern vorhanden. Aber auch Teilleistungsstörungen wie die Lese- und Rechtschreibschwäche (Legasthenie) sind in diesem Zusammenhang zu nennen. Dabei weisen die betroffenen Kinder gute, d.h. zumindest durchschnittliche bzw. oft überdurchschnittliche intellektuelle Fähigkeiten auf, so dass eine Überforderung der Kinder aufgrund von mangelnder Intelligenz ausgeschlossen werden kann.

Leistungsverweigerung. Die genannten schulischen Rückstände werden in der Regel in Verbindung mit verschiedenen Formen der

Leistungsverweigerung beobachtet, wie etwa dem häufigen Schuleschwänzen, dem permanenten Stören des Unterrichts sowie der totalen Hausaufgabenverweigerung oder der Hausaufgabenunterschlagung. Viele Kinder weigern sich schlicht, am Unterricht teilzunehmen; sie fallen durch geistige oder auch körperliche Abwesenheit auf, indem sie sich gedanklich nicht mit dem Lehrstoff beschäftigen oder indem sie in der Gegend herumstreunen.

Andere entziehen sich dem Unterrichtsgeschehen, indem sie die Schulklasse als Bühne missbrauchen und vor dem Publikum ihrer Klassenkameraden und Lehrer ihre Probleme ausagieren. Diese Auftritte sind häufig so massiv und in der Konsequenz derart destruktiv, dass Unterricht nicht mehr möglich ist. Fast alle diese Kinder wollen von Hausaufgaben nichts wissen. Sie verweigern deren Erledigung oder versuchen, mit Hilfe von Unterschlagungen für persönliche Entlastung zu sorgen.

Aufmerksamkeits-, Gedächtnis- und Antriebsstörungen. Die meisten der Heimkinder leiden unter starken Konzentrationsstörungen und Aufmerksamkeitsproblemen. Sie sind nicht in der Lage, über mehrere Schulstunden hinweg dem Unterrichtsgeschehen zu folgen. Sie lassen sich durch jede Gelegenheit geradezu dankbar ablenken, wenn sie nicht selbst aktiv für Ablenkung sorgen, indem sie eine unerträgliche Unruhe in der Klasse verbreiten. Diese Kinder zeigen häufig massive Gedächtnis- und Merkschwierigkeiten. Dies gilt nicht nur für das Kurzzeitgedächtnis; oft haben sie einen bislang gut beherrschten Lehrstoff plötzlich wieder vergessen. Bei ihnen ist zudem oftmals eine auffällige Antriebsschwäche festzustellen, die sich primär auf die leistungsbezogenen Anforderungen der Schule bezieht. Diese Kinder erwecken letztlich den Eindruck, mit der Schule überfordert zu sein.

2.2.3 Nichtleistungsbezogene Störungen

Zu den wichtigen Auffälligkeiten bzw. Störungen des Nichtleistungsbereiches zählen solche hinsichtlich der sozialen Interaktion, der emotionalen Entwicklung sowie der körperlichen (psychophysiologischen), der motorischen und der Sexualentwicklung.

Störungen des Sozialverhaltens. Die vielfältigen Störungen des Sozialverhaltens äußern sich in Lügen, Stehlen, Zündeln, Weglaufen bzw. Herumstreunen sowie in verbalen und motorischen Aggressionen gegen sich selbst und/oder gegen andere Personen und Sachen. Diese Kinder werden als nicht gruppenfähig bezeichnet, weil sie ein normales Miteinander nicht zulassen (können). Mit ihrem zum Teil hyperaktiven und oppositionellen Verhalten (vgl. Döpfner et al., 2000) brüskieren sie letztlich auch solche Personen aus ihrer sozialen Umgebung, die es besonders gut mit ihnen meinen. Wenn sich diese Personen dann enttäuscht von ihnen abwenden, tritt die „selbsterfüllende Prophezeiung" ein, und ihr negatives Selbstbild („So jemanden wie mich kann keiner mögen!") wird einmal mehr bestätigt. Die Folge sind massive Kontakt- und Beziehungsstörungen sowohl zu Gleichaltrigen als auch zu Erwachsenen. Störungen des Sozialverhaltens müssen ebenfalls bei fast allen Heimkindern diagnostiziert werden.

Emotionale Entwicklung. In Bezug auf die emotionale Entwicklung sind in erster Linie die verschiedensten Formen von Angst zu erwähnen. Besonders die Schul- und Prüfungsangst gewinnt zunehmend an Bedeutung, wobei diese Form der Angst nicht ausschließlich bei verhaltensgestörten Kindern vorkommt. Weitere relevante, situativ bedingte bzw. objektbezogene Ängste von Kindern sind zu beobachten: die Angst, von den Eltern verlassen zu werden, die Angst, von anderen ausgelacht und verspottet zu werden, die Dunkelangst und die Angst vor Krankheiten und Katastrophen, um diese als wichtigste Beispiele zu nennen.

Neben den Angstphänomenen ist immer wieder eine Selbstwertproblematik bei fast allen verhaltensauffälligen Heimkindern im Sinne mangelnder Ich-Stärke festzustellen. Die Kinder trauen sich sowohl leistungsbezogen als auch im Hinblick auf ihre sozialen Fertigkeiten wenig bis gar nichts zu. Ihr mangelndes Selbstvertrauen hat permanente Misserfolgserlebnisse in beiden Bereichen zur Folge. Dies wiederum bestätigt ihr negatives Selbstbild immer wieder aufs Neue; die Grundstimmung der Kinder ist geprägt durch Frustration, Hilf- und Perspektivlosigkeit. Daher verwundert es nicht, dass sie unter massiven Stimmungsschwankungen bzw. unter einer emotional-affektiven Labilität und depressiven Verstimmungen leiden.

Psychophysiologische Symptome. Zu den relevanten psychophysiologischen Symptomen, die in unterschiedlicher Häufigkeit bei verhaltensauffälligen Heimkindern auftreten, gehören Magen- und/oder Darmbeschwerden, Ess-Störungen wie Appetitlosigkeit, Magersucht (Anorexia nervosa), Ess-Brechsucht (Bulimia nervosa), Übergewicht bzw. Fettleibigkeit (Adipositas), Einnässen und Einkoten sowie Schlafstörungen wie Einschlaf- und Durchschlafprobleme. Insbesondere das nächtliche Einnässen (Enuresis nocturna) und – in selteneren Fällen – das Einnässen am Tage (Enuresis diurna) sind besonders hervorzuheben. Das Einkoten (Enkopresis) wird häufig im Zusammenhang mit sexuellem Missbrauch festgestellt. Zum Schutz vor weiteren Übergriffen bauen diese Kinder, überwiegend Mädchen, eine Art „Ekelaura" um sich herum auf, um auf diese Weise eine schützende Distanz zum anderen zu schaffen. Viele der verhaltensauffälligen Kinder leiden unter Schlafstörungen. Sie haben erhebliche Probleme beim Ein- oder Durchschlafen. Häufig kommt es zu einem sehr unruhigen Schlaf, die Kinder wälzen sich im Bett hin und her und werden von Alpträumen heimgesucht.

Motorische Störungen. Die Störungen aus dem Bereich der Motorik umfassen im Wesentlichen die motorische Unruhe und Hyperaktivität. Viele der Heimkinder wirken geradezu getrieben, können Momente der Stille und Ruhe nicht ertragen und befinden sich ständig in Bewegung. Zu den motorischen Symptomen zählen ferner Daumenlutschen und Nägelkauen, Kopfschaukeln (Jaktationen) sowie diverse Formen von Tics.

Sexualentwicklung. In Bezug auf die Sexualentwicklung fallen einige der Heimkinder dadurch auf, dass sie sexuelle Praktiken in einer extremen, altersunangemessenen Weise thematisieren und/oder ausführen. Manche Kinder verfügen über ein umfangreiches Repertoire an Fäkalbegriffen und setzen diese Form der Sprache effektvoll ein. Insbesondere diejenigen Kinder, die selbst sexuell missbraucht wurden, praktizieren teilweise völlig unangemessene Sexualtechniken, die mit den bekannten kindlichen „Onkel-Doktor-Spielen" nichts gemein haben. Viele der selbst missbrauchten Kinder üben auf andere einen erheblichen Druck aus und zwingen diese zu sexuellen Handlungen. Auffällig ist, dass die besagten Kinder ein völlig gestörtes Verhältnis zur Sexualität haben und sie diese mit deutlich negativen Gefühlen verbinden.

2.2.4 Verhaltensstörungen als Symptomkomplex

Die Erfahrungen der Praxis belegen, dass bei den als verhaltensauffällig bzw. -gestört diagnostizierten Kindern in der Regel ein ganzer Symptomkomplex zu beobachten ist. Die Kinder weisen sowohl Auffälligkeiten hinsichtlich des (Schul)Leistungsbereiches als auch in Bezug auf den Nichtleistungsbereich auf. Der Übergang vom „normalen" zum „verhaltensauffälligen" bzw. „verhaltensgestörten" Kind ist fließend.

Handlungsbedarf ist spätestens dann gegeben, wenn das betroffene Kind selbst und/oder seine unmittelbare soziale Umgebung unter den Verhaltensauffälligkeiten zu leiden beginnt.
Bedauerlicherweise wird immer wieder viel zu spät reagiert.
Bei ersten Hinweisen auf eine entsprechende Gefährdung eines Kindes sollte sofort gehandelt werden.

2.3 Ursachen kindlicher Verhaltensstörungen

2.3.1 Gestörte Familienverhältnisse

Die primären Ursachen der genannten kindlichen Störungen und Auffälligkeiten liegen zum überwiegenden Teil in sogenannten „gestörten" Familienverhältnissen, in denen diese Kinder aufwachsen müssen. Verschiedene familiäre Bedingungsfaktoren sind zu erwähnen.

Partnerschaftskonflikte. An erster Stelle sind ungelöste massive Partnerschaftskonflikte der Eltern zu nennen. Die Erwachsenen halten – aus gesellschaftlichen, wirtschaftlichen und religiösen Gründen oder aus Gewohnheit und Angst vor dem Alleinsein – an ihrer Beziehung fest, obwohl diese gar nicht mehr oder nur noch auf dem Papier existiert.

Viele dieser „Partnerschaften" sind durch eine Art Hassliebe (Ambivalenz) geprägt. Oft fehlt den Erwachsenen der Mut, die Konsequenzen zu ziehen und sich zu trennen. Die Angst vor Einsamkeit und vor alleiniger Erziehungsverantwortung lässt sie den Zustand des „Schreckens ohne Ende" aufrecht erhalten. Die Eltern leben nebeneinander her und haben sich schon lange nichts mehr zu sagen. Häufig besteht die elterliche Kommunikation primär in konflikthaften, nicht selten sogar gewalttätigen Auseinandersetzungen, oder es wird „Psychoterror" ausgeübt. Der „Krieg der Eltern" findet dabei auf dem Rücken der Kinder statt, welche zu „Spielbällen" des elterlichen Ehekampfes werden. Die Kinder sind in solchen Fällen über lange Zeiträume einem familiären Klima ausgesetzt, das durch ein permanentes Schwelen bis hin zu regelmäßigen Eskalationen der elterlichen (Beziehungs)Konflikte gekennzeichnet ist.

Eine von ständigen Streitereien und Auseinandersetzungen der Eltern geprägte, angespannte Familienatmosphäre löst tief greifende Verunsicherungen und existentielle Ängste bei den Kindern aus. Diese fühlen sich – nicht zu Unrecht – der Situation hilflos ausgeliefert. Dies kann zu aggressiven oder seltener zu depressiven Reaktionen der Kinder und darüber hinaus zu erheblichen Beeinträchtigungen in allen Entwicklungsbereichen führen.

Elterliche Verhaltensmuster. Häufig werden die elterlichen Verhaltensmuster von ihren Kindern im Sinne des Modell-Lernens übernommen. Dies ist ein möglicher, lerntheoretischer Erklärungsansatz für die Ausbildung kindlicher Verhaltensauffälligkeiten. Auf diese Weise lassen sich z.B. ein gestörtes Sozialverhalten der Kinder (etwa aggressive Verhaltensweisen, Lügen) oder auch Störungen der emotionalen Entwicklung (z.B. die Entstehung von Angst- und Selbstwertproblemen) erklären.

Erziehungsverhalten. Außerdem wirken sich die (Beziehungs)Konflikte der Eltern in den meisten Fällen direkt auf deren Erziehungsverhalten aus. Sie vertreten nicht zuletzt aufgrund ihrer Uneinigkeit unterschiedliche Erziehungsvorstellungen. Ein Elternteil sagt „Hü!", der andere „Hott!". Jeder versucht, das Kind „auf seine Seite" zu bringen und für sich einzunehmen. Das Kind erlebt das Verhalten der Eltern oftmals als willkürlich und kann es überhaupt nicht nachvollziehen; es fehlt ihm an der für seine gesunde Entwicklung notwendigen Orientierung und Sicherheit.

Darüber hinaus zehren die permanenten Spannungen und Konflikte zwischen den Eltern an deren Nerven und senken deren Frustrationstoleranz erheblich. Gefühlsmäßig reagieren sie äußerst empfindlich und schnell erregt. Sie sind inkonsequent in ihrem Erziehungsverhalten und stellen zu viele oder auch zu wenige Ge- und Verbote auf, wenn ihnen alles zu viel wird und sie das Kind mehr oder minder sich selbst überlassen (vernachlässigendes Verhalten). Im Gegensatz dazu ist ein elterliches Verhalten zu erwähnen, welches durch übermäßige Sorge um das Kind gekennzeichnet ist (überbehütendes Verhalten).

Trennung und Scheidung. Bei einigen der Problemfamilien kommt es irgendwann doch (endlich) zur Trennung und schließlich zur Scheidung der Eltern. Dieser Schritt hat unweigerlich die juristische Festlegung einer Sorge- und Besuchsrechtsregelung für die Kinder zur Folge, da die beiden Elternteile nach allem, was zwischen ihnen vorgefallen ist, meist nicht mehr in der Lage sind, sich gütlich und vernünftig im Sinne der Kinder zu einigen. Beide Elternteile „kämpfen" häufig mit allen Mitteln um ihre Kinder, d.h. um ihr Recht. Dies geht letztlich zu Lasten der Kinder. Die gegenseitigen Schuldvorwürfe wegen des Scheiterns der Beziehung eskalieren. Dem anderen wird die Schuld dafür gegeben, dass die Kinder unter der Trennungssituation zu leiden haben – und wieder werden die Kinder hineingezogen in die Abrechnung der Eltern.

Die Gründe der Trennung ihrer Eltern bleiben für die Kinder meist im Ungewissen. Sie sind in erster Linie auf die Erklärungen angewiesen, die sie von ihren Eltern bekommen. Es findet letztlich keinerlei – angemessene bzw. kindgerechte und objektive – Aufklärung, geschweige denn Aufarbeitung der familiären Realitäten, statt. Eine kritische Auseinandersetzung wird vermieden und oft als Tabu behandelt, die Existenz relevanter Probleme wird verdrängt oder geleugnet.

Bedrohung. Für die meisten der betroffenen Kinder stellen die permanenten Streitereien und Auseinandersetzungen der Eltern und deren für sie nicht nachvollziehbare Art der Trennung existentiell bedrohliche Erlebnisse dar. Das Leiden der Kinder geht weiter. Häufig fühlen sie sich schuldig an der Trennung ihrer Eltern. Und sie hängen an beiden Elternteilen, müssen aber auf einen verzichten, ohne recht zu wissen warum.

Solche Erfahrungen prägen die Kinder nachhaltig. Der zurückgebliebene Elternteil ist zumeist die einzige Person, die den psychisch belasteten Kindern als Gesprächspartner zur Verfügung steht. All die ungeklärten Fragen, die das Kind von sich aus nicht zu stellen wagt, und die damit verbundenen Emotionen werden an diesem Elternteil notgedrungen „abgelassen". Die Verantwortung und Schuld für die Trennung der geliebten Eltern wird aus der Sicht des Kindes häufig dem Elternteil zugewiesen, mit dem es zusammenlebt. Der andere, nicht präsente Elternteil wird oft überzogen positiv bewertet. Problematisch wird dies, wenn die Erziehungsperson eine neue Partnerschaft aufnimmt oder gar an eine Wiederverheiratung denkt. Alte, nicht verheilte psychische Wunden können beim Kind neu aufbrechen, wenn dieses mit einem von ihm abgelehnten Stiefelternteil konfrontiert wird.

Partnerersatz. Oft wird das Kind zum Partnerersatz. Es gerät in die Rolle des gleichberechtigten Gesprächspartners, dem sich der zurückgebliebene Elternteil mit seinen Sorgen und Nöten anvertraut. Das Kind wird mit emotionalen Ansprüchen konfrontiert, denen es nicht gerecht werden kann und die es total überfordern. Hinzu kommt häufig, dass der mit dem betroffenen Kind zusammenlebende (sorgeberechtigte) Elternteil aufgrund der eigenen psychischen Verletzungen durch den Ex-Ehepartner ausschließlich diesem die Schuld für das Auseinanderbrechen der Familie zuschreibt. Der außerhalb der Restfamilie lebende Elternteil wird dann zum „Buhmann" und „Sündenbock", der für alles verantwortlich gemacht wird. Die „Zurückgebliebenen", die „Verlassenen" bzw. die „Betrogenen" leiden gemeinsam und bestärken sich in ihrem Selbstmitleid.

Loyalitätskonflikt. Zumindest das Kind zweifelt oft daran, ob diese Sichtweise richtig ist. Diese Zweifel sind emotional begründet. Immerhin handelt es sich bei dem getrennt lebenden Elternteil um den Vater (bzw. seltener die Mutter), den (die) das Kind noch immer liebt und stets lieben wird. Diese Liebe darf es sich und dem Elternteil, bei dem es lebt, jedoch nicht eingestehen. Das Kind gerät so in einen nicht auflösbaren Loyalitätskonflikt. Es liebt nach wie vor und trotz allem beide Eltern, Mutter und Vater gleichermaßen. Die Eltern sind jedoch im wahrsten Sinne des Wortes geschiedene Leute, die sich nichts mehr zu sagen haben und die häufig nur noch das Gefühl des Hasses verbindet. Das Kind muss also in dieser existentiellen Frage seine wahren Gefühle verleugnen, was sich negativ auf seine weitere emotionale Entwicklung auswirken kann.

2.3.2 Psychische Störungen der Eltern

Neben der eben umrissenen Problematik sind ferner massive Beziehungsprobleme unterschiedlichen Ursprungs zwischen Eltern einerseits und Kindern andererseits zu erwähnen. Diese und die zwischenelterlichen Beziehungsstörungen haben ihre Ursachen meist in der Lebensgeschichte der Erwachsenen und basieren maßgeblich auf unterschiedlich stark ausgeprägten psychischen Störungen der Eltern.

Ängste und Depressionen. Häufig liegen gravierende neurotische Fehlentwicklungen bei einem oder beiden Eltern vor, die sich aufgrund von nicht oder unangemessen verarbeiteten Konflikten erklären lassen. Insbesondere sind diverse Ängste zu nennen, die sich massiv auf die gefühlsmäßigen Beziehungen innerhalb der Familie und damit auch auf das elterliche Erziehungsverhalten auswirken. In diesem Zusammenhang sind ferner affektive Störungen (Depressionen) zu erwähnen. Da die Eltern grundsätzlich als Vorbilder – im Positiven wie im Negativen – dienen, kommt es in diesen Fällen häufig zur Übernahme des elterlichen Problemverhaltens. Die Kinder ahmen ihre Eltern nach, sie erleben und übernehmen deren ängstliches, unsicheres und depressives Verhalten.

Psychosomatische Erkrankungen. Ferner lassen sich psychosomatische Erkrankungen und schwere Grade von Schlaf- und Essstörungen auf Seiten der Eltern diagnostizieren, welche aufgrund ihres Ausprägungsgrades das familiäre Zusammenleben und die innerfamiliären Interaktionen erheblich belasten können.

Persönlichkeitsstörungen. Des Weiteren treten bei den Eltern diverse Formen von Persönlichkeitsstörungen auf. Insbesondere Borderline ist vergleichsweise häufig vertreten, von dem primär missbrauchte und misshandelte Mütter betroffen sind. Hier leiden die Kinder vor allem unter der emotionalen und affektiven Instabilität ihrer identitätsgestörten Mütter. Auch die dissoziale oder psychopathische Persönlichkeitsstörung kommt häufiger vor. Als besondere Form tief verwurzelter, fehlangepasster Verhaltensmuster ist die Delinquenz (Straffälligkeit) zu bezeichnen. Das negative Vorbild der Eltern hat für die betroffenen Kinder zur Folge, dass sie ständig zwischen den unterschiedlichen, einander widersprechenden Norm- und Wertesystemen des familiären und des außerfamiliären Lebensraumes hin und her gerissen werden. Das Kind wird permanent mit verschiedenen sozialen Anforderungen konfrontiert.

Psychotische Erkrankungen. Sehr selten sind psychotische Erkrankungen, Schizophrenie oder wahnhafte Störungen zu beobachten, die dann häufig mit einer massiven Suchterkrankung einhergehen. Allerdings müssen sie als umso bedrohlicher für die Kinder eingeschätzt werden, je latenter sie existieren. Sie sind noch nicht voll ausgebrochen und werden daher nicht angemessen behandelt.

Krankheiten. Es sei schließlich auf einen weiteren relevanten Problemkreis hingewiesen, welcher mit massiven gesundheitlichen Problemen umschrieben werden soll. Darunter sind folgenschwere Erkrankungen wie etwa Krebs, Multiple Sklerose etc. gefasst. Aber auch plötzlich eintretende Schicksalsschläge wie schwere Verletzungen oder Todesfälle durch Unfälle können die betroffenen Familien in eine schwere Krise geraten lassen. Problematisch sind diese nicht zuletzt durch die damit verbundenen enormen psychischen Belastungen für alle Beteiligten.

2.3.3 Suchtprobleme der Eltern

Psychische und Verhaltensstörungen der Eltern werden oft durch psychotrope Substanzen verstärkt oder ausgelöst. So muss eine Zunahme von teilweise multiplen Suchtproblemen bei den Eltern konstatiert werden.

Fassaden. Alkohol- und/oder Drogen- bzw. Medikamentenmissbrauch bedingen in der Regel unweigerlich den Aufbau und die rigide Aufrechterhaltung von sogenannten „Fassaden" in den betroffenen Familien. Es besteht eine erhebliche Diskrepanz zwischen Wunsch und Wirklichkeit; die Realität wird von den Erwachsenen verkannt und nach außen geleugnet. Die suchtkranken Eltern entwickeln ein „Konzept der Lebenslüge", an dem sie ihr Denken, Fühlen und Handeln in krankhafter Weise orientieren. Dies hat für die betroffenen Kinder einen tief greifenden Konflikt zur Folge. Sie verlieren nicht selten völlig den Respekt vor der suchtkranken Erziehungsperson, während sie diese nach außen verteidigen und eine „heile Familienwelt" (glauben) vertreten (zu müssen). Auf diese Weise geraten sie in einen unauflösbaren Loyalitätskonflikt, bei dem inner- und außerfamiliäre Regeln und Normen nicht (mehr) übereinstimmen, sondern sich widersprechen. Damit sind sie einem auf Dauer unerträglichen psychischen Druck ausgesetzt.

Häufig geht mit Sucht eine Arbeitslosigkeit einher. Permanente Arbeitslosigkeit wiederum verstärkt die bei den Betroffenen ohnehin vorhandenen Unzulänglichkeits-, Schuld- und Versagensgefühle. Ferner bewirkt Sucht oft einen deutlichen sozialen Abstieg und damit soziale Isolation. Neben dem sozialen kommt es dann zu einem materiellen Elend bis hin zum Wohnungsverlust und Obdachlosigkeit und führt so zu fatalen Folgen für das gesamte betroffene Familiensystem.

2.3.4 Sexueller Missbrauch

Schließlich muss der besonders Besorgnis erregende Problembereich der ungewöhnlichen bzw. abnormen Sexualpraktiken erwähnt werden. In der Vergangenheit ist diesbezüglich ein deutliches Ansteigen festzustellen, wobei unklar ist, ob sich das besagte Verhalten selbst oder nur die Häufigkeit des Bekanntwerdens desselben erhöht hat. Die einschlägigen Erfahrungen aus der Praxis legen jedoch den Eindruck nahe, dass insbesondere der sexuelle Missbrauch von Kindern ganz erheblich zugenommen hat.

> Von **sexuellem Missbrauch Minderjähriger** muss grundsätzlich gesprochen werden, wenn Erwachsene an bzw. mit Kindern Handlungen durchführen, die mit dem Ziel der eigenen sexuellen Erregung bzw. Befriedigung begangen werden.

Damit wird ein sehr weites Feld umschrieben, welches von vermeintlich harmlosen Verhaltensweisen wie etwa häufigen intensiven Blicken des Vaters auf die sich ausbildenden Brüste seiner pubertierenden Tochter bis hin zu eindeutigen sexuellen Handlungen und letztendlich dem Vollzug des Geschlechtsverkehrs reicht.

Hinsichtlich des sexuellen Missbrauchs von Minderjährigen wird allenfalls die Spitze des Eisbergs sichtbar; es muss nach wie vor eine enorme Dunkelziffer angenommen werden. Man kann heute davon ausgehen, dass beinahe jedes Mädchen, das aufgrund seiner Verhaltensauffälligkeiten in einer pädagogisch-psychologischen Einrichtung stationär behandelt wird, zuvor sexuelle Missbrauchserfahrungen gemacht hat. Der Prozentanteil sexuell missbrauchter Jungen, die einer stationären Behandlung zugeführt werden, liegt erfahrungsgemäß bei deutlich über fünfzig Prozent!

Wiederholung. In Bezug auf diese schwer wiegende, tief die Persönlichkeit der Kinder und Jugendlichen tangierende Erfahrung des sexuellen Missbrauchtwerdens lässt sich immer wieder eine Art generationsübergreifender Tragik feststellen. Viele Mütter missbrauchter Kinder mussten in ihrer Kindheit und Jugend die gleichen Erlebnisse erleiden, so dass sie aufgrund ihrer eigenen Traumatisierungen nicht in der Lage sind, ihre Kinder zu schützen und vor den gleichen Erfahrungen zu bewahren.

Bei den Missbrauchern handelt es sich äußerst selten um Fremde oder Zufallsbekanntschaften. In den meisten Fällen sind es Väter, Stiefväter bzw. Partner der Mütter bzw. Verwandte oder Freunde der Familie, also Personen, die im engeren sozialen Umfeld des Kindes leben und die das Kind gut kennt. Es wurden immer wieder Fälle bekannt, in denen ein Elternteil von den Vorkommnissen wusste, diese aber nicht wahrhaben wollte, weil nicht sein kann, was nicht sein darf.

Vertrauensverlust. Die Erfahrung des sexuellen Missbrauchtwerdens durch vertraute Personen, die ihre Rolle als „Beschützer" bzw. „Freund" in das genaue Gegenteil kehren und so zu bedrohlichen Aggressoren werden, hat einen existentiellen Vertrauensverlust bei den Opfern zur Folge. Sie tendieren dazu, die unerträgliche Realität zu leugnen und ihren eigenen Wahrnehmungen zu misstrauen. Sie empfinden häufig eine Mitschuld oder erleben sich als hauptverantwortlich für die Geschehnisse.

In der Regel werden diese zutiefst traumatischen Erfahrungen niemals mit einer Vertrauensperson besprochen, geschweige denn psychotherapeutisch behandelt. Die Opfer bleiben sich selbst überlassen, sie schweigen – aus Angst, aus Scham oder schlicht aus Unwissenheit, Hilfe bekommen zu können.

So hat ein Großteil der Mütter verhaltensauffälliger Kinder ein erheblich gestörtes Verhältnis zum anderen Geschlecht. Dies ist auf dem Hintergrund eines häufig extrem negativen Selbstbildes und eines oft völlig verkehrten Rollenverständnisses als Mutter zu sehen.

2.3.5 Misshandlungen

Neben dem sexuellen Missbrauch – als Sonderform der Misshandlung – kommt körperlichen Züchtigungen bzw. sonstigen Gewaltanwendungen im Sinne der Misshandlung besondere Brisanz zu. Hierzu zählt zum einen die rein physische Gewaltausübung wie etwa das Verprügeln und Schlagen mit Gegenständen bis hin zu ausgesprochen (sadistischen) Quälereien wie dem Ausdrücken von brennenden Zigaretten auf der Haut. Zum anderen umfasst der Begriff der Misshandlung auch die psychische Gewalt gegen Kinder wie etwa Liebesentzug und Bestrafung durch Nichtbeachtung über längere Zeiträume. Auch hier handelt es sich um eine große Bandbreite sehr unterschiedlicher Vorfälle mit einer immensen Dunkelziffer.

(Hoffnungslose) Hoffnung der Kinder. Bedrückend ist, dass die betroffenen Kinder in der Regel niemanden um Hilfe bitten und sich trotz langjähriger Qualen durch ihre Eltern der „hoffnungslosen Hoffnung" hingeben, alles werde sich eines Tages doch noch zum Besseren wenden. Die Kinder ertragen ihr Leid aus der existentiellen Angst heraus, die Eltern unwiderruflich zu verlieren. Auch dann versuchen diese Kinder immer noch, ihre Eltern zu schützen, wenn die Vorfälle an die Öffentlichkeit gelangt sind, das Jugendamt und das Vormundschaftsgericht eingeschaltet und die Kinder zu ihrem Schutz – da Gefahr in Verzug ist – aus der Familie herausgenommen werden mussten. Bis zuletzt halten sie zu ihnen und an ihren Eltern fest. Und auch hier geben sich die Kinder in der Regel selbst die Schuld für die Vorfälle.

Überforderung der Eltern. Die Eltern ihrerseits sind häufig völlig überfordert mit ihrer Lebenssituation. Viele der misshandelnden Eltern(teile) kommen nicht (mehr) zurecht mit sich und ihren Kindern. Sie sind den Anforderungen der Erziehung nicht gewachsen, haben sie doch genug Probleme mit sich selbst. Die Folge ist, dass sie ihre eigenen Ängste, ihre Hilflosigkeit und Frustration über aggressive Ausbrüche an ihren Kindern ausagieren. Dabei kann es bis zum gewaltsamen Tod des Kindes kommen, wie einige Fälle aus der Vergangenheit belegen.

2.3.6 Interaktion diverser Verursachungsfaktoren

Abschließend sei gesagt, dass die Aufzählung der genannten Problembereiche als mögliche Ursachenquellen gestörter Familienverhältnisse keinesfalls den Anspruch auf Vollständigkeit erhebt. Die erwähnten Problemkreise scheinen jedoch sowohl hinsichtlich ihrer Auftretenshäufigkeit als auch in Bezug auf die damit verbundene Folgenschwere für die betroffenen Familien und deren Kinder die relevanten zu sein. Dabei treten die aufgeführten Verursachungsfaktoren selten isoliert auf, vielmehr bedingen sie sich gegenseitig. Sie sind interaktiv miteinander verknüpft und potenzieren sich in ihrer Wirkung, so dass von einem multikausalen Ansatz gesprochen werden muss. Ein Suchtgefährdeter wird durch seine Arbeitslosigkeit zum Süchtigen und umgekehrt. Depressionen oder Aggressionen können Partnerschaften zerstören, gestörte Partnerbeziehungen können depressiv oder aggressiv machen. Und so weiter.

3 Klaus, Helena, Jan und Agnes – vier ausgewählte Kinderschicksale

Vorbemerkung

Über die exemplarische Darstellung einiger ausgewählter Kinderschicksale soll ein informativer Einblick in das Problemfeld der Heimerziehung vermittelt werden. Die geschilderten Fallbeispiele weisen eine hohe Authentizität und Realitätsnähe auf, trotz uneingeschränkter Wahrung der Anonymität der betroffenen Personen. Alle hier dargestellten „Fälle" haben sich so oder so ähnlich zugetragen, wobei die persönlichen Daten der vorkommenden Personen modifiziert wurden, so dass eine Identifikation der Betroffenen ausgeschlossen ist.

Es sei an dieser Stelle ausdrücklich darauf hingewiesen, dass die Auswahl der vier Kinderschicksale unter Kriterien erfolgte, die der Autor aufgrund seiner persönlichen Erfahrungen als Heimpsychologe festlegte. Dem Anspruch eines repräsentativen Querschnitts durch das gesamte Spektrum der im Rahmen der stationären Kinder- und Jugendhilfe betreuten Heranwachsenden kann und soll nicht entsprochen werden.

In diesem Praxisteil werden zwei Mädchen und zwei Jungen mit ihren persönlichen Schicksalen vorgestellt. Hierzu ist zu bemerken, dass der Anteil männlicher Heimkinder bei weitem den der Mädchen übersteigt. Dies ist damit zu erklären, dass die in Heimen der Kinder- und Jugendhilfe anzutreffenden Heranwachsenden primär durch aggressive Verhaltensweisen auffallen, die nach außen und gegen andere gerichtet sind. Ein solches extrapunitives Verhalten zeigen verstärkt die Jungen; Mädchen – dies ist wissenschaftlich belegt – fallen weniger durch solche Aggressionen auf. Sie reagieren zumeist intrapunitiv, sie richten ihre Aggressionen nach innen (im Sinne von Depressionen) oder gegen sich selbst (im Sinne von Autoaggressionen). Es kommt beispielsweise zu Selbstverstümmelungen (wie Hautritzen und exzessives Nägelkauen), Magersucht (Anorexia nervosa), Ess-Brech-Sucht (Bulimie) und weiteren Krankheitsbildern.

Bei drei der vier Fälle handelt es sich um Einzelkinder. Auch dieser Umstand ist nicht unbedingt typisch für die Population der Heimkinder. Entsprechend der Familienzusammensetzung in der Bevölkerung – zumeist Zwei-Kind-Familien, wobei der Anteil der Ein-Kind-Familien zur Zeit zunimmt – lassen sich in Heimen gleichermaßen Kinder finden, die alleine als auch mit Geschwistern in ihren Familien leben. Ihre Unterbringung erfolgte, weil sie im Vergleich zu ihren Geschwistern besonders auffällig wurden. Dabei ist festzustellen, dass nach der Herausnahme des „Symptomträgers" aus einem gestörten Familiensystem oft ein Geschwister dessen Rolle in der Familie übernimmt und somit zu seinem „Nachfolger" wird.

Auch sei der Vollständigkeit halber erwähnt, dass alle sozialen Gruppen vertreten sind. Die in Heimen betreuten Kinder und Jugendlichen stammen keinesfalls allesamt aus sogenannten „sozial- oder milieuschwachen" Familien, auch wenn deren Anteil deutlich überwiegt.

Die vier Kinder, deren Schicksale ausführlich dargestellt werden, haben vom Autor die Namen Klaus, Helena, Jan und Agnes bekommen. Sie sollen stellvertretend für die vielen anderen Kinder vorgestellt werden, die auch große Probleme in ihren Familien haben – wie z.B:

▶ Daniel (7), der seinen jüngeren Bruder Robert (4) eines nachts mit einem Kopfkissen ersticken wollte, weil er ihn für seine ständigen Auseinandersetzungen und Streitereien mit der Mutter verantwortlich machte.

▶ Norbert (9), der sozial zu verwahrlosen drohte bei seiner labilen und total inkonsequenten Mutter, die auf der Suche nach Geborgenheit und Liebe von insgesamt vier verschiedenen Männern fünf Kinder hat.

- Lydia (6), die von ihren Eltern als Sexualobjekt vermarktet wurde, indem sie Videoaufnahmen darüber anfertigten, wie ihre Tochter von Männern und Frauen aus ihrem Bekanntenkreis sexuell missbraucht wurde.
- Michael (8), der von seinen hoffnungslos überforderten Eltern nie irgendwelche Grenzen aufgezeigt bekam und jede Gelegenheit nutzte, seine Eltern in der Öffentlichkeit zu beschimpfen und bloß zu stellen, so dass sich seine Eltern zuletzt nicht mehr mit ihm unter fremde Menschen trauten.
- Sebastian (10) und Janine (8), die von ihren völlig zerstrittenen Eltern in deren „Ehekrieg" hineingezwungen wurden: der Vater mit Janine gegen die Mutter und Sebastian, so dass sich darüber unter anderem eine so extreme Geschwisterrivalität entwickelte, dass Sebastian aus der Familie herausgenommen werden musste.
- Andreas (12), der ständig von zu Hause weglief und sich im Bahnhofsbereich herumtrieb, weil er die ständigen Gewaltausbrüche seines permanent betrunkenen Vaters gegen seine jüngeren Geschwister nicht mehr ertragen konnte.
- Natalie (7), deren Vater davon überzeugt ist, dass er nicht ihr leiblicher Vater ist und sie deshalb ablehnte und ihre ältere Schwester vorzog, worauf Natalie unter anderem mit ernst zu nehmenden Suiziddrohungen reagierte.
- Jürgen (8), der es nicht verkraftete, dass seine Mutter mit zwei Männern zusammenlebte: mit seinem Vater und ihrem Freund, der in der elterlichen Wohnung als „Untermieter" gemeldet war.
- Martin (9) und Thomas (6), die immer wieder zu Augenzeugen wurden, wie ihre hilflose Mutter vom Vater gedemütigt und vergewaltigt wurde.
- Markus (10), der wie seine fast erwachsene Schwester (18) seine handlungsunfähige Mutter trösten musste, weil sie nicht damit klar kam, dass der Vater ständig wechselnde Freundinnen mit nach Hause brachte und sich mit ihnen im elterlichen Schlafzimmer einschloss.
- Sebastian (7), der seiner allein erziehenden und karriereorientierten Mutter schon lange zum „Klotz am Bein" geworden ist, weshalb sie ihn in eine Pflegefamilie geben wollte.

- Peter (10), der permanent die Schule schwänzte und die meiste Zeit des Tages in der Gegend herumstreunte oder sich in Kaufhäusern herumdrückte, weil sich seine Mutter „im Milieu" aufhielt und „anschaffen" ging.
- Karl-Heinz (11), Sohn eines Hochschullehrers und einer Modedesignerin, die ihren Mann vor dessen Augen mit einem wesentlich jüngeren Mann betrog, worauf Karl-Heinz verstärkt mit extrem aggressiven Ausbrüchen reagierte.
- Laura (9), deren Eltern kein Interesse an ihr zeigten und sie und ihre zwei Brüder vernachlässigten, weshalb sich mehrere Jahre lang ein freundlicher älterer Herr aus der Nachbarschaft um sie „kümmerte", bis sich herausstellte, dass die Kinder von diesem Mann seit Jahren sexuell missbraucht wurden.

Diese Beispiele könnten beinahe endlos fortgesetzt werden. Sie erweisen sich als verschieden in den Details und ähnlich in den Konsequenzen. Alle erwähnten Kinder mussten ihre Familien verlassen – zum größten Teil zeitlich begrenzt, manche für immer.

Bei den folgenden ausführlich geschilderten Kinderschicksalen handelt es sich nicht um besonders spektakuläre oder medienwirksame Fälle. Sie wurden ausgewählt, weil sie den Autor besonders betroffen und situativ auch hilflos gemacht haben. Diese Fallbeispiele mögen verstanden werden als Stellvertreter der vielen, in große Not geratenen Kinder, deren Leid in unserer Wohlstandsgesellschaft kaum zur Kenntnis genommen wird und für deren Sorgen und Probleme nur wenig Interesse zu bestehen scheint.

3.1   Klaus, 9 Jahre

Klaus ist gerade neun Jahre alt geworden, und seine Tage in der Schule sind gezählt – nach drei Schulbesuchsjahren, die mehr schlecht als recht verlaufen sind. Heute steht Klaus wegen seines „unakzeptablen Sozialverhaltens", so die Schulleitung, und wegen seiner „plötzlichen Aggressionsausbrüche" vor dem Schulverweis.

Ratlosigkeit. Es herrscht große Ratlosigkeit bei allen Beteiligten. Die Mutter weiß schon lange nicht mehr weiter, der zwischenzeitlich eingeschaltete Schulpsychologe ist ebenfalls am Ende mit seinem Latein und die Schulleitung sieht keine Lösungsmöglichkeit, befindet sie sich doch massiv unter Druck durch die Eltern der Klassenkameradinnen und Klassenkameraden von Klaus. Eine von der Mutter konsultierte Neurologin diagnostiziert eine hyperkinetische Störung (Überaktivität) bei Klaus und schlägt eine medikative Behandlung vor, welche die Mutter ablehnt. Der – allerdings wenig kontinuierliche – Besuch einer Erziehungsberatungsstelle bringt ebenfalls keine grundlegende Besserung der mehr als angespannten Lage.

Jugendamt. Schließlich bittet die Mutter das Jugendamt um Hilfe, welches sich umgehend an die heilpädagogische Einrichtung wendet, um die Ursachen der Verhaltensprobleme von Klaus psychologisch abklären zu lassen (Diagnostik). Da alle ambulanten Maßnahmen – diverse Gespräche zwischen Schule und Mutter, das Einschalten des Schulpsychologen, die Konsultation einer Neurologin, der Besuch einer Erziehungsberatungsstelle – ohne Erfolg geblieben sind und die Problematik weiter zu eskalieren droht, hat das für Erziehungshilfe zuständige Team des Jugendamtes beschlossen, eine stationäre Maßnahme der Kinder- und Jugendhilfe in die Wege zu leiten. Die betreffende Sozialarbeiterin setzt sich mit dem zuständigen Psychologen der heilpädagogischen Einrichtung telefonisch in Verbindung und berichtet in aller Kürze die wesentlichen Fakten am Telefon. Zusätzlich schickt sie ihm in den folgenden Tagen einige schriftliche Unterlagen, um das Bild zu ergänzen.

Ein Vorstellungstermin wird vereinbart

Um sich gegenseitig kennen zu lernen und die weitere Vorgehensweise zu besprechen, vereinbart der Psychologe mit der Sozialarbeiterin telefonisch das obligatorische Vorstellungsgespräch. In diesem Erstgespräch, an dem üblicherweise eine Mitarbeiterin oder ein Mitarbeiter des Jugendamtes und die Erziehungsberechtigten mit ihrem Kind teilnehmen, soll die grundsätzliche Frage geklärt werden, ob eine Aufnahme in die Diagnose-Abteilung der heilpädagogischen Einrichtung einen Sinn macht. Dazu ist es notwendig, die beiderseitigen Vorstellungen zu benennen. Es werden sowohl die Wünsche und Erwartungen der Eltern an die Einrichtung als auch die „Bedingungen" besprochen, die von Heimseite an die Eltern gestellt werden. Zu diesen Bedingungen zählt in erster Linie die Bereitschaft der Erziehungsberechtigten zu einer kontinuierlichen Mitarbeit, um den therapeutischen Prozess bei ihrem Kind aktiv zu begleiten und zu fördern. Ferner ist es notwendig, die Vorstellungen des Jugendamtes und damit den Arbeitsauftrag an die Diagnose-Abteilung klar zu definieren.

Erster Kontakt. Zu dem besagten Vorstellungstermin erscheinen absprachegemäß die allein erziehende Mutter und ihr Sohn Klaus in Begleitung der für sie zuständigen Sozialarbeiterin des Jugendamtes. Das Gespräch findet im Arbeitszimmer des Psychologen statt. Als Klaus diesem zur Begrüßung die Hand reicht, fallen dem Psychologen sofort dessen stark abgekaute Fingernägel auf. Der Händedruck von Klaus ist schwach, er greift gar nicht richtig zu, sondern hält die Hand einfach nur hin. Er vermittelt einen scheuen, ja ängstlichen Eindruck, der im Gegensatz zu seinem Äußeren steht. Es handelt sich bei ihm um einen großen und für sein Alter kräftigen Jungen, der mit seinen kurz geschnittenen Haaren und seinen freundlichen Augen, die bei diesem Erstkontakt jedoch nicht recht wissen, wo sie hinschauen sollen, ausgesprochen sympathisch wirkt. Es ist auf den ersten Blick nur schwer vorstellbar, dass dieser Junge ein derartiges Aggressionspotential in sich trägt. Die Mutter betont jedoch immer wieder, dass es sich bei ihrem Sohn um ein „äußerst problematisches Kind" handelt, welches unbedingt der fachlichen Hilfe bedarf.

Während des Gesprächs mit der Mutter spielt Klaus im Spielzimmer. Gegen Ende der Unterredung wird Klaus dazugerufen und in das Gespräch der Erwachsenen mit einbezogen, damit er erfährt, was diese besprochen haben. Diese Vorgehensweise hat sich als sinnvoll erwiesen, da den Kindern das Gespräch zwischen den Erwachsenen meist zu lang(weilig) wird. Trotz aller Neugierde und Ängste, was die Erwachsenen besprechen, ziehen sich die Kinder in der Regel zunächst lieber zurück, um später in die Pläne der Erwachsenen eingeweiht zu werden.

Aussagen der Mutter

Die Mutter schildert, dass Klaus von Geburt an körperlich ausgesprochen groß und stark entwickelt ist. Schon während der Schwangerschaft spürt sie, welchen „Brocken" sie da mit sich herumschleppt. Die Geburt verläuft anstrengend für beide.

Kleinkind- und Vorschulalter. Bereits im Kleinkindalter verletzt Klaus aufgrund seiner überdurchschnittlichen Körperkräfte andere Kinder beim Spielen. Er hat noch große Schwierigkeiten, seine Körperkräfte richtig einzuschätzen. Immer wieder müssen andere Kinder vor ihm geschützt werden.

Im Kindergarten gibt es dann erstmalig konkrete Probleme mit Klaus wegen seines Verhaltens. Klaus ist sich mittlerweile seiner körperlichen Kräfte stärker bewusst und setzt diese zum Teil wissentlich ein, um sich anderen Kindern gegenüber durchzusetzen und für sich Vorteile herauszuschlagen. Immer wieder müssen die Erzieherinnen im Kindergarten eingreifen, um Verletzungen bei anderen Kindern zu verhindern. Schon damals wird der Mutter vom Kindergartenpersonal mitgeteilt, dass Klaus mit sich und seiner Welt sehr unzufrieden ist und hilflos wirkt und er dieses über körperliche Attacken zu kompensieren sucht.

Schule. Beim ersten Einschulungsversuch wird Schulunreife diagnostiziert, so dass er um ein Jahr zurückgestellt wird. Klaus verbringt die Zeit in der Vorschulklasse. Dort verhält er sich ähnlich wie im Kindergarten. Schließlich wird Klaus eingeschult.

Die ersten Schultage verlaufen unter großen Schwierigkeiten. Klaus weigert sich von Anfang an vehement, in die Schule zu gehen. Er klagt täglich über Kopf- und Magenschmerzen und übergibt sich regelmäßig. Immer wieder muss er von seiner Mutter zum Schulbesuch überredet werden. Diese kann sich sein Verhalten nicht erklären; ihrer Meinung nach zeigt Klaus eine völlig unberechtigte Angst vor der Schule.

Das erste Schuljahr übersteht er nur mit großen Mühen. Die Versetzung in die zweite Schulklasse erfolgt aus „pädagogischen Gründen". Klaus nimmt erhebliche Lücken mit ins nächste Schuljahr.

Im zweiten Schuljahr reagiert er verstärkt mit Provokationen und Aggressionen gegen seine Mitschüler und Lehrer. Er ärgert sie, wo er nur kann und hat an allem etwas auszusetzen. Darüber hinaus stört er empfindlich den Unterricht, indem er plötzlich in der Klasse herumläuft. Immer öfter boykottiert er die Teilnahme am Unterricht. Seine Leistungen entsprechen nicht den Anforderungen der zweiten Klasse. Aufgrund der Defizite in allen Fächern muss er in Absprache mit der Mutter das zweite Schuljahr wiederholen. Es gibt erste kritische Stimmen, ob der Junge auf Dauer in der Regelschule tragbar ist.

Schulverweis. Bei der Wiederholung der zweiten Klasse werden aufgrund des Verhaltens von Klaus mehrfach Klassenkonferenzen einberufen. Schließlich steht ein Schulverweis bevor. Klaus reagiert mittlerweile sehr brutal, er greift plötzlich und unerwartet seine Mitschüler tätlich an. Während seine Mitarbeit im Unterricht sehr zu wünschen übrig lässt, fällt er durch Schimpfkanonaden auf, die sich auch gegen seine Lehrerin richten. Darüber hinaus wird ihm vorgeworfen, dass er mutwillig Schulinventar beschädigt. Er soll mehrfach die Toiletten mit Papierrollen verstopft und die Glasscheibe einer Zwischentür eingetreten haben. Klaus ist für seine Schule untragbar geworden. Die Eltern seiner Mitschüler richten mehrere Beschwerdeschreiben zunächst an die Klassenlehrerin und später an die Schulleitung, in denen sie ein umgehendes und konsequentes Handeln von Seiten der Schule fordern. Deshalb sieht sich die Schulleitung gezwungen, sofortige und strenge Maßnahmen zu ergreifen.

Umfangreiche Schulberichte

Die Schulberichte über Klaus decken sich im Wesentlichen mit den Aussagen der Mutter. Darin ist zu lesen, dass es sich bei Klaus um einen ausgesprochenen Außenseiter handelt, der nicht fähig ist, altersentsprechende Sozialkontakte zu anderen Kindern zu knüpfen und zu gestalten. Die Kontaktaufnahme erfolgt über Zurechtweisungen der anderen und über z.T. extrem aggressive Verhaltensweisen. Ständig fällt Klaus durch Streitereien auf, die er vom Zaun bricht, indem er seine Mitschüler mit Worten ärgert und reizt oder aber auch teilweise unvermittelt brutal auf sie einschlägt.

Gefährdung. Sein Verhalten anderen Kindern gegenüber wird als extrem distanzlos beschrieben. Ohne Hemmungen springt er in eine Kindergruppe hinein oder tritt rücksichtslos um sich. Klaus vermittelt immer wieder den Eindruck, bewusst die Grenzen des gerade noch Erträglichen zu überschreiten und sich mit seinen Aggressionen bei den anderen Respekt und Anerkennung verschaffen zu wollen. Andererseits scheint Klaus sich unkontrolliert zu bewegen und die möglichen Folgen seiner aggressiven Ausbrüche nicht im vollen Ausmaß abschätzen zu können. Bei aller Widersprüchlichkeit der beiden Einschätzungen gilt: Klaus wird in diesen Situationen zur Gefahr für sich und andere.

Zerstörung. Klaus zeigt keinerlei Achtung vor dem Besitz anderer, er zerstört absichtlich fremdes Eigentum. Er kippt die Schulranzen seiner Mitschüler aus und beschädigt Bleistifte, Lineale und andere Schulutensilien. Scheinbar ungerührt zerreißt er während des Kunstunterrichts die Zeichnungen seiner Klassenkameraden oder verschüttet „aus Versehen" Wasser über deren Arbeiten. Immer häufiger rennt Klaus am Unterrichtsbeginn durch den Klassenraum und fegt die Schulsachen von den Tischen. Dabei schreit er laut und schrill. Die Lehrerin weiß sich nicht mehr zu helfen, da alle ihre Maßnahmen wirkungslos bleiben und ein geregeltes Unterrichten der Klasse nicht mehr möglich ist.

Arbeits- und Lernverhalten. Auch das Arbeits- und Lernverhalten von Klaus wird als nicht altersentsprechend beurteilt. Er vergisst und verliert ständig seine Arbeitsmaterialien; nie ist sein Ranzen komplett ausgerüstet. Klaus benötigt permanente Zuwendung und Kontrolle der Lehrerin, um überhaupt mit der Arbeit zu beginnen. Nur so lange sich die Aufmerksamkeit der Lehrerin ausschließlich auf ihn konzentriert, beschäftigt er sich mit seinen Aufgaben. Wendet sich die Lehrerin nur kurzfristig von ihm ab, hört er sofort auf zu arbeiten. Immer wieder stört er den Unterricht, schaukelt mit dem Stuhl und tut, als würde er die Arbeitsanweisungen überhaupt nicht verstehen. Er ruft ständig dazwischen und sorgt so für erhebliche Unruhe. Auch wenn er sich sichtlich bemüht, kann er sich allenfalls für Minuten steuern bzw. auf eine Sache konzentrieren. Eine kontinuierliche und konstruktive Mitarbeit im Klassenverband ist ihm nicht möglich. Dieses Fehlverhalten zeigt sich in allen Unterrichtsfächern.

Pausen. Auch auf dem Schulweg und im Pausenhof kommt es ständig zu massiven Problemen. Klaus schlägt seine Mitschüler brutal, insbesondere dann, wenn er sich von den Aufsichtspersonen unbeobachtet glaubt. Unter Aufsicht scheint er durchaus bemüht, sich anzupassen, was ihm jedoch nicht gelingt. Oft wirkt er überhaupt nicht ansprechbar. Wenn er mit seinem massiven Fehlverhalten konfrontiert wird, starrt er seine Lehrerin regungslos und scheinbar emotionslos an und zeigt überhaupt keine Reaktionen, geschweige denn ein Bedauern und ein Bemühen, sein Verhalten zum Positiven ändern zu wollen.

Eskalation. Seit Klaus weiß, dass er nicht mehr länger auf der Schule bleiben kann, steigert sich seine Brutalität den anderen Kindern gegenüber noch. So versucht er, seine Mitschüler mit Morddrohungen zu erpressen. Er droht ihnen, sie mit einem Messer „abstechen" zu wollen, wenn sie ihm am nächsten Tag keine Süßigkeiten mitbringen. Ein Mädchen seiner Klasse würgt er auf dem Schulhof bis zur Bewusstlosigkeit, bis im letzten Moment ein Lehrer dem Mädchen zu Hilfe eilt.

Schuleschwänzen. Klaus fällt auch durch wiederholtes Schuleschwänzen auf. Ist er im ersten Schuljahr immer wieder zu spät aus der Pause gekommen, so bleibt er zuletzt über Stunden dem

Unterricht fern und verlässt unerlaubt den Schulhof. Häufig erscheint er am Morgen nicht in der Schule, sondern streunt den gesamten Vormittag in der Stadt herum. Er fordert auch seine Mitschüler auf, die Schule zu schwänzen. Insbesondere jüngere Kinder wagen es nicht, ihm zu widersprechen, so dass es vorkommt, dass sich andere Kinder seinem Fehlverhalten anschließen.

Sonderschulüberprüfung. Aufgrund der immensen Probleme in der Schule wird für Klaus eine Sonderschulüberprüfung veranlasst. In dieser durch einen Sonderschullehrer durchgeführten Untersuchung wird deutlich, dass Klaus von seinen intellektuellen Fähigkeiten her keinesfalls überfordert ist. Er erzielt im Intelligenztest ein Resultat im unteren Durchschnittsbereich, wobei er sich in der Testsituation nur wenig engagiert. Sein Ergebnis wäre sicherlich besser ausgefallen, wenn er sich entsprechend bemüht hätte. Zusätzlich wird eine sehr umfangreiche und intensive Beobachtung des Jungen während des Unterrichts und während der Pause sowie diverse Gespräche mit seiner Klassenlehrerin und seiner Mutter durchgeführt. Als Ergebnis der Überprüfung wird der Vorschlag unterbreitet, Klaus in einem Heim für verhaltensauffällige Kinder mit angeschlossener Schule für Erziehungshilfe unterzubringen.

Ein Fall für die Erziehungshilfe

Klaus hat in der Schule ohne Hilfe von außen keine Chance mehr. Die von seinen Lehrern erstellte Liste seiner Verhaltensauffälligkeiten liest sich wie eine umfangreiche Anklageschrift. Auch ein Wechsel in eine andere Regelschule würde kaum zu einer Verbesserung seiner Situation führen und scheidet daher als mögliche Alternative aus. Klaus wäre auch dort kein unbeschriebenes Blatt – seine Schulakte wird ihn unweigerlich begleiten. Aber das ist nicht das Hauptproblem. Vielmehr ist zu befürchten, dass Klaus schnell in seine alten Verhaltensweisen zurückfallen und damit in seinem bekannten Status bestätigt wird. Erfahrungsgemäß bewirkt ein solcher Wechsel der Regelschule allenfalls eine kurzfristige Beruhigung, wenn die Ursachen der Verhaltensauffälligkeiten nicht in Angriff genommen und gelöst werden.

Eine Beschulung von Klaus in einer Schule für Erziehungshilfe bzw. in einer Sonderschule für Verhaltensgestörte – die Bezeichnungen variieren je nach Bundesland – und ein Verbleib von Klaus im mütterlichen Haushalt ist ebenfalls kaum Erfolg versprechend, da alle bisherigen ambulanten Versuche gescheitert sind.

Häusliche Situation. Im Verlauf des Vorstellungsgespräches wird außerdem deutlich, dass die Mutter völlig überfordert und nicht mehr in der Lage ist, Klaus zu erziehen. Ihr Sohn macht mittlerweile zu Hause was er will. Er hält sich nicht an zeitliche Absprachen und kommt und geht, wie es ihm passt. Meist streunt er bis spät abends allein in der Stadt herum. Mehrfach stiehlt er seiner Mutter unterschiedlich hohe Geldbeträge aus der Haushaltskasse, die er in der Stadt wahllos ausgibt. Wenn seine Mutter ihn zur Rede stellt, schlägt er nach ihr. Sie weiß sich nicht zu helfen. Sie ist am Ende mit ihren psychischen und physischen Kräften; sie sieht keinen anderen Ausweg mehr, als sich für einen gewissen Zeitraum von ihrem Sohn zu trennen und ihn stationär in einer Einrichtung der Kinder- und Jugendhilfe unterzubringen. Sie betont ausdrücklich, dass sie alles tun will, um ihrem Sohn zu helfen und um endlich selbst wieder zur Ruhe zu kommen.

Situation der Mutter. Bei der Befragung der Mutter nach ihrer eigenen Situation wird sogleich deutlich, unter welch immensem Druck sie steht. Nach wenigen Sätzen bricht sie in Tränen aus und erklärt, dass sie „schwer angeschlagen" ist. Wie sie berichtet, hat der Vater von Klaus sie über Jahre hinweg „betrogen und belogen" und schließlich nach langem Hin und Her verlassen. Darunter hat sie, und auch Klaus, sehr gelitten. Der Psychologe fragt behutsam nach und erfährt, dass sie in ihrem Leben immer nur Pech gehabt hat. Schon ihre Kindheit ist „fürchterlich" verlaufen, und sie hat „viel Schlimmes" durchmachen müssen. Immer wieder kommen ihr die Tränen, und sie erklärt, dass ihr momentan alles zu viel ist; sie will zu einem späteren Zeitpunkt über alles reden.

Es kommt häufiger vor, dass sich Eltern in einen Tränenausbruch flüchten, wenn es ihnen „zu eng" wird. Es handelt sich dabei um einen Abwehrmechanismus, um vor weiteren Fragen geschont zu werden. Diesen Eindruck vermittelt die Mutter von Klaus jedoch nicht. Sie scheint sehr betroffen, so dass die Absprache getroffen wird, die angesprochenen Themen, die wohl eine Schlüsselrolle spielen, in späteren Gesprächen zu vertiefen. Die Mutter wiederholt noch einmal, dass sie bereit ist, mit der Einrichtung zusammenzuarbeiten.

Entscheidung. Die Erwachsenen sind sich also grundsätzlich einig mit der – im Regelfall – auf drei Monate befristeten Aufnahme von Klaus in die Diagnose-Abteilung der heilpädagogischen Einrichtung. Klaus wird während dieser Zeit die dem Haus angeschlossene Schule für Erziehungshilfe besuchen. Ziel der Maßnahme und erklärter Auftrag des Jugendamtes ist es, den aktuellen psychischen Zustand von Klaus zu diagnostizieren, sein soziales Umfeld, namentlich die Beziehung zu seiner Mutter, zu eruieren und konkrete Vorschläge für die weitere Vorgehensweise zu machen.

Die Mutter erhofft sich eine fachliche Beratung und Hilfe sowie eine konkrete und vor allem wirksame Unterstützung bei der Bewältigung der Probleme mit Klaus. Sie zeigt sich in diesem Erstgespräch sehr bemüht, die definierte Grundvoraussetzung für eine Aufnahme ihres Sohnes in die Einrichtung – ihre Bereitschaft zu einer konstruktiven Zusammenarbeit – zu erfüllen. Somit sind die gegenseitigen Erwartungen der Beteiligten definiert.

Zum Ende der Diagnosephase soll dann die Entscheidung getroffen werden, wie es weitergehen soll. Erfahrungsgemäß lassen sich die über Jahre hinweg gewachsenen Probleme nicht innerhalb eines Vierteljahres lösen oder gar beseitigen. Daher folgt im Regelfall eine Fortsetzung der Hilfemaßnahme in einer heilpädagogischen Therapiegruppe. Diese eigentliche Therapiephase ist konzeptuell auf ein bis zwei, maximal drei Jahre terminiert und hat das Ziel der Reintegration des betroffenen Kindes in seine Herkunftsfamilie, im Falle von Klaus die Rückkehr in den Haushalt seiner Mutter.

Information von Klaus. Nun holt der Psychologe Klaus ins Zimmer, um ihn über den Stand der Dinge zu informieren. Dies geschieht erst jetzt, da die Entscheidung, was mit Klaus geschehen soll, allein von seiner Mutter zu treffen ist. Das Jugendamt als Vermittler und Kostenträger einer stationären Maßnahme der Kinder- und Jugendhilfe kann beraten und die Vorstellungen der Mutter unterstützen oder ablehnen, es kann und will jedoch nicht der Mutter die Entscheidung für ihren Sohn abnehmen. Der Psychologe als Stellvertreter der angefragten Einrichtung bietet aufgrund seines Fachwissens und seiner Erfahrung der Mutter Hilfe zur Entscheidungsfindung an und schlägt ihr eine Aufnahme von Klaus in die Diagnose-Abteilung vor, da er dies für sinnvoll und erfolgversprechend hält.

Reaktion von Klaus. Klaus redet nicht viel. In der Anwesenheit von drei Erwachsenen, von denen er zwei nur flüchtig bzw. gar nicht kennt, ist es sehr schwer, über die eigenen Probleme zu sprechen. Dies hat er ansatzweise bei einem Kollegen getan, der sich eine Zeit lang mit ihm im Spielzimmer beschäftigt hat. Dort hat Klaus klar zu verstehen gegeben, dass er unter seinem eigenen Verhalten und den daraus resultierenden Problemen leidet.

Auf die Frage, warum Klaus mit seiner Mutter gekommen ist, schaut er diese an und sagt zögernd: „Es gibt in der Schule Probleme." Der Psychologe antwortet ihm, dass er denkt, dass Klaus jede Menge Sorgen hat und sich deshalb manchmal so verhält, dass es Schwierigkeiten gibt. Klaus nickt zustimmend und schaut wieder nach seiner Mutter. Der Psychologe fordert die Mutter auf, Klaus kurz das Gesprächsergebnis zu berichten. Er hilft ihr dabei und erklärt Klaus, dass er bereit ist, ihn für zunächst drei Monate in die Diagnose-Abteilung aufzunehmen. Auf die Frage, ob er sich das vorstellen kann, für eine Zeit lang in die Einrichtung zu kommen und ohne seine Mutter zu leben, nickt Klaus erneut und ohne Zögern.

Information über die Einrichtung. Der Psychologe gibt Mutter und Sohn alle wichtigen Informationen über die Diagnose-Abteilung: alle zwei Wochen stattfindende Besuchstage und Elterngespräche, zwei Telefontage in der Woche und die Möglichkeit, Briefe zu schreiben. Ferner weist er noch einmal auf die Betreuungsmöglichkeiten hin, die das Haus nach Ablauf der Diagnosephase anbietet. In einer kleinen Broschüre können sie alles zu Hause nachlesen und bei später auftauchenden Fragen gerne anrufen. Außerdem gehört es zum Prinzip des Hauses, dass die Erziehungsberechtigten nach dem Vorstellungsgespräch die Gelegenheit haben, alles noch einmal in Ruhe zu überdenken und zu überschlafen. In den folgenden Tagen können sie telefonisch mitteilen, ob sie das Angebot annehmen wollen. Das ist sehr wichtig, damit den Eltern deutlich wird, dass sie selbst sich um eine Aufnahme ihres Kindes bemüht haben und nicht etwa vom Jugendamt oder von der Einrichtung dazu überredet wurden.

Zum Schluss führt der Psychologe Mutter und Sohn und die Sozialarbeiterin durch den Diagnose-Bereich und durch eine der Diagnose-Gruppen, damit sie sich ein Bild von den Räumlichkeiten verschaffen können. Dabei treffen sie einen Teil der Erzieher und der momentan in der Gruppe befindlichen Kinder. Sie haben die Möglichkeit, auch dort Fragen zu stellen und sich vor Ort zu informieren. Die Mutter bekräftigt noch einmal ihren Entschluss, Klaus in die Einrichtung geben zu wollen. Diese Entscheidung bestätigt sie zwei Tage später am Telefon.

Tag der Aufnahme

Klaus hat sich auf dem Sofa im Dienstzimmer der Diagnose-Gruppe eng an seine Mutter geschmiegt. Er wirkt traurig und überaus bemüht, einen tapferen Eindruck zu hinterlassen. Es fällt ihm sichtlich schwer, sich von seiner geliebten Mutter zu trennen, obwohl er hierzu vor einigen Wochen erstaunlich schnell und klar seine Bereitschaft erklärt hat. Heute packt ihn die Angst, die Mutter zu verlieren bzw. von ihr verlassen zu werden. Eine Menge Fragen gehen ihm durch den Kopf. Wieso ist alles so gekommen? Werde ich hier klarkommen? Wie geht es weiter? Wann komme ich wieder nach Hause? Werde ich überhaupt jemals wieder nach Hause kommen?

Situation von Klaus. Die Aufnahme in die Diagnose-Abteilung bedeutet für Klaus, sich einem völlig neuen und unbekannten Abschnitt seines Lebens zu stellen. Die Ungewissheit, was ihn in den nächsten Tagen und Wochen erwartet in einer für ihn fremden Umgebung, belastet ihn verständlicherweise. Hinzu kommt, dass dies seine erste längere Trennung von seiner Mutter ist. Er weiß sehr genau, dass es in der Schule und zwischen ihm und seiner Mutter viele Probleme gibt, aber das Gefühl, von der Mutter über lange Zeit getrennt zu sein und mit unbekannten Menschen leben zu müssen, ist stärker als seine Vernunft.

Es ist ihm wohl klar, dass es für ihn keine andere Wahl gibt, als sich auf das Abenteuer Diagnose-Abteilung einzulassen. Aber trotz aller vermeintlicher Einsicht in die Notwendigkeit und Unabdingbarkeit dieser Entscheidung, die letztlich seine Mutter getroffen hat und auf die er nur bedingt Einfluss ausüben kann, hat er Angst vor der Zukunft. Und das, obwohl anzunehmen ist, dass ihm Vergangenheit und Gegenwart ebenso Angst einflößen. Die Angst vor dem Hier und Jetzt ist ihm nur zu gut bekannt und vertraut – die Angst vor der Zukunft und dem, was kommen wird, ist jedoch für ihn eine neue Erfahrung, die er so bislang noch nicht erlebt hat.

So sitzen also Klaus und seine Mutter sowie die pädagogische Leiterin der Diagnose-Gruppe und der Psychologe im Dienstzimmer und versuchen, Klaus den Start so erträglich wie möglich zu gestalten. Schließlich kommen Albert und Jens, zwei Kinder der Gruppe, aus der Schule. Die Erwachsenen machen dem unglücklichen Klaus den Vorschlag, sich von diesen beiden die Gruppe zeigen zu lassen. Alle begleiten ihn in das Zimmer der beiden und fordern diese auf, sich um ihn zu kümmern. Albert und Jens erklären sich sofort dazu bereit. Sie wissen selbst nur zu gut, wie es Klaus im Moment geht. Auch sie haben diese Erfahrung vor wenigen Wochen machen müssen. Auf diese Weise wird Klaus ein wenig von seinem Kummer abgelenkt und findet sogleich einen ersten Kontakt zu zwei seiner insgesamt fünf Gruppenkameraden.

Gefühle der Mutter. Als die Erwachsenen wieder im Dienstzimmer Platz genommen haben, spricht die Kindesmutter über ihre

Gefühle. Es geht ihr wie schon vielen Müttern vor ihr. Einerseits erlebt sie eine beträchtliche Erleichterung, dass nun endlich etwas Entscheidendes zum Wohle ihres Kindes geschehen soll, andererseits leidet sie sehr darunter, dass sie ihren Sohn weggeben muss – wenn auch nur für eine begrenzte Zeit. Die Erleichterung löst bei vielen Eltern zusätzlich Schuldgefühle aus, da sie meinen, ein solches Gefühl zum Zeitpunkt der Trennung nicht haben zu dürfen. Dabei ist es gut, wenn Eltern und Kinder zu solchen Empfindungen in der Lage sind, denn dies zeigt ihr Interesse aneinander und die intensive gegenseitige Bindung. Die Gefühle von Klaus und seiner Mutter lassen hoffen, dass beide mit Hilfe der Einrichtung eine Lösung für ihre Probleme finden werden.

Kindheit und Jugend der Mutter

In regelmäßigen Gesprächen mit der Mutter wird ihre Sicht der Dinge beleuchtet, und ihre Anteile an der Entwicklung ihres Sohnes und ihrer Lebenssituation werden thematisiert. Im Vordergrund der begleitenden Elterngespräche steht zunächst die Kindheit und Jugend der Mutter von Klaus. Sie berichtet offen und ausführlich über ihre bisherige Lebensgeschichte. Ihre Eltern trennten sich, als sie selbst gerade drei Jahre alt war. Bei ihrem Vater handelte es sich um einen zum damaligen Zeitpunkt gefragten Systemanalytiker, der in einem großen Wirtschaftsunternehmen eine sehr gut dotierte Position innehatte. Seine Arbeit war ihm sehr wichtig, und er ging in seinem Beruf geradezu auf.

Ihre Mutter. Ihre Mutter beschreibt sie als eine Frau, die über Jahre die Rolle einer braven Ehefrau und Mutter spielte, bis sie plötzlich von zu Hause wegging und ihre Familie im Stich ließ, um mit einem wesentlich jüngeren Liebhaber ihr Glück zu versuchen. Diese Beziehung war jedoch schnell abgeflaut und in die Brüche gegangen. All dies erfuhr die Mutter von Klaus später von ihrer Großmutter väterlicherseits.

Von dieser Großmutter wurde ihr ferner erzählt, dass ihre Mutter in der Folge ständig neue Partnerschaften einging und einen recht unsteten Lebenswandel führte. Ganz offensichtlich war eine bislang völlig unbekannte Seite ihrer Persönlichkeit zutage getreten. Ihre Mutter wollte all das, was sie versäumt hatte, mit einem Mal aufholen. Aus diesem Grunde brach sie den Kontakt zu ihrer Tochter völlig ab und kümmerte sich nicht mehr um sie – so die Ausführungen der Großmutter.

Andere Familienmitglieder relativierten die Schilderungen der Großmutter, die ihren Sohn in Schutz nahm und ihm keinerlei Anteil am Scheitern der Ehe gab. Diese Familienangehörigen meinten später, dass die Ehe ihrer Eltern auch deshalb scheiterte, weil der Vater mit seinem Beruf verheiratet war und die Mutter über Jahre vernachlässigte. Er war sich dessen wohl nicht bewusst gewesen, da er kein Gespür gehabt hatte für die Bedürfnisse seiner Frau.

Der Vater. Sie wurde von der Großmutter aufgenommen und erzogen, da ihre eigene Mutter aufgrund ihres Lebenswandels ihre Versorgung und Erziehung nicht übernehmen wollte und konnte. Ihr Vater litt sehr unter der Trennung und vor allem unter den Umständen, unter denen sie zustande kam. So jedenfalls beurteilt die Mutter von Klaus es heute. Wie sie meint, hat er das Verhalten ihrer Mutter nie verstanden und verwunden. In den folgenden Jahren suchte er immer stärker Zuflucht im Alkohol. Als ihm zuletzt wegen seiner massiven Alkoholprobleme in der Firma seine Leitungsfunktion entzogen wurde, geriet er völlig aus der Bahn.

Den Niedergang ihres Vaters bekam sie mehr oder minder direkt mit. Immer wenn sich ihr Vater in einer alkoholbedingten Krise befand, suchte er den Kontakt zu seiner Mutter und begegnete dann gezwungenermaßen auch seiner Tochter, von der er sich ansonsten völlig zurückgezogen hatte. Diese sporadischen Begegnungen mit ihrem alkoholkranken Vater erlebte sie als unerträgliche Belastungen, da es ihm bei jedem Besuch schlechter ging. Beide, sie und die Großmutter, mussten hilflos und verzweifelt zusehen, wie sich ihr Vater zugrunde trank. Eines Tages, kurz vor ihrem fünfzehnten Geburtstag, sah er keinen Ausweg mehr und setzte seinem Leben selbst ein Ende.

Tabuthemen. Die Mutter von Klaus beschreibt ihre Kindheit als sehr gespalten. Einerseits vermisste sie ihre Mutter und ihren Vater sehr, andererseits tat die Großmutter alles in ihren Kräften stehende, um ein guter Ersatz zu sein. Allerdings war die Großmutter aufgrund ihres Alters und ihrer Persönlichkeit nicht in der Lage, sich angemessen in die Situation einer Heranwachsenden hineinzuversetzen. Auch war es nicht möglich, mit ihr über bestimmte, wichtige Themen zu sprechen. Viele bohrende Fragen, insbesondere die, die Mutter und Vater betrafen, wurden nie gestellt, da die Großmutter dieses Thema ausklammerte.

Auch der Tod ihres Vaters wurde niemals zum Gesprächsgegenstand. Die Großmutter zog sich in ihrer Trauer um ihren Sohn völlig in sich zurück, ohne auch nur ein klärendes Wort über dessen Schicksal zu verlieren. Die meisten der ihr heute vorliegenden Informationen über ihre Eltern bekam sie später von Familienangehörigen und Bekannten. Bis zum heutigen Tag konnte sie kein wirklich offenes Gespräch über diese für sie so wichtigen Themen führen.

Gleiches galt für das Thema Sexualität, welches ebenfalls von der Großmutter als Tabu betrachtet wurde. Sie wurde von einer Schulkameradin aufgeklärt und ihre Pubertät durchlebte sie ohne irgendwelche Hilfestellungen von Seiten ihrer Großmutter. Sie selbst traute sich nicht, auf ihre Großmutter zuzugehen und sie mit ihren Sorgen zu konfrontieren.

Schwangerschaft und Ehe

Nach dem Tod ihres Vaters fühlte sie sich „allein gelassen und ziemlich mies", wie sie es heute formuliert. Sie suchte Trost und Nähe bei einem jungen Mann aus der Nachbarschaft. Dieser damals zwanzig Jahre alte Freund wollte schon sehr bald „mehr" von ihr. Sie zögerte, eine sexuelle Beziehung mit ihm einzugehen und hielt ihn hin, bis sie sich schließlich doch von ihm „breitschlagen" ließ. Er gab sich sehr erfahren und versicherte ihr, dass er „aufpassen" würde. Aber sie wurde mit fünfzehn Jahren schwanger. Mit Hilfe eines Schwangerschaftstests wusste sie recht früh um ihre Schwangerschaft. Sie setzte darüber sofort ihre Großmutter in

Kenntnis, obwohl sie Angst vor deren Reaktion hatte. Sie machte die Großmutter für ihr Malheur mitverantwortlich. Hätte diese sie ausreichend aufgeklärt und informiert, wäre sie wahrscheinlich vorsichtiger gewesen. Und hätte die Großmutter sich nicht nur noch mit der Trauer um den Sohn beschäftigt, hätte sie sich kaum mit diesem Nachbarn eingelassen.

Obwohl ihr sämtliche Familienmitglieder und Freundinnen und insbesondere ihre Großmutter zur Abtreibung des Kindes rieten, wollte sie davon nichts wissen. Auf Druck ihrer Großmutter und der Familie ihres Freundes willigte sie in eine Heirat ein, obwohl sie selbst nicht hinter dieser Entscheidung stand. Somit heiratete sie mit sechzehn Jahren. Einige Wochen später brachte sie ihren ältesten Sohn Johannes zur Welt. Sie brach die Schule kurz vor dem Erwerb der mittleren Reife ab und verzichtete auf eine Berufsausbildung, um sich ganz ihrer Familie widmen zu können.

Probleme. Nach der Hochzeit zogen sie in die Dachwohnung im Haus der Schwiegereltern. Das Zusammenleben stellte sich recht bald als ausgesprochen schwierig heraus. Von Anfang an war ihr Mann wenig interessiert am Familienleben und ließ sie immer häufiger mit dem Baby allein zu Hause, während er sich mit Freunden traf und vergnügte. Außerdem war er sehr rabiat, schrie sie schon bei Nichtigkeiten an, und ab und an schlug er sie. Sie wusste sich damals nicht zu wehren und hatte niemanden, an den sie sich hätte wenden können. Sie fühlte sich zu diesem Zeitpunkt sehr hilflos und unverstanden und kümmerte sich so gut sie konnte um ihr Kind, das sie zusehends als Last empfand.

Ein weiteres Problem stellten die Eltern ihres Mannes dar. Diese mischten sich immer wieder in ihre Angelegenheiten und bezogen dabei ausschließlich für ihren Sohn Stellung. Sie warfen ihr vor, sie wäre ihm keine „richtige" Ehefrau sowie nachlässig und unfähig in Bezug auf die Versorgung des Babys. Immer häufiger kam es zu lautstarkem Streit zwischen ihr und den Schwiegereltern sowie zwischen ihr und ihrem Mann. Zum einen, weil er kaum mehr zu Hause war und zum anderen, weil ihre Schwiegereltern ausschließlich an ihr herumkritisierten. Unter den andauernden Streitigkeiten und den Belastungen durch die alleinige Verantwortung für ihren Sohn nahm ihr „Nervenkostüm" auf Dauer „schweren Schaden", wie sie es formuliert.

Hinzu kam, dass in dieser schwierigen Phase ihre Großmutter verstarb, die ihre einzige enge Bezugsperson gewesen war. Deren Tod war ein erneuter schwerer Verlust für sie, und sie fühlte sich mit einem Mal sehr einsam und leer. Sie fing an, Beruhigungstabletten zu nehmen. Nach einem schlimmen Streit mit ihrem Mann, der dabei handgreiflich wurde, verließ sie fluchtartig die Wohnung – und Mann und Kind. Sie war zu diesem Zeitpunkt neunzehn Jahre alt.

Scheidung. Sie kam bei einem Freund ihres Mannes unter, der ihre Eheprobleme schon längere Zeit mitbekommen und ihr angeboten hatte, zu ihm zu ziehen, bis sich eine Lösung für ihre Situation fand. Sie empfand damals für diesen Mann keine tiefer gehenden Gefühle, sondern suchte einen Gesprächspartner, dem sie sich anvertrauen konnte. Auch Trotz war mit im Spiel, um sich endlich auf ihre Weise an den Gemeinheiten ihres Ehemannes und dessen Eltern revanchieren zu können.

Ihr Ehemann reichte sofort die Scheidung ein und beantragte gleichzeitig das Sorge- und Aufenthaltsbestimmungsrecht für den gemeinsamen Sohn, obwohl er selbst gar keine Beziehung zu Johannes hatte. Ihrem Mann und ihren Schwiegereltern war es gelungen, sie mit der Zeit nervlich fertig zu machen. Und gemeinsam gelang es ihnen, das Vormundschaftsgericht davon zu überzeugen, dass Johannes besser bei seinem leiblichen Vater und dessen bodenständigen Eltern aufgehoben war als bei einem fremden Mann und seiner unsteten Mutter, die ihn und seinen Vater wegen dieses anderen Mannes verlassen hatte. In den folgenden Jahren brach der Kontakt zu ihrem Sohn völlig ab – nicht zuletzt aufgrund des permanenten Bemühens ihrer Exschwiegereltern, einen solchen nachhaltig zu verhindern und aufgrund ihres eigenen Unvermögens, sich entsprechend einzusetzen und zu kämpfen.

Die Duplizität der Ereignisse

Die Mutter von Klaus hat ihre Familie, ihren Ehemann und ihren Sohn Johannes, wegen eines anderen Mannes im Stich gelassen – so jedenfalls stellen es die Familienangehörigen des Ehemannes dar. Auch ihre eigene Mutter hatte seinerzeit ihre Familie, den Ehemann und sie selbst, verlassen – wegen eines anderen Mannes, wie die Großmutter sagte. Die Mutter von Klaus stammt somit selbst aus einer Scheidungsfamilie. Mit der Trennung ihrer Eltern verlor sie jedoch nicht nur einen Elternteil, sondern beide: die Mutter, die sich total von ihr abwandte und den Vater, der mit der Situation völlig überfordert war und der keine Kraft mehr hatte, sein Leben zu gestalten, geschweige denn sich angemessen um seine Tochter zu kümmern. Der Verlust der Mutter bedeutete für sie ein traumatisches Erlebnis, welches sie bis zum heutigen Tage nicht verwunden hat. Immer wieder fragte sie sich, ob ihre Mutter sie jemals geliebt haben kann. Auch heute noch stellt sich ihr diese Frage – und sie muss dabei automatisch an ihren ersten Sohn denken, für den sie keine Gefühle mehr empfindet. Aber auch die Beziehung zu ihrem Vater muss als traumatisch bezeichnet werden. Mit seinem Rückzug von ihr hat sie den zweiten Elternteil verloren. Dabei verband sie und den Vater das gleiche Schicksal. Beide wurden von dem am meisten geliebten Menschen verlassen. Außerdem macht ihr der tragische Tod des Vaters bis heute schwer zu schaffen.

Identitätsentwicklung. Diese Trennungserlebnisse und die damit verbundenen Lebensumstände haben die Mutter von Klaus tief greifend verunsichert und in ihrer Persönlichkeit erschüttert, so dass sie kein Vertrauen aufbauen konnte. Vielmehr hat die Erfahrung des Verlassenwerdens durch die wichtigsten Bezugspersonen tiefe Spuren hinterlassen.

Die Großmutter, die sich bemüht hat, die Eltern zu ersetzen und Sicherheit und einen familiären Halt zu bieten, war mit dieser Aufgabe überfordert. Vor allen Dingen erkannte sie nicht die Notwendigkeit, mit ihrer Enkelin über die Vorkommnisse so sachlich wie möglich zu sprechen. So fiel es der Mutter von Klaus schwer, eine gesunde eigene Identität zu entwickeln, war sie doch in diesen Fragen sich selbst überlassen.

Verzweiflung. Mit ihrer Schwangerschaft geriet sie in das nächste Dilemma. Die auf Druck geschlossene Ehe war von vornherein zum Scheitern verurteilt, nicht nur aufgrund ihres Alters und ihrer persönlichen Unreife. Die Schwiegereltern meinten, dem jungen Paar mit Rat und Tat zur Seite stehen zu müssen. Dies wurde von der Schwiegertochter als einseitige Einmischung erlebt, zumal die Schwiegereltern ausschließlich für ihren Sohn Partei ergriffen, zumindest im Erleben der Schwiegertochter. Als diese dann nicht mehr wusste, wie sie mit ihrer Situation klarkommen sollte, verließ sie aus Hilflosigkeit und Verzweiflung – für alle anderen völlig überraschend – Mann und Kind und manövrierte sich damit sofort in die nächste Misere.

Die neue Beziehung

Sie wollte nicht sofort wieder eine Beziehung eingehen, aber irgendwie blieb sie bei dem Freund ihres Mannes „hängen". Scheinbar war es einfacher zu bleiben, als sich mit der eigenen Problematik auseinander zu setzen und sich um eine partnerunabhängige Perspektive zu bemühen. Sie war damals „viel zu angeschlagen", um ihr Leben aktiv in die Hand zu nehmen. Sie sah keine Perspektive für sich und ließ alles mehr oder minder gewähren. Sie lebte in den Tag hinein und versuchte zu vergessen.

Schwangerschaft. Schließlich wurde sie zum zweiten Mal schwanger. Ihr neuer Partner stand dieser Tatsache sehr ambivalent gegenüber. Einerseits wollte er seine Freiheit nicht verlieren, andererseits war er stolz, Vater zu werden. Auch sie selbst war sich ihrer Gefühle nicht sicher.

Während der gesamten Schwangerschaft litt sie unter großen Stimmungsschwankungen. An manchen Tagen freute sie sich euphorisch auf ihr Kind, an anderen Tagen überkamen sie panische Ängste vor der Zukunft, und sie fühlte sich niedergeschlagen und verzweifelt. Sie wünschte sich Sicherheit und Halt und drängte ihren Partner immer wieder zur Heirat, doch dieser wollte von einer Ehe nichts wissen. So kommt Klaus „unehelich" auf die Welt.

Überforderung. Ihr Partner hat beruflich häufig länger im Ausland zu tun und kommt nur alle paar Monate, quasi wie zu Besuch, nach Hause. Deshalb ist die Versorgung und Betreuung des kleinen Klaus ausschließlich ihre „Sache", wie sie es formuliert. Wieder fühlt sie sich allein gelassen, hilflos und überfordert in ihrer Rolle als allein erziehende Mutter. Es fehlt ihr vor allem an innerer Ruhe und Geduld. Sie ist sehr unausgeglichen und schnell genervt, wie sie heute selbstkritisch feststellt. So schreit sie bei den geringsten Anlässen den kleinen Klaus an. Wenn dieser dann seinerseits zu schreien beginnt, packt und schüttelt sie ihn. Ihr wird heute ganz übel, wenn sie daran denkt, wie sie mit ihrem Sohn umgesprungen ist. Dieser entwickelt sich mit der Zeit zu einem ausgesprochenen Sturkopf, und sie bekommt zunehmend Probleme, sich ihm gegenüber durchzusetzen. Durch ihre Art des Umgangs mit Klaus sind Konflikte geradezu vorprogrammiert. Ihr Sohn reagiert zunehmend mit Konfrontation und Abwehr. In den Gesprächen wird herausgearbeitet, dass sie Klaus in dieser Phase unbewusst ablehnt, weil er sie an ihren ersten Sohn Johannes erinnert, dessen Existenz sie völlig zu verdrängen sucht.

Arbeitslosigkeit und Umschulung. Schließlich verliert ihr Partner seinen Arbeitsplatz. Seine Firma hat, für alle überraschend, Bankrott gemacht. Auf diese schlimme Erfahrung reagiert er sehr gereizt. Schon bald nach seiner Entlassung beginnt er eine einjährige Umschulungsmaßnahme. Ihr lang ersehnter Wunsch wird Wirklichkeit. Ihr Mann ist nun, zumindest über ein Jahr lang, täglich zu Hause. Doch stellt sich diese Zeit für alle schnell als eine schwere Belastung dar, da er sehr nervös und aggressiv ist. Fast täglich geraten sie und ihr Mann im Streit aneinander, was der knapp dreijährige Klaus jedes Mal mitbekommt. Mehrfach erhebt ihr Mann im Verlaufe einer solchen Auseinandersetzung die Hand gegen sie und schlägt zu. Auch das erlebt Klaus mit.

Ein vernünftiges Gespräch mit ihrem Mann über die Gründe seines Verhaltens kommt nicht zustande. Beide sind nicht dazu in der Lage. Sie selbst weiß nicht, wie sie anfangen soll, sie findet keine Worte – und ihr Mann reagiert verschlossen und ablehnend. Wenn sie dies dann beklagt, kommt es sofort zum Krach. Außerdem fürchtet sie sich vor der Wahrheit, da sie vermutet, dass es die Angst vor der Zukunft ist, die ihn so verändert hat. Und Angst, das weiß sie heute, hatte sie damals selbst jede Menge.

Nachdem die Umschulungsmaßnahme erfolgreich absolviert ist, findet ihr Mann erfreulicherweise bald eine neue Arbeitsstelle. Die Lage zu Hause entspannt sich wieder, ohne dass jedoch zwischen beiden Partnern hierüber geredet wird. Die Probleme zwischen beiden bleiben unerwähnt. Ihr Mann konzentriert sich voll auf seine neue berufliche Aufgabe, sie kümmert sich um Klaus und den Haushalt. Die Wochenenden verbringen sie in der Regel gemeinsam, wobei es immer häufiger vorkommt, dass ihr Mann auch am Samstag oder Sonntag ins Büro muss.

Trennung. Die Zeit vergeht. Klaus wird älter und mit jedem Jahr problematischer. Der Junge hängt sehr an seinem Vater, obwohl der sich immer weniger um seinen Sohn kümmert. Klaus leidet sehr darunter, dass sich sein Vater kaum mehr Zeit für ihn nimmt. Darüber kommt es häufig zu – teilweise erbitterten – Streitigkeiten zwischen ihr und ihrem Mann, weil sie ihn regelmäßig auffordert, mehr Zeit und Aufmerksamkeit für seinen Sohn aufzubringen. Das gesamte Augenmerk und Interesse ihres Mannes gilt jedoch zunehmend seinem Job und seiner beruflichen Karriere. Um so verbissener bemüht sich Klaus um die Zuwendung seines Vaters. Er fragt immer wieder nach gemeinsamen Freizeitunternehmungen, bietet seine Hilfe an, indem er beispielsweise das Auto waschen will, und macht seinem Vater Geschenke.

Es bricht wie eine Katastrophe über ihn herein, als sein Vater eines Tages völlig überraschend die Familie verlässt. Die Mutter selbst ist ebenfalls „wie vom Donner gerührt", hat sie doch nichts von einer ernsthaften Beziehungskrise mitbekommen. Dass sich ein Unheil für die Familie zusammenbraut, hat sie aufgrund ihrer eingeschränkten Wahrnehmung nicht bemerkt. Für sie ist ihr Mann quasi von einem Tag auf den anderen gegangen.

Auf Nachfragen hin erzählt sie, dass sie sich gewundert hat, dass sich ihr Mann in sexueller Hinsicht von ihr abwandte, doch interpretierte sie sein Verhalten mit Arbeitsüberlastung und im Sinne einer zeitlich begrenzten Krise, die sich irgendwann wieder von alleine legen würde. Aus ihrer Sicht der Dinge hat sich ihr Mann damals „aus dem Staub gemacht", ohne sie auf seinen für die Familie so folgenschweren Schritt vorzubereiten und ohne mit ihr darüber auch nur ein einziges Wort gesprochen bzw. irgendwelche Erklärungen abgegeben zu haben.

Eines Nachmittags, als sie mit Klaus vom Einkaufen nach Hause kommt, überrascht sie ihren Mann beim Kofferpacken. Als sie, völlig „vor den Kopf gestoßen" und „aus allen Wolken fallend", ihren Mann zur Rede stellt, antwortet dieser lapidar: „Es geht nicht mehr mit uns! Ich ziehe zu einem Arbeitskollegen!" Er lässt sie ohne weitere Erklärungen stehen, steigt in seinen Wagen und fährt davon. Sie hält ratlos ihren Sohn Klaus in den Armen, der sie mit fragendem Gesicht und großen Augen anschaut und überhaupt nicht begreift, was da vor sich geht. Sie selbst versteht die Welt nicht mehr.

Als der Vater die Familie verlässt, ist Klaus knapp sechs Jahre alt. Seit diesem Tage nehmen nach Aussagen seiner Mutter die Verhaltensauffälligkeiten ihres Sohnes deutlich zu. Klaus hat große Probleme im Kindergarten; er ist dort kaum mehr tragbar und führt sich auf wie die „Axt im Walde". Wie seine Mutter berichtet, macht er ihr große Vorwürfe und gibt ihr die Schuld für die Trennung seiner Eltern. Sie steht ihm damals hilflos und sprachlos gegenüber, ohne ihm angemessene Antworten auf seine Fragen und Vorwürfe geben zu können. Er kann das plötzliche Weggehen des Vaters überhaupt nicht verstehen. Noch heute sieht der Junge, wie sie mit Tränen in den Augen berichtet, die Verantwortung für das Auseinanderbrechen der Familie hauptsächlich bei ihr.

Heimkehr. Wie uns die Mutter von Klaus weiter erzählt, handelte es sich bei dem „Arbeitskollegen" ihres Mannes um eine Kollegin, die er an seinem neuen Arbeitsplatz kennen und lieben gelernt hat. Allerdings kommt es bereits wenige Wochen nachdem er zu Hause ausgezogen ist zu Problemen zwischen den beiden, weshalb ihr Mann sie inständig bittet, wieder zu ihr und der Familie zurückkehren zu dürfen. Nach kurzem Zögern verzeiht sie ihm alles und nimmt ihn mit offenen Armen wieder auf; ihre Verletztheit und Enttäuschung verdrängt sie.

Klaus, der sich nach Aussagen seiner Mutter nichts sehnlicher wünscht als die Rückkehr seines geliebten und verehrten Vaters, ist beinahe „ausgeflippt vor Freude". Auch deshalb lässt sie sich von ihrem Reue beteuernden Mann schnell überreden, wieder in die gemeinsame Wohnung zurückkommen zu dürfen. Für kurze Zeit ist die Welt, zumindest für Klaus, wieder vollkommen in Ordnung. Er verkündet voller Freude im Kindergarten und in der Nachbarschaft: „Mein Papa ist zurück, und er bleibt für immer und lässt uns nie mehr allein!" Klaus ist überglücklich. Sein Vater ist wieder da!

Erneute Trennung. Auch sie selbst spürt wieder Hoffnung und Zuversicht. Irgendwie ist sie überzeugt davon, dass nun alles gut wird und dass sich die Dinge einrenken werden. Ihr Mann signalisiert ihnen, dass er eine große Dummheit begangen hat, für die er sich schämt und für die er sich bei ihnen entschuldigen will. Er spricht von einem totalen Neuanfang. Klaus und auch sie selbst glauben ihm. Keiner kommt auf die Idee, dass er seine Worte nicht ernst nimmt und seine Meinung schnell wieder ändert. Es dauert keine vier Wochen, bis sich herausstellt, dass ein weiteres Zusammenleben mit seiner Familie nicht mehr in Frage kommt. Abermals packt er seine Koffer. Und wieder zieht er bei der besagten Freundin ein. Dieses Mal jedoch verlässt er seine Familie für immer.

Diese erneute Trennung verkraftet Klaus nicht. Der Junge reagiert zunächst mit Essensverweigerung, er spricht kaum mehr ein Wort und zieht sich total in sich zurück. Er weigert sich, in den Kindergarten zu gehen. Selbst auf die Straße geht Klaus in diesen Tagen nicht mehr. Seine Mutter, selbst schwer angeschlagen, führt dies darauf zurück, dass sich Klaus schämt, anderen Leuten unter die Augen zu treten, hat er doch vor wenigen Tagen noch allen erzählt, dass sein Vater für immer zurückgekehrt ist. In der Folge kommt es immer häufiger zu massiven aggressiven Ausbrüchen, in deren Verlauf Klaus nur auf Zerstörung aus ist.

Die Mutter findet überhaupt keinen Zugang mehr zu Klaus, seit der Vater fortgegangen ist. Sie sieht sich den umfangreichen Verhaltensauffälligkeiten und insbesondere den zunehmenden Aggressionen ihres Sohnes hilflos ausgesetzt. Dieser gerät immer häufiger ihr gegenüber außer sich vor Wut; er schlägt nach ihr, tritt um sich und ist nicht mehr zu beruhigen. In diesen Situationen der Gewalt fühlt sie sich wie gelähmt und unfähig, angemessen zu reagieren. Bis zum heutigen Tage, vier Jahre später, hat Klaus die Trennung von seinem Vater nicht verwunden.

Die ersten Wochen

In der Diagnose-Gruppe bringt Klaus die erste Zeit erstaunlicherweise recht unkompliziert hinter sich. Nach einer etwa vierzehntägigen Eingewöhnungsphase, während der er sich ausgesprochen vorsichtig und zurückhaltend verhält, wird er mit jedem Tag zugänglicher und aufgeschlossener. Klaus ist insgesamt sehr freundlich und angepasst; er zeigt sich sehr bemüht, ein gutes Bild von sich zu vermitteln. Auch sein Heimweh bekommt er überraschend schnell in den Griff. Der Junge scheint sich in der Diagnose-Gruppe recht wohl zu fühlen.

Schule. Das Gleiche gilt für die Heimschule. Klaus beteiligt sich von Anfang an interessiert am Unterricht und präsentiert sich von seiner besten Seite. Zwar hat er erhebliche Lücken im Unterrichtsstoff und große Konzentrationsprobleme, auch ruft er sporadisch dazwischen, jedoch stört er den Unterricht nicht wesentlich. Sein Verhalten ist „gut zu ertragen", wie seine Lehrerin es formuliert. Die erwarteten aggressiven Ausbrüche bleiben ebenfalls aus. Klaus scheint sehr bemüht, sich mit seiner Lehrerin und den Mitschülern zu arrangieren und Ärger und Streit möglichst zu vermeiden. Es besteht kein Zweifel, Klaus kann sich offensichtlich gut steuern und reißt sich optimal zusammen.

Störungen des Unterrichts. Er beherrscht sich immerhin vier Wochen lang. Dann werden in der Schule erste Ansätze seines alten Verhaltens sichtbar. Klaus schwatzt ständig mit seinem Tischnachbarn, ruft permanent in den Unterricht hinein und hat große Probleme, auf seinem Stuhl sitzen zu bleiben. Er verlässt neuerdings plötzlich seinen Platz, um auf der Toilette zu verschwinden, ohne die Lehrerin vorher um Erlaubnis gefragt zu haben. Diese reagiert auf seine Störungen zunächst mit Ermahnungen. Als diese sich zunehmend als ineffektiv erweisen, vergibt sie Strafarbeiten.

Damit wird der Konflikt in die Gruppe getragen, da sich Klaus weigert, die Strafarbeiten zu erledigen. Auch die Hausaufgaben passen ihm nun nicht mehr, und er trödelt so lange herum, dass ihm die Zeit davonläuft. Sein interessiertes Bemühen ist auf einmal nicht mehr vorhanden. Seine spürbare Unzufriedenheit reagiert er durch Streitereien und aggressive Auseinandersetzungen sowohl in der Schule als auch in der Gruppe ab. Wenn er in der Konfliktsituation auf sein Verhalten angesprochen wird, streitet er jegliche Eigenverantwortung hierfür ab.

Im Kinderplenum

Das Kinderplenum findet wöchentlich statt und alle Kinder der Gruppe und die Erzieher nehmen teil. Der Psychologe bespricht mit Klaus seine Lage. Klaus gibt sich hier erstaunlich offen und berichtet für seine neun Jahre sehr eindrucksvoll und eindringlich über seine Familie. Er macht aus seiner Irritation und Enttäuschung über die Trennung seiner Eltern keinen Hehl und erklärt, dass er die Mutter dafür verantwortlich macht. Diese war seiner Meinung nach „sehr oft sehr unfreundlich" zum Vater und hat immer nur mit ihm geschimpft. Schließlich hatte der Vater die Nase voll.

Sein größter Wunsch ist es, dass sich seine Eltern vertragen und wieder mit ihm zusammenleben. Aber er weiß wohl, dass das nicht möglich ist, weil „der Papa eine andere hat". Auch seine Mutter hat seit einiger Zeit einen Freund, den er nicht leiden kann, weil dieser „blöd" ist. Auf Nachfragen erklärt Klaus, dass er seine Eltern sehr lieb hat, und zwar beide gleich lieb. Deshalb ist er so traurig und verzweifelt darüber, dass „der Papa" nicht mehr bei ihnen lebt. Er weiß nicht, wie er damit umgehen soll. Er sagt, dass dies der Grund ist, weshalb er öfters mal verrückt spielt. Er denkt dann plötzlich an seinen Vater und fragt sich, wie es diesem wohl geht und macht sich „riesengroße Sorgen" um ihn. Dann kommt ihm sofort auch seine Mutter in den Sinn, und er wird „fuchsteufelswild", weil er davon überzeugt ist, dass der Vater niemals fortgegangen wäre, wenn sich die Mutter ihm gegenüber „anders, freundlicher eben" verhalten hätte.

Der Psychologe sagt zu ihm: „Wenn du daran denkst, rastest du aus. Dann müssen die anderen für deine Mutter büßen!"

Klaus nickt betreten.

„Und deine Mutter? Kannst du auf deine Mutter so richtig böse und wütend sein?"

Klaus zögert sehr lange mit seiner Antwort. Es fällt ihm sichtlich schwer, diese Frage zu beantworten. Schließlich sagt er leise: „Sie ist doch meine Mama! Und sie ist alles, was ich noch habe!" Klaus hat Tränen in den Augen, als er diese Worte spricht. Bei aller Betroffenheit ist es doch sehr erfreulich, dass Klaus es schafft, sich diesen belastenden Fragen zu stellen.

„Schwache" Eltern. Einer Trennungssituation sind heute viele Kinder ausgesetzt. Bei Klaus sind jedoch andere Rahmenbedingungen gegeben. Der Junge ist damals hin und her gerissen zwischen den beiden Extremen Hoffnung und Verzweiflung. Seine Eltern erlebt er dabei beide – und das ist das Entscheidende – als sehr schwach und unzuverlässig: den Vater, der nach der ersten Trennung zurückkehrt und verspricht, bleiben zu wollen und dieses Versprechen schnell und endgültig bricht – und die Mutter, die, selbst sehr betroffen und verunsichert, nicht in der Lage ist, Klaus entsprechend Halt und Orientierung zu geben.

Die Mutter von Klaus hat in ihrer Kindheit und Jugend selbst keine familiäre Heimat im Sinne einer intakten Familie erlebt. Ihre Eltern haben sie beide im Stich gelassen. Die Folge dieser frühkindlichen Trennungserfahrungen ist eine tief in ihrer Persönlichkeit verwurzelte Angst, verlassen zu werden. Diese traumatischen

Erlebnisse wiederholen sich auf tragische Weise. Sowohl ihre Ehe als auch die Beziehung zum Vater von Klaus geht in die Brüche.

Das Scheitern dieser beiden Verbindungen erlebt sie erneut als Vertrauensbruch und Verlassenwerden. Wohl wissend, dass sie in beide Partnerschaften mehr oder minder zufällig „hineingeraten" ist, leidet sie unter massiven Unzulänglichkeitsgefühlen, da es ihr nicht gelungen ist, diese Beziehungen auf ein solides zwischenmenschliches Fundament zu stellen. Sie wünscht sich nichts mehr als ein harmonisches Familienleben auf der Basis einer tragfähigen Partnerschaft. Doch offensichtlich ist sie nicht in der Lage, diese Vorstellungen zu realisieren. Sie fühlt sich als Versagerin.

Klaus beschreibt dies mit kindlichen Worten, wenn er von seinem Eindruck berichtet, wonach die Mutter „sehr oft sehr unfreundlich" zum Vater – wie auch zu ihm selbst – gewesen ist und er sich gewünscht hat, dass sie „anders, freundlicher eben" hätte sein sollen. Die Hilflosigkeit und Überforderung seiner Mutter in Erziehungsfragen und in ihrer Mutterrolle hat ihre wesentlichen Ursachen in deren Unfähigkeit, eine tiefer gehende emotionale Bindung an eine andere Person einzugehen. Dies ist der Anteil der Mutter, warum alle ihre bisherigen Partnerbeziehungen scheiterten – und warum ihr Verhältnis zu Klaus, bei aller ehrlichen Zuneigung zwischen beiden, derart tief greifend gestört ist.

Ängste. Klaus betont im Kinderplenum ausdrücklich, dass er seine Mutter „sehr lieb" hat und glaubt, dass dies auf Gegenseitigkeit beruht, obwohl er sich da „nicht so ganz sicher" ist. „Manchmal weiß ich nicht, ob meine Mutter mich wirklich lieb hat. Wenn wir Streit haben und sie mich schimpft, denke ich oft, dass sie mich nicht mehr will! Manchmal denke ich auch, dass sie fortgeht wie der Vater. Ich habe jede Menge Angst, dass ich nicht mehr nach Hause komme!", gibt Klaus im Verlauf der Gespräche zu. „Ich hoffe aber, dass die Mutti und ich zusammenhalten!"

Es ist beeindruckend und bedrückend zugleich, wie klar und deutlich Klaus in den Gesprächen seine Ängste und Sehnsüchte formulieren kann. Das schaffen nicht alle Kinder in seiner Situation. Klaus hat diesbezüglich in den vergangenen Wochen erheblich dazu gelernt. Und es ist ihm offensichtlich gelungen, ein gewisses Vertrauen zu den Kindern und Erwachsenen im Heim aufzubauen. Für diese bedeutet es Aufmunterung und Ansporn, wenn er lächelnd hinzufügt. „Ich habe über diese Dinge bisher noch nie gesprochen! Ich bin froh, dass ich das hier tun kann!"

Es geht langsam voran

Klaus macht Fortschritte – und dies, obwohl er nach wie vor sehr darunter leidet, dass sich sein Vater total von ihm abgewandt hat. Nach Absprache mit der Mutter hat der Psychologe den Versuch unternommen, den Vater im Rahmen eines Gespräches kennen zu lernen. Beide schriftlichen Einladungen sind jedoch unbeantwortet geblieben. In den Gesprächen mit Klaus sind seine Probleme mit dem Vater immer wieder Thema, ebenso der neue Partner der Mutter, den Klaus zunächst ablehnt. Der Psychologe versucht, so weit dies möglich ist, in den Gesprächen mit Klaus die Zusammenhänge offen zu legen und dessen Fragen zu klären: Warum ist der Vater fortgegangen? Warum will der Vater nichts mehr von ihm wissen? Warum haben er und seine Mutter so viele Schwierigkeiten miteinander? Warum kann er den Freund der Mutter nicht leiden? Wie geht es weiter?

Diagnostische Ergebnisse. Klaus bekommt sein (Fehl)Verhalten immer besser in den Griff. Er macht weitere Fortschritte. Auch die Beurteilung von Klaus macht Fortschritte. Sowohl in der testpsychologischen Untersuchung als auch im Rahmen der stationären Verhaltensbeobachtung wurde bei Klaus eine schwere Selbstwert- und Angstproblematik festgestellt. Klaus traut sich selbst nichts zu und befindet sich ständig unter Druck. Seine Frustrationstoleranz ist sehr gering, so dass er schon bei den kleinsten Anlässen mit aggressiven Ausbrüchen reagiert.

Der Zusammenhang zwischen seinem beobachtbaren Fehlverhalten und den dahinter stehenden Persönlichkeitsproblemen stellt sich folgendermaßen dar: Klaus erlebt sich seinen Sorgen und Nöten hilflos ausgeliefert. Er hat niemandem, dem er vertrauen und mit dem er darüber sprechen kann. Seine Mutter kommt hierfür nicht in Frage, da Klaus sehr wohl spürt, dass sie selbst genug mit sich und ihren eigenen Problemen zu tun hat. Dabei leidet der Junge nach wie vor in fast unerträglicher Weise unter der Trennung von seinem Vater. Aber gerade dieses Thema ist absolut tabu. Klaus traut sich nicht, seine Mutter mit diesem Reizthema zu belasten. Zu oft hat er die Erfahrung gemacht, dass seine Mutter grundsätzlich große Schwierigkeiten hat, offen und ehrlich ihm gegenüber Stellung zu beziehen. Klaus hat nicht den Mut, diese ihn quälenden Fragen seiner Mutter gegenüber anzusprechen.

Überforderte Mutter. Im Grunde ist Klaus seit seiner Geburt mit einer überforderten Mutter konfrontiert. Er kennt sie gar nicht anders als psychisch angeschlagen und unzufrieden mit sich und der Welt. Klaus leidet vom ersten Tage an unter der tief greifenden Verunsicherung seiner Mutter, die sich in deren Nervosität und Gereiztheit spiegelt und die Klaus zutiefst ängstigt und verwirrt. Die Eigenproblematik der Mutter und die nicht verarbeitete Trennung von ihrem ersten Sohn haben zur Folge, dass sie ihre Mutterrolle nicht adäquat ausgestaltet und ihre Erziehungsverantwortung nicht ausreichend wahrnimmt. Die hieraus resultierende Beziehungsproblematik zwischen ihr und Klaus steigert die ohnehin extrem vorhandenen Ängste des Jungen ins Uferlose. Klaus wird schließlich von teilweise panischen Ängsten heimgesucht, denen er nichts entgegenzusetzen weiß und denen er sich total ausgeliefert erlebt. Diese permanenten Gefühle der eigenen Hilflosigkeit und Minderwertigkeit verhindern die Ausbildung eines positiven, altersentsprechenden Selbstwertgefühls.

Abwesender Vater. Die problematische Entwicklung von Klaus wird entscheidend verstärkt durch die Tatsache, dass der Vater als ausgleichender Faktor von Anfang an nicht zur Verfügung steht. Dieser fehlt der Familie zunächst aufgrund seiner berufsbedingten Abwesenheit, später zeigt er wenig bis kein Interesse an den Belangen seines Sohnes und zuletzt wendet er sich völlig von seiner Familie ab. Zwischenzeitlich lässt er bei Klaus und seiner Mutter die unrealistische Hoffnung keimen, alles werde sich zum Besseren wenden. Mit dem endgültigen Verlassen seiner Familie bricht er den Kontakt zu seinem Sohn vollständig ab. In seiner Verzweiflung flieht Klaus unbewusst immer stärker in die Aggression. Auf diese Weise macht er auf sich und seine große Not aufmerksam und lässt gleichzeitig seinen inneren „Dampf" ab. Dass seine Mutter seit einigen Wochen einen „Bekannten" hat, wie sie ihn bezeichnet, macht die Situation für Klaus noch schwerer erträglich.

Ventil. In den Gesprächen im Heim eröffnet sich für Klaus offensichtlich ein neues Ventil. Zum ersten Mal in seinem Leben erhält er ausdrücklich das Angebot, über seine Probleme zu reden. Klaus nutzt diese Chance. Sein Aufenthalt in der Diagnose-Abteilung bedeutet für ihn Hoffnung sowie die Möglichkeit zum Neuanfang für ihn und seine Mutter. Besonders wichtig ist dabei die Tatsache, dass er den Eindruck gewinnt, dass auch seine Mutter das so sieht. Er erfährt, dass sie offen und ehrlich mitmacht. Diese Erkenntnis erlaubt ihm, selbst offen zu sein, ohne in einen Loyalitätskonflikt zu seiner Mutter zu geraten.

Verhaltensänderung. So gelingt es Klaus im Verlauf seines Aufenthaltes in der Diagnose-Abteilung, sein Verhalten – im Gegensatz zu früher – nicht mehr eskalieren zu lassen. Das gilt sowohl für die Heimschule als auch für die Diagnose-Gruppe. Der Unterricht gestaltet sich zwar nicht gerade einfach und konfliktfrei, aber Klaus schafft es, seine „Ausraster" in Grenzen zu halten, so dass er in der Kleinklasse mit noch insgesamt neun Klassenkameraden tragbar ist. Auch in der Gruppe bemüht sich Klaus sichtlich, die dort geltenden Regeln einzuhalten und größere Auseinandersetzungen mit den anderen Kindern wie auch mit seinen Erziehern zu vermeiden. Dennoch kommt es immer wieder zu Konflikten, die dann, nachdem Klaus sich beruhigt hat und ansprechbar ist, mit ihm neuerdings hinterfragt und gedeutet werden können.

Insgesamt zeichnet sich bei Klaus eine positive Entwicklung ab, die bestätigt, dass der in der Diagnose-Abteilung begonnene Weg mit ihm und seiner Mutter richtig ist. Mit der Mutter besteht Einvernehmen, dass eine weitere stationäre heilpädagogische Betreuung von Klaus angezeigt ist, wobei sie sich ausdrücklich weiterhin zu einer konstruktiven Zusammenarbeit bereit erklärt. In einem gemeinsamen Teamgespräch, an dem die Mutter teilnimmt, wird die zuständige Sozialarbeiterin über die Entwicklung von Klaus und seiner Mutter unterrichtet. Nach Absprache mit ihr als Vertreterin des Jugendamtes, welches die Kosten trägt, wechselt Klaus nach einem knapp viermonatigen Aufenthalt in der Diagnose-Abteilung in eine heilpädagogische Therapiegruppe der Einrichtung. Dort wird die begonnene Arbeit mit Klaus und seiner Mutter auf der Grundlage der bislang gewonnenen diagnostischen Erkenntnisse fortgesetzt.

Epilog

Klaus macht in der heilpädagogischen Therapiegruppe weiterhin Fortschritte. Nach einigen, durch den Wechsel der Gruppen bedingten Turbulenzen hat sich Klaus relativ schnell in seine neue Gruppe eingelebt. Es geht weiter voran, wenn auch nach dem Motto „Zwei Schritte vor und einer zurück".

Die Trennung von seinem Vater und dessen offenkundiges Desinteresse an ihm hat Klaus auch bislang nicht verarbeiten können, aber er schafft es, besser mit dieser Realität umzugehen. Allmählich lernt Klaus, sich damit abzufinden, dass für ihn zum momentanen Zeitpunkt keine Möglichkeit zu einem Kontakt mit seinem Vater besteht – und wahrscheinlich auch in absehbarer Zukunft nicht bestehen wird.

Die Beziehung zu seiner Mutter hat sich „normalisiert" und stabilisiert, da diese sich dazu durchringen konnte, etwas für sich – und damit auch für Klaus – zu tun. Zusätzlich zu den in der heilpädagogischen Einrichtung stattfindenden Elterngesprächen macht sie eine Therapie, um ihre eigenen Probleme gezielt in Angriff zu nehmen. Darüber hinaus holt sie die mittlere Reife nach und beginnt eine Ausbildung im Bereich der elektronischen Datenverarbeitung. Ihr erklärtes Ziel ist es, beruflich Fuß zu fassen und finanziell unabhängig zu werden, da sie seit der Trennung vom Kindesvater von dessen Unterhaltszahlungen für Klaus und von ergänzender Sozialhilfe lebt.

Es fällt beiden sicher nicht leicht, sich immer wieder mit den eigenen Schwachstellen auseinander zu setzen und nach Lösungen zu suchen. Aber es gelingt ihnen mit Hilfe von Fachleuten allmählich, sich mit ihren persönlichen „Haken und Ösen" annehmen zu können. Sie lernen Schritt für Schritt, besser mit sich und ihren Schwächen umzugehen und zu akzeptieren, dass bestimmte Probleme aus ihrer Lebenswirklichkeit nicht „wegzutherapieren" sind, sondern dass sie sich damit arrangieren müssen.

Zweiter Epilog

Klaus wird nach Hause entlassen. Nach insgesamt zweieinhalb Jahren Aufenthalt in der Einrichtung ist der Zeitpunkt gekommen, da die Rückführung in den mütterlichen Haushalt Wirklichkeit werden kann.

Seit einem Jahr bereits hat Klaus die Heimschule für Erziehungshilfe verlassen und besucht vor Ort wieder eine Regelschule; und das mit Erfolg. Er ist dort bei weitem kein Musterschüler, aber er hält sich „über Wasser", und seine Leistungen sind gut.

Seine Mutter hat in ihrer Therapie und in den Gesprächen in der heilpädagogischen Einrichtung unter anderem gelernt, sich selbst etwas zuzutrauen und mehr Eigeninitiative und Verantwortung zu zeigen. So hat sie ihre Berufsausbildung erfolgreich absolviert und sogar eine Halbtagsstelle in Aussicht, bei der sie jeweils vormittags, wenn Klaus die Schule besucht, arbeiten kann.

Die Mutter von Klaus ist wesentlich ruhiger und ausgeglichener, was sich positiv auf ihren Umgang mit Klaus auswirkt. Dieser macht seine Mutter nicht mehr alleine für das Auseinanderbrechen der Familie verantwortlich. Er spürt die anhaltenden positiven Veränderungen bei seiner Mutter, was sich stabilisierend auf seine Psyche auswirkt. Beide haben es gelernt, besser miteinander zu kommunizieren. Die Mutter signalisiert Klaus Gesprächsbereitschaft, und Klaus findet inzwischen den Mut, mit ihr über seine Sorgen und Probleme zu sprechen. Auf diese Weise wird das

Thema Vater enttabuisiert und für Klaus erträglicher. Das Verhältnis zwischen Mutter und Sohn hat sich so insgesamt deutlich verbessert.

Die Bekanntschaft, die die Mutter wenige Wochen vor der Aufnahme von Klaus in die Diagnose-Abteilung machte, hat sich zwischenzeitlich zu einer festen und tragfähigen Partnerschaft entwickelt. Zuletzt nahm ihr Freund regelmäßig an den Elterngesprächen in der Einrichtung teil. Klaus hat ihn mittlerweile akzeptiert. Seit der Junge seine Schwierigkeiten mit der Trennung vom Vater besser versteht, gelingt es ihm zunehmend, dem Partner seiner Mutter offener und vorbehaltloser zu begegnen. Zwischen Klaus und dem Freund der Mutter ist in den vergangenen zwei Jahren eine akzeptable Beziehung entstanden.

Die Prognose für die weitere Zukunft von Klaus und seiner Mutter sieht recht gut aus. Beide werden ihren gemeinsamen Weg schaffen, wenn sie weiter – wie in den vergangenen zweieinhalb Jahren – an sich und ihren Problemen arbeiten.

3.2 Helena, 10 Jahre

Helena wird dem Psychologen in der Diagnose-Abteilung telefonisch von der für sie zuständigen Mitarbeiterin des Jugendamtes als Notfall angekündigt. Die Mutter hat sie von heute auf morgen zu Hause rausgeworfen. Helena befindet sich zur Zeit übergangsweise in einer sogenannten „Kurzzeitpflegestelle", die in Eilfällen Notaufnahmen macht. Es ist nun eine genaue diagnostische Abklärung Helenas aktueller psychischer Befindlichkeit nötig, um eine konkrete Zukunftsperspektive für das Kind zu erarbeiten, da eine Rückkehr in den mütterlichen Haushalt mit an Sicherheit grenzender Wahrscheinlichkeit auszuschließen ist. Aus diesen Gründen soll sie unbedingt in der Diagnose-Abteilung der heilpädagogischen Einrichtung psychologisch untersucht werden.

Aufgrund der Dringlichkeit wird kurzfristig ein Vorstellungstermin vereinbart, zu dem die zuständige Mitarbeiterin des Jugendamtes mit Helena kommen wird. Mit einer Teilnahme der

Mutter an diesem Termin ist nicht zu rechnen; die Mutter wird jedoch von Seiten des Jugendamtes informiert und ausdrücklich zu diesem Gespräch eingeladen. Vor dem Vorstellungstermin werden dem zuständigen Psychologen, wie üblich, von der Mitarbeiterin des Jugendamtes diverse Unterlagen über die bisherige Entwicklungsgeschichte des Kindes und die familiäre Situation zugeschickt.

Helenas Eltern

Die Eltern sind genau acht Jahre und drei Monate miteinander verheiratet, als sich die Mutter endgültig vom Vater trennt und scheiden lässt. Helena ist gerade acht Jahre alt geworden. Vier Jahre nach ihrer Hochzeit reicht die Mutter zum ersten Mal die Scheidung ein. Ihr Mann hat einen mehrmonatigen Gefängnisaufenthalt anzutreten, wegen wiederholter Trunkenheit am Steuer, wiederholten Fahrens ohne Führerschein und Widerstandes gegen die Staatsgewalt. So lange sie ihn kennt, hat er Probleme mit dem Alkohol. Nun muss er deswegen ins Gefängnis.

Weitere vier Jahre später wiederholt sich das Drama. Er muss erneut, diesmal für mehrere Jahre, ins Gefängnis, weil er einen Zechkumpanen im Streit fast umgebracht hat. Die Richter urteilen streng. Und die Ehefrau realisiert ihren bereits vor Jahren gefällten Entschluss, sich endlich von ihm zu trennen. Dieses Mal zieht sie ihren Scheidungsantrag nicht zurück. Zu lange schon erträgt sie es, dass ihr Mann sie permanent schlägt und misshandelt.

Angst. Immer, wenn er total betrunken nach durchzechter Nacht nach Hause kommt, verliert er völlig die Kontrolle über sich und hat keinerlei Selbstbeherrschung mehr. Er lässt dann seine Aggressionen an allem und jedem aus, was oder wer ihm gerade unter die Augen kommt. Mehrfach hat er die Wohnungseinrichtung zertrümmert; er ist dann wie außer sich. Auch die Kinder sind in diesen Situationen nicht sicher vor ihm. Sie müssen sich vor ihrem eigenen Vater verstecken, um nicht schlimm verprügelt zu werden. Auch das ist mehr als einmal vorgefallen. Alle haben zuletzt Angst vor ihm, alle in der Familie verachten ihn.

Helenas Geschwister. Helena hat insgesamt sechs Geschwister: Anna, 8 Jahre alt, Natalie, 7 Jahre alt, Tanja, 5 Jahre alt und Heinz, 4 Jahre alt, die alle vier denselben Vater wie Helena haben. Aus der ersten Ehe ihrer Mutter stammen zwei weitere Geschwister: Theo, 15 Jahre alt und Udo, 13 Jahre alt. Alle sieben Kinder leben im Haushalt der Mutter. Alle sieben Kinder erleben es mit, wie der Vater in der Wohnung von der Polizei verhaftet wird. Die jüngeren Kinder begreifen das von allen am wenigsten. Helenas ältere Brüder verachten den Stiefvater nun umso mehr. Ihre Mutter verstehen sie ohnehin nicht, wieso sie es so lange mit diesem Menschen ausgehalten hat.

Seit der Scheidung von Helenas Vater vor zwei Jahren lebt die Mutter von Sozialhilfe und von „Geschenken". Die bekommt sie von Männern, die ihre Lage ausnutzen. Oft gehen diese in der Wohnung ein und aus. Es kommt in den Abend- und Nachtstunden immer häufiger zu lautstarken Auseinandersetzungen, auch zu Schlägereien zwischen den meist alkoholisierten Erwachsenen. Einmal hat die Mutter vom Balkon aus laut um Hilfe gerufen. Die Nachbarn beschweren sich vermehrt wegen Ruhestörung. Die Polizei kommt mehrfach. Und immer sind die Kinder hautnah dabei und bekommen alles detailliert mit.

Das Jugendamt

Das Jugendamt wird eingeschaltet. Die Sozialarbeiterinnen bemühen sich, die Mutter dazu zu bewegen, einen Termin in der örtlichen Ehe- und Erziehungsberatungsstelle wahrzunehmen. Die Mutter lehnt dies jedoch jedes Mal ab und leugnet stets, irgendwelche Probleme zu haben: weder mit sich selbst, noch mit ihren Kindern. „Es ist alles in Ordnung!", sagt sie und verwahrt sich gegen eine Einmischung in ihre Privatangelegenheiten. Die Hinweise aus dem Kindergarten und aus der Schule tut sie als üble Nachrede ab, die Beschwerden der Nachbarn als schlichte Verleumdungen. Sie will oder kann nicht zu ihrer Lage stehen.

Vorwürfe. Dann plötzlich, für die Sozialarbeiterinnen im Jugendamt völlig überraschend, erscheint die Kindesmutter eines Tages auf dem Amt und beantragt die sofortige Heimunterbringung ihrer Tochter Helena. Hat sie bislang alle Probleme mit Helena weit von sich gewiesen, so bringt sie jetzt plötzlich eine ganze Litanei von Anklagen gegen ihre älteste Tochter vor: „Helena lässt sich von mir nichts mehr sagen! Sie tut, was sie will! Tyrannisiert die jüngeren Geschwister, tritt und beißt sie! Sie gebraucht unflätige Worte, die sie auf der Straße aufgeschnappt hat! Sie hat das Treppenhaus im Wohnblock beschmiert und ein Feuer im Keller gelegt, das gerade noch von einem Hausbewohner unter Kontrolle gebracht werden konnte! Helena streunt stundenlang, bis in die Nachtstunden hinein, in der Gegend herum! Und sie hat mehrfach im Supermarkt gestohlen! Zu Hause vergreift sie sich an den Spielsachen ihrer Geschwister!" So die Vorwürfe der Mutter.

Kleinkindalter. Die Nachfragen der Sozialarbeiterinnen ergeben, dass Helena schon als Kleinkind durch eine große Unruhe aufgefallen ist. Sie war sehr autoaggressiv: Sie hat sich selbst an den Haaren gezogen und in die geballte Faust gebissen, bis sie geblutet hat. Und sie war und ist auch ihren Geschwistern gegenüber schnell sehr aggressiv. Sie beißt, schlägt, tritt und kratzt ihre Geschwister. Sie lässt sich nichts sagen, reagiert störrisch und ablehnend. Die Geschwister schließen sie häufig aus beim Spiel, was Helena noch aggressiver werden lässt. Helena wird zum „schwarzen Schaf" der Familie. Sie wird zur Außenseiterin, die keiner mag. Und dies hat sich bis heute nicht geändert.

Im Kindergarten

Dort fällt Helena zum ersten Mal durch Diebstähle auf. Sie stiehlt Spielsachen. Und sie zerstört mutwillig die Spielsachen anderer Kinder. Täglich fällt sie durch ihr extrem unsoziales Verhalten anderen Kindern gegenüber auf. Insbesondere jüngere Kinder beißt, schlägt, tritt und kratzt sie. Sie verletzt ein Kind im Streit durch Schläge ins Gesicht. Einem anderen Kind schlägt sie einen Zahn aus.

So wird Helena auch im Kindergarten schnell zur Außenseiterin, mit der keiner spielen will. Die Erzieherinnen wissen bald nicht mehr weiter. Eltern anderer Kinder beschweren sich immer häufiger über Helenas aggressives Verhalten. Sie fordern schließlich deren Ausschluss aus dem Kindergarten. Die Kindergartenleitung sucht mehrfach das Gespräch mit Helenas Mutter. Diese entzieht sich immer wieder den Gesprächen und findet die fadenscheinigsten Ausreden, weshalb sie zu einem verabredeten Termin nicht habe kommen können. Als Helena endlich eingeschult wird, stand sie kurz vor dem Rausschmiss aus dem Kindergarten.

In der Schule

Die Tragödie mit Helena setzt sich in der Schule fort. Sie kann sich nach Aussagen der Klassenlehrerin nicht in die Klassengemeinschaft integrieren. Ihre Aggressivität hat noch zugenommen. Helenas Klassenkameraden leiden unter ihren ständigen Attacken, die sie plötzlich und unverhofft gegen die anderen Kinder richtet. Kein Kind will in der Klasse neben ihr sitzen, kein Kind will in der Pause mit ihr spielen. Überhaupt will keines der anderen Kinder Helena in der Klasse haben. Auch hier wird sie zur gemiedenen Außenseiterin.

Helena stört ständig den Unterricht. Sie ruft immer wieder in den Unterricht hinein ohne sich zu melden. Oder sie beginnt plötzlich, laut zu singen oder zu lachen. Sie ist sehr unruhig und kann nicht für eine längere Zeit still auf ihrem Stuhl sitzen. Sie steht immer wieder während des Unterrichts auf und läuft durch die Klasse. Sie widersetzt sich grundsätzlich den Anweisungen der Klassenlehrerin. Am Unterricht beteiligt sie sich nicht. Sie kann sich nicht konzentrieren. Bei direkter und ausschließlicher Zuwendung durch die Lehrerin bessert sich ihr Verhalten. Die Lehrerin hat jedoch dreiundzwanzig weitere Kinder in der Klasse zu unterrichten und daher keine Möglichkeit, sich mit Helena intensiver zu befassen. Helena hat unter diesen Bedingungen keine Chance.

Handlungsbedarf. Als die Mutter nun ihrerseits auf dem Jugendamt vorspricht, sind sich die Sozialarbeiterinnen darüber im Klaren, dass unmittelbarer Handlungsbedarf besteht. Nicht nur wegen der völlig aussichtslosen Lage in der Schule, sondern besonders wegen der Situation zu Hause. Die Sozialarbeiterinnen sind sich einig, dass Gefahr in Verzug ist. Die Kindesmutter ist mit ihrer Lage völlig überfordert. Sie wendet sich ab von Helena, die darauf mit noch größerer Aggressivität reagiert. Auch die Mutter wird Helena gegenüber zunehmend aggressiver. Misshandlungen durch die Kindesmutter sind nicht auszuschließen. Die Mutter will Helena nicht mehr bei sich behalten. Die Situation droht zu eskalieren, weshalb schnell und unverzüglich gehandelt werden muss. Helena wird als Notfall in einer entsprechenden Übergangseinrichtung aufgenommen.

Psychodiagnostische Abklärung

Schließlich kommt Helena für drei Monate in die Diagnose-Abteilung der heilpädagogischen Einrichtung. Ihre Aufnahme erfolgt trotz mehrwöchiger Wartezeiten ungewöhnlich schnell, nämlich bereits wenige Tage nach dem Vorstellungstermin, da bei Helena die Zeit ganz besonders drängt.

Wie die Erzieherinnen im Kindergarten, die Lehrerinnen und die Sozialarbeiterinnen des Jugendamtes, muss auch der Psychologe die Erfahrung machen, dass mit der Kindesmutter nicht zu arbeiten ist. Überraschenderweise kommt sie zum Vorstellungstermin ihrer Tochter in die Einrichtung. Doch nach der Aufnahme Helenas in die Diagnose-Abteilung erscheint sie trotz der klaren und eindeutigen Absprache im Rahmen des Erstgespräches und mehrerer schriftlicher Einladungen nicht zu den vereinbarten Gesprächsterminen. Sie reagiert nicht auf die Schreiben. Sie will nichts mehr mit ihrer Tochter zu tun haben. Bei ihrem vorerst letzten Kontakt mit Helena, als sie diese in Begleitung der Sozialarbeiterin des Jugendamtes am Tag der Aufnahme bringt, sagt sie unter anderem über ihre Tochter: „Die hat den Teufel im Leib! Das werden sie schon auch noch merken!"

Erste Äußerungen Helenas. Helena ist zunächst sehr verschlossen. Sie will nicht reden. Es ist ihr alles zu viel. Sie wirkt getrieben, innerlich total unruhig, und alle lassen sie zunächst in Ruhe. Mit der Zeit wird sie ein wenig offener. Sie beginnt allmählich über sich zu sprechen. Nach wie vor läuft sie von großer innerer Unruhe getrieben durch die Zimmer. Schließlich erzählt sie, dass sie so lange nicht mehr nach Hause will, wie die fremden Männer, die sie „Onkels" nennt, in der Wohnung sind. Sie sagt, dass sie Angst vor ihnen hat, weil sie die Mutter und die Kinder schlagen. Sie selbst ist „von denen" schon sehr oft geschlagen worden, weil sie so frech ist, wie sie meint. Ihr allergrößter Wunsch ist es, wieder nach Hause zu können und mit der Mutter ganz allein zusammen zu sein.

Helenas Mutter

Über ihre Mutter berichtet Helena wenig. Nur, dass sie eine „ganz liebe Mama" ist. Helena will sich nicht mit der Realität auseinander setzen. Sie nimmt ihre Mutter voll und ganz in Schutz. Kein einziges böses Wort fällt über die Mutter. Helena sagt über sich, dass sie nur deshalb ins Heim gekommen ist, weil sie „so viel angestellt und die Mama genervt" hat. Helena berichtet ausführlich über ihre Untaten und nimmt die Schuld für alles voll und ganz auf sich. Sie will sich ihr Bild von ihrer „lieben Mama" nicht trüben lassen. Die Hoffnung, dass die Mutter sich ihr eines Tages wieder zuwenden und sich um sie kümmern wird, will sich Helena um keinen Preis nehmen lassen. Zu sehr hängt Helena an ihrer „Mama" – trotz oder gerade wegen allem, was geschehen ist.

Mutters Freund. Den Vater erwähnt Helena mit keinem Wort. Sie scheint ihn ganz aus ihrem Gedächtnis und aus ihrem Herzen gestrichen zu haben. Gedanken an ihn verdrängt sie, so dass ihr ihre Gefühle dem Vater gegenüber gar nicht bewusst werden. Aber sie spricht von dem aktuellen Freund der Mutter, wegen dem es zu den großen Streitereien zwischen ihr und ihrer Mutter gekommen ist. Dieser Onkel straft die Kinder wegen jeder Kleinigkeit. Es vergeht kein Tag ohne Strafarbeiten, Hausarrest, Fernsehverbot, Schläge. Er schlägt auch die Mutter, wenn er sich über sie ärgert. Und er schlägt die Kinder, wenn sie nicht parieren und nach seiner Pfeife tanzen.

Dieser Onkel „lungert" nach Aussagen von Helena „den ganzen Tag in der Wohnung herum und tyrannisiert alle". Häufig, fast täglich, geht er gegen Abend „ans Büdchen". Dort lässt er sich dann „jedes Mal vollaufen". Helena: „Danach ist es besonders schlimm! Aber auch sonst ist er meistens besoffen!" Es vergeht kein Tag ohne Angst. Alle Kinder, auch die ältesten, haben Angst vor ihm. „Und die Mutter auch!", meint Helena. Trotzdem will sie ihn heiraten. „Der ist wenigstens da, der sitzt wenigstens nicht im Knast!", hat die Mutter einmal gesagt. Helena begreift das alles nicht. Sie sieht nur, dass dieser Onkel genau so schlimm ist wie ihr Vater, von dem die Mutter sich getrennt hat.

Helenas Probleme

Die Probleme sitzen tief, und es fällt Helena sehr schwer, darüber zu reden. Eigentlich will sie endlich ihre Ruhe haben „von all dem Mist zu Hause". Sie kann es nicht mehr ertragen, immer wieder „an alles" denken zu müssen. Aber es wird auch sehr deutlich, dass sich Helena trotz der ganzen Schwierigkeiten nichts sehnlicher wünscht, als wieder nach Hause zu ihrer Mutter zu kommen. Die Geschwister scheinen ihr nicht sehr zu fehlen; zu ihnen hat sie ein sehr gespaltenes Verhältnis. Wenn sie von ihnen spricht, dann scheint es, als seien sie lästige Störfaktoren in ihrer Beziehung zur Mutter. Am liebsten, so betont Helena immer wieder, möchte sie ganz allein mit ihrer Mutter sein. Dann wäre sie auch sicher „ganz brav". Davon scheint Helena felsenfest überzeugt zu sein.

Ständige Aktivität. In der Diagnose-Gruppe findet Helena zunächst auch keine Ruhe. Sie ist ständig in Bewegung und sucht Ablenkung. Daran ändert sich während ihres über zehnmonatigen Aufenthaltes nichts. Die Erzieher beschäftigen sich so intensiv wie möglich mit ihr und versuchen, ihr angemessene Aufgaben zu übertragen, um den übermäßigen Bewegungsdrang zu kanalisieren. So darf sie z.B. aktiv „beim Selberkochen" helfen, das einmal die Woche stattfindet, wenn die Gruppe nicht – wie üblich – aus der Zentralküche der Einrichtung mit Essen versorgt wird. Helena übernimmt dann bestimmte Aufgaben wie das Schälen und

Schneiden der Zwiebeln. Die ihr übertragenen Aufgaben erfüllt sie selbständig und verantwortungsvoll. Sie verfügt über gute haushaltliche Fähigkeiten, da sie ihre Mutter im Haushalt wohl häufig tatkräftig unterstützt hat.

Gesprächsangebote. Vorsichtig und ohne Helena zu drängen bieten die Erwachsenen ihr das Gespräch an, damit sie über Dinge reden kann, die ihr durch den Kopf gehen und die sie so sehr belasten. Diese Gesprächsangebote geschehen im Alltag. Wenn bestimmte Ereignisse, etwa ein Streit mit einem anderen Kind in der Gruppe, Gespräche nahe legen und sich ein Bezug zu ihren Erlebnissen in ihrer Familie herstellen lässt. Sowohl im wöchentlich stattfindenden „Kinderplenum", dem Gesprächskreis des Psychologen mit allen Kindern der Gruppe, als auch in verschiedenen Einzelgesprächen versucht der Psychologe, Helena möglichst behutsam, aber doch sehr konkret mit ihrer Familiensituation zu konfrontieren. Bei aller gebotenen Rücksicht auf ihre aktuelle psychische Angeschlagenheit ist es dennoch ausgesprochen wichtig und notwendig, dass sie allmählich einen Zugang zu ihren verdrängten Gedanken und teilweise unbewussten bzw. unterbewussten Impulsen findet.

Aktive Auseinandersetzung. Ziel der Arbeit mit Helena ist, dass sie lernt, ihre Gedanken und Gefühle zu äußern und sich mit der familiären Situation aktiv auseinander zu setzen. Auf diese Weise kann sie mit ihrer schwierigen Lage und ihren seelischen Verletzungen besser zurechtkommen – so weit dies einem Kind in ihrem Alter möglich ist. Es ist zweifellos ein langer und beschwerlicher Weg für Helena, und es ist zu diesem Zeitpunkt völlig ungewiss, ob sie den Weg zu gehen bereit und in der Lage ist und – was mindestens genauso wichtig ist – auch durchhält.

Das zentrale Thema

Themen der Gespräche mit Helena sind das Verhalten ihrer Mutter, deren Eigenproblematik und die daraus resultierenden Probleme und Schwierigkeiten für Helena. Es ist für sie geradezu existentiell notwendig, den Eigenanteil ihrer Mutter an der Misere herauszuarbeiten. Nur dann trägt sie die Schuld am Scheitern der Mutter-Tochter-Beziehung nicht alleine, sondern kann Ursachenzusammenhänge wahrnehmen und begreifen. Zum Beispiel stellt ihr eigenes Fehlverhalten eine Reaktion auf das Verhalten der Mutter dar, und diese reagiert ihrerseits mit Ablehnung, wenn Helena ihr Schwierigkeiten macht. Helena muss erkennen lernen, dass sie immer dann etwas anstellt, wenn sie sich von ihrer Mutter im Stich gelassen und abgelehnt fühlt. Diese Interaktionen sollte Helena altersentsprechend verstehen und nachvollziehen können. Es ist wichtig, Helena zu verdeutlichen, dass weder sie noch ihre Mutter „schlecht" oder „schuld" sind; dass Bewertungen und Verurteilungen dieser Art völlig fehl am Platze sind. Sondern es geht darum, dass der Mutter ihre eigenen Probleme über den Kopf gewachsen sind, weshalb sie mit ihrer Situation als Mutter überfordert ist.

Einstellungsänderung. Diese therapeutischen Appelle an die Vernunft des Kindes finden ihre Grenzen in dessen seelischer Betroffenheit. In der Regel siegt im Kampf „Kopf gegen Gefühle" (zunächst) die Emotion – und vernünftige Gedanken und Vorsätze bleiben auf der Strecke. In jedem Fall ist es langwierig, die bisherigen Gedankenabläufe und Denkstrukturen, die die Einstellungen des Kindes bedingen, zu verändern. Der innerpsychische Konflikt wird über das Verhalten ausgetragen, da eine rationale Lösung für das Kind in den meisten Fällen erst einmal nicht möglich ist. Eine grundlegende Veränderung der bisherigen Sichtweise der Dinge würde eine existentielle Erschütterung des kindlichen Lebensbildes bedeuten.

Verhalten in der Gruppe. So verwundert es nicht, dass Helena mit ihrem Verhalten für erheblichen Wirbel in der Gruppe sorgt. Sie verwendet mit Vorliebe zahlreiche ausgesprochen vulgäre Redensarten und schreit diese ordinären Worte hinaus. Die anderen Kinder der Gruppe fühlen sich von Helena belästigt, haben sie doch selbst genügend Probleme mit sich herumzutragen. Helena piesackt insbesondere die jüngeren Kinder der Gruppe. Sie versteckt oder zerstört deren Spielsachen. Aber ihre Aggressionen halten sich vergleichsweise in Grenzen. Sie beschränken sich im Wesentlichen auf ihre Wortwahl. Helena fordert mit ihrem provokanten Verhalten alle – die anderen Gruppenkinder genauso wie auch ihre Erzieher.

Nach einigen Tagen des Einlebens in die Gruppe beginnt Helena, die Erzieher mit Fragen zu löchern. Aus Sicht der Erwachsenen sind dies scheinbar völlig belanglose und unwichtige Fragen. Für Helena sind sie sehr wichtig. Sie stellt die Fragen, um auf diese Weise Kontakt aufzunehmen. Neben ihrem unsäglichen Drang nach Bewegung ist dies für Helena eine weitere Möglichkeit, sich abzulenken. Es ist für alle in der Gruppe nicht einfach mit Helena. Und es ist nicht einfach für Helena.

In der Heimschule

Dort gibt es jede Menge Probleme. Helena kann sich nicht konzentrieren. Sie ist körperlich zwar anwesend und sitzt für eine Weile sogar mehr oder minder ruhig auf ihrem Platz im Klassenzimmer, aber mit ihren Gedanken ist sie immer woanders. Wie kann sie sich für Rechnen und Schreiben interessieren – hat sie doch ganz andere Sorgen. Mit Rechnen und Schreiben kann sie ihre aktuellen Probleme sicher nicht lösen. Deshalb hat Helena kein Interesse an der Schule. Dabei scheint sie recht intelligent.

Helena sorgt auch in der Heimschule für erhebliche Unruhe. Während der ersten Woche ihres Aufenthaltes in der Diagnose-Abteilung kommt sie täglich zu spät zum Unterricht, obwohl sie rechtzeitig die Gruppe verlassen hat und ihr Schulweg keine zwei Minuten dauert, da das Schulgebäude direkt neben den Räumlichkeiten der Diagnose-Abteilung liegt. Sie trödelt herum, um dann mit viel Getöse in die Klasse zu platzen. Sie stört immer wieder den Unterricht durch Zwischenrufe. Manchmal steht sie plötzlich von ihrem Platz auf und läuft durch die Klasse. Dabei tritt sie ihre Klassenkameraden gegen das Bein oder boxt sie in die Seite. Sie beteiligt sich auch in der Heimschule wenig am Unterricht. Mit der Zeit beruhigt sich Helena in der Schule etwas. Ihre Klassenlehrerin nimmt sich viel Zeit für sie. Das ist notwendig, wichtig und möglich, da nur acht Kinder in Helenas Klasse sind.

In der Diagnose-Gruppe
Helena scheint nach wie vor jede Gelegenheit wahrnehmen zu wollen, auf sich und ihre Sorgen aufmerksam zu machen. Das bringt die Erzieher manches Mal an die Grenzen der Belastbarkeit. Helenas innere Unruhe hat sich bislang kaum verringert. Das ist kein Wunder. Hat sie doch mittlerweile mehrere Wochen nichts mehr von ihrer Mutter gehört. Im Kinderplenum, das der Psychologe einmal wöchentlich mit den Kindern abhält, ist dies immer wieder Gesprächsthema, wenn Helena an der Reihe ist. Warum kommt die Mutter nicht? Warum schreibt sie nicht? Warum ruft sie nicht wenigstens an? Es sind immer wieder dieselben Fragen, die Helena quälen. Und es sind immer wieder dieselben Antworten, die Helena keinesfalls befriedigen. Die Mutter hat mit sich selbst zu viele Probleme, als dass sie sich um Helena kümmern könne! Es ist der Mutter alles zu viel! Sie muss erst ihr eigenes Leben in Ordnung bringen!

Helena kann und will das nicht verstehen. „Die Geschwister sind doch auch zu Hause bei der Mama!" Warum musste ausgerechnet sie ins Heim und nicht die Geschwister? Helena ist verzweifelt und kann sich nicht mit der Realität abfinden, dass ihre Mutter sie weggegeben hat. Sie versteht ihre Mutter nicht. Aber sie lässt nach wie vor nichts auf ihre Mutter kommen. Wenn sie Gründe sucht für ihre Situation, dann findet sie diese ausschließlich bei sich: „Ich habe meiner Mutter zu viele Schwierigkeiten gemacht, sonst hätte sie mich niemals weggegeben. Ich habe mich eben zu schlecht benommen! Kinder, die sich schlecht benehmen, gehören ins Heim!", sagt Helena. Es ist immer derselbe verzweifelte Erklärungsversuch.

Helena ist sehr unglücklich
Helenas tiefe Unzufriedenheit äußert sich insbesondere in Aggressionen anderen Kindern gegenüber. Immer wieder gibt es Streit. Auch sehr massive körperliche Auseinandersetzungen stehen an der Tagesordnung. Helena ist jetzt schnell und häufig au-

ßer sich, sie reagiert dann sehr aufbrausend und oft extrem unkontrolliert. So schmeißt sie im Streit einem anderen Kind ihrer Gruppe ein Küchenmesser mehr oder minder gezielt nach, das nur knapp sein Ziel verfehlt. Helena schlägt auch immer wieder ohne Skrupel zu. Es kommt zu Verletzungen anderer Kinder, obwohl die Erzieher aufpassen. Helena ist absolut unberechenbar. Ihre Stimmung kann ohne äußeren Anlass von einer Sekunde zur anderen wechseln. Zum Schutz der anderen Kinder sind die Erzieher ganz besonders auf der Hut.

Keine Rückkehr. Die Wochen vergehen, ohne dass sich eine Lösung abzeichnet. Das ist nicht so geplant. Die Fachleute hofften, einen zumindest sporadischen Gesprächskontakt zur Mutter aufbauen zu können, um mit ihr die Zukunftsperspektive ihrer Tochter zu besprechen. Da die Mutter jedoch zu keinerlei Zusammenarbeit zu bewegen ist und sich überhaupt nicht mehr meldet, muss eine andere Lösung für Helena gefunden werden. Unter den gegebenen Voraussetzungen ist eine absehbare Rückkehr zur Mutter auszuschließen. Es muss eine Lösung gefunden werden, die Helena verständlich gemacht werden kann und die Helenas Situation gerecht wird. Helena soll schließlich mit ihren zehn Jahren nicht bis zu ihrer Verselbständigung in einem Heim aufwachsen müssen. Sie hat wie alle Kinder ein Recht auf einen familiären Rahmen. Eine Einbindung in einen solchen kann jedoch nur gelingen, wenn es Helena klar ist, dass sie nicht zu ihrer Mutter zurückkehren kann. Wenn die Mutter die Verantwortung für ihre Tochter Helena endgültig abzugeben gewillt ist, so ist es unumgänglich, dass sie selbst es ihrer Tochter von Angesicht zu Angesicht klar und unmissverständlich mitteilt. Helena würde es keinem anderen Menschen glauben, dass ihre Mutter gar nichts mehr von ihr wissen will, dass die Trennung endgültig ist.

Die Mitarbeiter des Jugendamtes müssen alle ihre Möglichkeiten einsetzen, um die Mutter dazu zu bewegen, dieser Aufforderung nachzukommen. Schließlich geht es darum, dem Kind eine alternative Zukunftsperspektive zu eröffnen, eine Zukunft ohne ihre leibliche Mutter.

Vorbereitung in Gesprächen. In unzähligen Einzelgesprächen mit Helena versucht der Psychologe, sie auf diese folgenschwere Begegnung mit ihrer Mutter vorzubereiten; so weit eine Vorbereitung überhaupt möglich ist. Wie soll ein Kind von zehn Jahren verstehen, dass die Mutter zu einem letzten Gespräch kommen wird, um zu erklären, dass es keine Rückkehr nach Hause und kein Zusammenleben mehr geben wird. Diese endgültige Trennung ist schlimmer als ein Verlust durch Tod, weil die Mutter noch lebt und trotzdem nicht mehr für Helena zugänglich sein wird. Helenas Schmerz sitzt unermesslich tief. Es ist ein Schmerz, der sie ihr ganzes Leben begleiten wird.

Diese Erfahrung ist schlimm, aber das wahrscheinlich letzte Gespräch zwischen ihr und der Mutter ist absolut notwendig. Darin sind sich alle, die mit Helena zu tun haben, hundert Prozent einig. Sie wird sich – wenn überhaupt – nur dann auf ein anderes Zusammenleben einlassen können, wenn sie von der geliebten Mutter selbst die Realität erfährt. Ansonsten wird sie immer annehmen (müssen), dass man ihr nicht die volle Wahrheit über die Mutter gesagt hat und wird hoffen, dass die Mutter sie eines Tages zurückholt. Allerdings bietet auch ein solches Abschiedsgespräch keine Gewähr, dass sich Helena nicht trotzdem weiterhin dieser Hoffnung hingibt.

Das Abschiedsgespräch

Schließlich ist es so weit. In Begleitung der zuständigen Sozialarbeiterin des Jugendamtes erscheint die Mutter zum verabredeten Termin in der Einrichtung. Helena wird von einer ihrer Erzieherinnen in das Büro des Psychologen begleitet. Sie ist sehr blass und hat Angst. Die Mutter begrüßt ihre Tochter flüchtig und unbeholfen. Beide wirken in ihren Bewegungen unsicher und nervös. Aber die Stimme der Mutter ist im Gegensatz zu der ihrer Tochter fest und deutlich. Die Mutter kommt sogleich zur Sache und teilt ihrer Tochter mit, dass sie nicht mehr nach Hause zurück kann. Sie erklärt, dass ihr alles zu viel ist und sie sich nicht mehr um Helena kümmern kann. Das müssten jetzt andere tun.

Helenas Reaktion. Helena sitzt der Mutter gegenüber und kämpft unglaublich, um sich nichts von ihren wahren Gefühlen anmerken zu lassen. Sie presst die Lippen zusammen und nickt artig mit dem Kopf, als wolle sie der Mutter Mut machen zu sprechen. Der kleine Körper ist völlig verkrampft. Wie versteinert kauert Helena in ihrem Sessel. Die Augen füllen sich langsam mit Tränen. Aber Helena bleibt eisern. Auch die Mutter kämpft schließlich mit den Tränen. Als sich Helena von der Mutter verabschiedet, sieht sie ihr tief in die Augen. Ihr Blick sagt, dass sie ihre Mutter nicht versteht, dass sie das alles nicht begreift. Sie will es nicht glauben, dass sie ihre Mutter nicht mehr sehen soll. Dann verlässt sie mit ihrer Erzieherin den Raum. Vor der Tür lässt sie ihren Gefühlen freien Lauf.

Zukunftsperspektive. Nun muss ihr so schnell wie möglich eine konkrete Zukunftsperspektive angeboten werden. Die Vorbereitungen hierzu wurden bereits vor dem Gesprächstermin mit der Mutter getroffen. Eine Einrichtung ist erfreulicherweise ohne lange Wartezeit bereit, Helena aufzunehmen. Es handelt sich dabei um eine sogenannte „Kleinsteinrichtung" mit dezentralen Wohngruppen, in der die Kinder in einer familienähnlichen Gemeinschaft zusammenleben. In dieser Wohngruppe lebt eine weibliche Bezugsperson, Gruppenmutter genannt, mit den Kindern zusammen und steht ihnen rund um die Uhr zur Verfügung. Die Gruppenmutter wird tagsüber unterstützt durch eine Erzieherin und einen Zivildienstleistenden.

Die Wohngruppe. In dieser Wohngruppe soll Helena mit vier weiteren Kindern, die ebenfalls ohne Zuhause sind, bis zur Verselbstständigung bleiben. Der Vorteil einer solchen Einrichtung besteht zum einen darin, dass trotz der vorhandenen emotionalen Bindungen und zwischenmenschlichen Beziehungen – im Gegensatz zur gefühlsmäßigen Enge einer klassischen Familie oder Pflegefamilie –pädagogische Professionalität und Distanz gegeben ist. Zum anderen ähnelt diese Form der Fremderziehung wesentlich stärker einem Familienverband als einem normalen Heimbetrieb. Dabei nehmen die in der Gemeinschaft einer solchen Kleinsteinrichtung lebenden und arbeitenden Erzieher eine Art Zwischen-stellung ein zwischen der Elternrolle einerseits und der reinen Er-zieherrolle andererseits, wie sie in einem Heim gegeben ist.

Für Helena ist eine solche Wohngruppe die richtige und einzig realisierbare Perspektive. Eine Heimunterbringung würde Hele-nas Bedürfnissen nach einem Zuhause nicht gerecht werden, in ei-ner Pflegefamilie würde weder Helena die emotionale Enge ertra-gen, noch würde eine Familie die Stimmungen Helenas aushalten können.

Die besagte Kleinsteinrichtung wurde bereits schriftlich durch ein umfangreiches psychodiagnostisches Gutachten über die Er-fahrungen mit Helena und ihrer Mutter informiert. Auf der Basis dieses ausführlichen Gutachtens und eines Besuches mit gegensei-tigem Kennenlernen hat sich die Einrichtung entschieden, Helena aufzunehmen.

Das psychodiagnostische Gutachten

Über jedes Kind, das in der Diagnose-Abteilung aufgenommen wird, wird ein psychodiagnostisches Gutachten erstellt. In Hele-nas Gutachten wird darauf hingewiesen, dass es sich bei ihr um ein eher überdurchschnittlich begabtes Mädchen handelt, welches aufgrund ihrer ausgesprochen ungünstigen Sozialisationsbedin-gungen und eines extrem negativen familiären Umfeldes in ihrer gesamten Entwicklung massiv beeinträchtigt ist. Leistungsmäßig muss sie als milieubedingt neurotisch intelligenzgehemmt be-zeichnet werden. Aufgrund ihrer psychischen Probleme kann sie ihr Intelligenzpotential nicht in entsprechende Schulleistungen umsetzen. Sie leidet unter schweren Aufmerksamkeits- und Kon-zentrationsstörungen und kann sich nicht über einen längeren Zeitraum mit einer bestimmten Aufgabe intensiv beschäftigen und dabei still sitzen. Eine Regelschule ist mit dieser Problematik hoffnungslos überfordert. Helena bedarf einer sonderpädagogi-schen Beschulung in einer Schule für verhaltensauffällige Kinder.

Gestörtes Selbstbild. Neben dieser Leistungsblockade ist ein deutlich gestörtes Selbstbild festzustellen. Helena leidet unter extremen Selbstzweifeln und schweren Ängsten. Sie hält wenig bis gar nichts von sich und traut sich insbesondere leistungsmäßig überhaupt nichts zu. Ihre permanent vorhandenen Gefühle des Abgelehntwerdens und des Verstoßenseins durch die geliebte Mutter und die daraus resultierenden existentiellen Ängste strukturiert Helena gedanklich um. Die Ursachen der Probleme sucht Helena ausschließlich bei sich. Sie übernimmt somit die gesamte Verantwortung für diese tragische Entwicklung. Das geht so weit, dass sich Helena sogar für das (Wohl)Befinden der Mutter zuständig fühlt. Die Rollen sind völlig auf den Kopf gestellt. Mit dieser Situation ist Helena völlig überfordert.

Teufelskreis. Helena hat sich in ihrer Familie von Anfang an als „schwarzes Schaf" erlebt. Vielleicht auch deshalb, weil sie diejenige ist, die auf die familieninternen Probleme nach außen reagiert – und somit der sozialen Umwelt unangenehm auffällt. Dadurch werden die Bemühungen der Mutter, den Schein nach außen hin zu wahren, unterlaufen. Die Folge ist, dass die Mutter Helena immer stärker ablehnt. Helena antwortet hierauf mit einer deutlichen Zunahme ihrer Verhaltensauffälligkeiten, was wiederum ihre Mutter immer heftiger und abwehrender auf Helena reagieren lässt. Der Teufelskreis ist geschlossen.

Helenas Sichtweise ihrer familiären Realitäten ist tief eingeschliffen. Sie erlebt ihre Isolation und ihr Ausgestoßensein von der Familie fast schon als Selbstverständlichkeit. Ein so schlechter Mensch wie sie kann schließlich nur von den anderen weggeschickt und abgelehnt werden. Sie kann nichts tun, um etwas an ihrer Lage zu ändern. Sie kann nur hoffen, dass alles irgendwann einmal besser wird.

Sexuelle Erfahrungen. Erschwerend kommt hinzu, dass Helena mit großer Wahrscheinlichkeit altersinadäquate sexuelle Erfahrungen machen musste. In den sogenannten „projektiven" psychodiagnostischen Testverfahren, bei denen Helena diverse Bilder zur Deutung vorgelegt werden, erzählt sie Geschichten, die einen diesbezüglichen Verdacht aufkommen lassen. Es ist anzunehmen, dass sie in Bezug auf die mütterlichen Sexualpraktiken einige traumatisierende Szenen mitbekommen hat, die enorme Ängste bei Helena ausgelöst haben. Darüber hinaus ist keinesfalls auszuschließen, dass sie selbst in sexuelle Vorgänge mit einbezogen wurde. Dies wäre eine Erklärungsmöglichkeit für Helenas auffallend negatives Selbstbild.

Soziale Beziehungsstörung. Zusammenfassend ist festzuhalten, dass Helena in die Phantasie flieht und sich dabei in völlig unrealistische Visionen verstrickt, wobei sie ihren seelischen Schmerz leugnet. Andererseits lebt sie ihre angstbedingte innere Unruhe über das auffällige Verhalten aus. Bei Helena muss eine tief greifende soziale Beziehungsstörung diagnostiziert werden, da sie aktuell nicht in der Lage bzw. bereit ist, sich ihrer persönlichen Realität zu stellen und sich mit ihr angemessen auseinander zu setzen; wohlgemerkt so weit dies von einem zehnjährigen Mädchen überhaupt realisiert werden kann. Helena wird ihr Leben lang mit den Erfahrungen ihrer Kindheit zu schaffen haben. Sie wird noch lange professionelle Hilfe brauchen, um mit sich selbst ins Reine zu kommen, d.h. um ein positive(re)s Bild von sich selbst zu entwickeln. Die entscheidende Frage ist, ob sie die Erfahrung, von der eigenen Mutter verstoßen worden zu sein, auf Dauer wird verkraften können. Diese Frage ist zu diesem Zeitpunkt nicht zu beantworten. Die Zeit wird es zeigen, wie und ob Helena mit dieser tragischen Erfahrung fertig werden wird.

Zwei Jahre vergehen

Zufällig erfährt der Psychologe nach zwei Jahren, dass Helena in den nächsten Tagen in die geschlossene Abteilung der Kinderpsychiatrie eingewiesen werden soll. Von einem Tag auf den anderen kann Helena nicht länger in der besagten Wohngruppe bleiben. Zu groß sind nach Aussagen der dortigen Betreuerinnen die Probleme mit ihr, als dass man ihr dort weiter helfen kann. Sie stiehlt was nicht niet- und nagelfest ist. Außerdem leidet Helena mit ihren knapp 13 Jahren an Magersucht und ist beträchtlich suizidgefährdet. Ihre Aggressionen richtet sie im Wesentlichen gegen sich selbst. Die Erzieherinnen betonen, dass sie die Verantwortung für Helena nicht länger tragen können.

Die für Helena zuständige Sozialarbeiterin des Jugendamtes ist von dieser Entwicklung sehr überrascht. Wie konnten die Probleme mit Helena derart eskalieren? Warum war sie nicht schon früher von der Einrichtung über das ganze Ausmaß der Schwierigkeiten mit Helena unterrichtet worden? Was soll nun geschehen?

Die Entwicklung der Ereignisse lässt den Verantwortlichen des Jugendamtes erneut keine Wahl. Wieder muss umgehend und schnell gehandelt werden. Dabei wird sehr sorgfältig zu klären sein, weshalb sich alles derart ungünstig und für Helena so folgenschwer entwickelt hat.

In der Kinderpsychiatrie. Helena kommt zur Behandlung in die Kinderpsychiatrie. Es stellt sich unter anderem heraus, dass die Gruppenmutter einige gravierende Fehler in der Beurteilung der Verhaltensauffälligkeiten Helenas gemacht hat. Obwohl sie durch das Gutachten und die mit ihr geführten Gespräche sehr genau über die bisherige Entwicklungsgeschichte des Kindes informiert worden ist, hat sich die Gruppenmutter nicht um psychotherapeutische Hilfe von außen für Helena bemüht.

Es wäre jedoch ungerechtfertigt, ausschließlich die Gruppenmutter für die jüngste unheilvolle Entwicklung Helenas verantwortlich zu machen. Vielmehr war es das unglückliche Zusammenspiel mehrerer Faktoren, welches letztendlich die Maßnahme scheitern ließ: Die Kleinsteinrichtung unterschätzte die Problematik Helenas trotz des anderslautenden Gutachtens und des Vorgesprächs. Weiter wurden die eigenen Fähigkeiten der Kleinsteinrichtung überschätzt. Dies führte dazu, dass die Gruppenmutter im falschen Ehrgeiz glaubte, Helena alleine, ohne therapeutische Unterstützung, helfen zu können.

Epilog

Das Schicksal Helenas scheint besiegelt. Die schwere milieubedingte Schädigung des Kindes konnte in der Kleinsteinrichtung mit einem professionell-familiären Rahmen nicht aufgefangen werden.

Wie konnte es zu dieser Situation kommen?

Entwicklungsgeschichte der Mutter. Helenas Mutter stammt selbst aus sogenannten „ungünstigen" Familienverhältnissen und hatte nie emotionale Zuwendung und Liebe von ihren Eltern erfahren. Der Vater hatte Frau und Kinder verlassen, die Mutter hatte massive Alkoholprobleme. Die Mutter Helenas musste als Älteste ihre vier jüngeren Geschwister und den Haushalt versorgen – so gut es eben ging. Ihre eigene Mutter war meistens betrunken, die überwiegende Zeit lag sie im Bett. Die Familie lebte von Sozialhilfe und konnte sich so gerade über Wasser halten.

Viel schlimmer als die materielle Not jedoch erlebte die Mutter von Helena das kalte Familienklima. Als der Vater noch mit ihnen zusammenlebte, gab es zumindest ab und an einmal Zärtlichkeiten. Später gab es nur noch Streit und Krach zwischen den Eltern, bis der Vater schließlich ging. Seitdem war die Mutter überhaupt nicht mehr zu ertragen. Mit sich und ihrem Schicksal hadernd, gab sie sich mehr und mehr dem Alkohol hin und war nur noch unleidlich und aggressiv. Die Mutter von Helena musste in ihrer eigenen Kindheit und Jugend ohne elterliche Zuwendung und Liebe auskommen. Sie konnte ihre kindlichen Grundbedürfnisse nach emotionaler Nähe und Wärme nie auch nur annähernd befriedigen. So war sie dann später selbst nicht in der Lage, ihren eigenen Kindern das zu geben, was ihr selbst in ihrer eigenen Kindheit immer verwehrt geblieben war.

Wiederholung. Ihre Kinder erfahren nun das gleiche Schicksal wie sie selbst. Der Vater steht der Familie nicht mehr zur Verfügung, die Mutter ist viel zu sehr mit sich selbst und ihren eigenen Problemen beschäftigt, als dass sie auf die grundlegenden Bedürfnisse ihrer Kinder nach emotionaler Versorgung angemessen eingehen könnte. Helenas Mutter ist völlig überfordert. Wahrscheinlich kann sie es nicht mehr ertragen, sich selbst immer wieder in Helena zu sehen – ihr eigenes Abbild als Kind. Helenas Mutter erlebt dies sehr schmerzlich. Tagtäglich wird sie mit ihrer eigenen Vergangenheit konfrontiert. Gefühle der Ablehnung und des Hasses steigen in Helenas Mutter auf. Sie mag sich dagegen wehren, jedoch ohne Erfolg. Der einzige Ausweg, den Helenas Mutter für sich sieht, ist eine endgültige Trennung von ihrer Tochter.

Loyalitätskonflikt. Helena überwindet dieses Trennungstrauma nie. Sie ist ständig hin und her gerissen zwischen der Hoffnung, alles wird sich zum Guten wenden und die Mutter wird sie eines Tages wieder zu sich holen, und der schmerzlichen Gewissheit, dass die Wochen und Monate vergehen, ohne dass die Mutter sich bei ihr meldet. Helena kann sich nicht auf das Angebot der Wohngruppe einlassen. Sie befindet sich in einem massiven Loyalitätskonflikt, hofft sie doch, dass ihre Mutter sie wieder heimholt. Daher darf sie sich nicht auf fremde Menschen einlassen. Außerdem leben diese ihr eine Familienatmosphäre vor, die Helena so nie kennen gelernt hat. Wie sehr hat sie sich so ein Geborgenheit vermittelndes Familienklima immer gewünscht – aber mit ihrer Mutter und nicht mit einer fremden Gruppenmutter!

Hass. Helena beginnt die Gruppenmutter regelrecht zu hassen. Bestimmte Gedanken gehen ihr immer wieder durch den Kopf: Warum kann ihre Mutter nicht so gut sein wie diese fremde Frau? Nein, ihre Mutter ist viel lieber als diese Gruppenmutter, der man ihre Liebe gar nicht glauben darf! Ihre Mutter ist lieb und sie, Helena, ist böse, sonst hätte sich ihre liebe Mutter niemals im Leben von ihr getrennt! Sie wird es schon allen beweisen, dass es so ist! Sie wird sich wegen dieser Gruppenmutter nicht ändern! Wegen ihrer Mutter schon, aber das hätte sie ja damals schon tun müssen!

Die Hintergründe der fatalen Entwicklung Helenas in der Wohngruppe bleiben den Verantwortlichen der Einrichtung verborgen. Helena bleibt mit ihren Sorgen alleine, sie lässt niemanden an sich heran, igelt sich ein, bis alles zu spät ist. Die Gruppenmutter will Helena Zeit lassen und sie nicht bedrängen. Das ist sicher richtig. Andererseits braucht Helena Hilfe, sie muss über ihre Gedanken sprechen. Aber wen akzeptiert sie als Gesprächspartner? Ist sie überhaupt bereit und in der Lage, über sich und ihre quälende Situation mit einem anderen Menschen zu reden? Hat sie in einer anderen Erziehungsmaßnahme, etwa in einem klassischen Heim, eine Chance?

Zweiter Epilog
Helena ist fünfzehn Jahre alt. Sie ist mittlerweile heroinabhängig. Nach mehreren gescheiterten Maßnahmen ist Helena vom Jugendamt in einer kleinen Pension untergebracht, eine andere Lösung hat sich nicht finden lassen. Sie wird im Rahmen des Metadon-Programmes betreut. Ihre Zukunft ist völlig ungewiss.

Dritter Epilog
Heute ist Helena an einer Überdosis Heroin gestorben. Helena wurde siebzehn Jahre alt.

3.3   Jan, 8 Jahre

Jan kommt aus der Kinderpsychiatrie in die heilpädagogische Einrichtung. Dort wurde er unter anderem wegen seiner besorgniserregenden Autoaggressionen eingewiesen. Mehrfach hat er sich mit einem Küchenmesser die Handgelenke verletzt und sich dadurch ernsthaft gefährdet. Auf die Idee, so etwas zu tun, hat ihn seine Mutter gebracht. Wiederholt hat sie versucht, sich das Leben zu nehmen, indem sie sich die Pulsadern aufschnitt. Jan hat es zweimal miterlebt und ihr beide Male das Leben gerettet; er rief jedes Mal die Nachbarn zu Hilfe, die den Notarzt alarmierten. Seitdem findet Jan keine Ruhe mehr.

Tod des Vaters. Jan wohnt zusammen mit seiner Mutter und seinem Stiefvater in einer kleinen Zwei-Zimmer-Wohnung eines Hochhauses in einem sogenannten „sozialen Brennpunkt". Seinen leiblichen Vater hat Jan im Alter von fünf Jahren verloren. Er ist bei einem Verkehrsunfall ums Leben gekommen. Der plötzliche Unfalltod des Vaters bedeutet für Jan bis heute einen schmerzlichen Verlust.

Alkoholabhängigkeit. Knapp ein Jahr später heiratet seine Mutter erneut. Jan leidet sehr darunter, dass er sie nun mit einem fremden Mann teilen muss und lehnt den neuen Partner seiner Mutter rigoros ab. Noch mehr allerdings macht ihm ein anderes Problem zu schaffen. Seine Mutter trinkt. Dies tut sie seit ihrer Jugend. Mit dem Tod von Jans Vater verliert sie jedoch vollends die Kontrolle. Ihre Alkoholsucht nimmt schließlich ein Ausmaß an, das für Jan nicht mehr auszuhalten ist. Zuletzt sorgt nicht die Mutter für Jan, sondern Jan für seine Mutter. Er geht einkaufen, kocht und besorgt den Haushalt, so weit er dazu mit seinen acht Jahren in der Lage ist.

Auch der Stiefvater trinkt große Mengen Alkohol. Es kommt immer wieder zu regelrechten Trinkgelagen von Mutter und Stiefvater, in deren Verlauf regelmäßig zwischen den beiden Streit ausbricht. Dieser endet dann häufig in körperlichen Auseinandersetzungen, bei denen die Mutter oft genug schlimme Blessuren davonträgt. Wenn beide derart exzessiv Alkohol konsumieren, wissen sie nicht mehr, was sie tun. Die familiäre Situation ist für Jan am Ende unerträglich geworden.

Informationen vom Jugendamt

In einem Vorgespräch erfährt der Psychologe, dass Jan und seine Mutter dem zuständigen Sozialarbeiter des Jugendamtes seit dem Unfalltod des Vaters vor etwa dreieinhalb Jahren bekannt sind. Die Mutter wendet sich wenige Wochen nach dem tragischen Tod ihres Mannes an das Jugendamt und bittet um Hilfe. Sie tut dies auf Veranlassung der Erzieherinnen des Kindergartens, den Jan zu diesem Zeitpunkt besucht. Jan hat dort laut Aussagen seiner Betreuerinnen mehrfach erklärt, nicht mehr leben zu wollen.

Erste Kontakte mit dem Jugendamt. Der Sozialarbeiter führt ein Erstgespräch mit der Mutter und rät ihr, sich umgehend an eine Erziehungsberatungsstelle zu wenden. In weiteren Gesprächen zwischen der Mutter und ihm im Amt äußert sich die Kindesmutter erstaunlich offen über ihre Lebensgeschichte. Mit den Wochen werden die Kontakte jedoch immer spärlicher, und schließlich meldet sich die Mutter nicht mehr. Der Sozialarbeiter vermutet eine Alkoholproblematik bei der Mutter, die – so sein Eindruck – zu den Terminen jedes Mal mit einer Alkoholfahne erschienen ist. Aufgrund seiner Arbeitsbelastung, und da keine weiteren Meldungen von Seiten des Kindergartens erfolgen, unternimmt er von sich aus jedoch keine weiteren Schritte und verliert Jan und seine Mutter vorerst wieder aus den Augen.

Hinweise der Schule und der Nachbarn. Gut zwei Jahre später wird der Sozialarbeiter erneut mit der Familie konfrontiert, als sowohl die Schule als auch Nachbarn auf die familiären Verhältnisse hinweisen, unter denen Jan aufwächst. Die Mutter und ihr Mann kümmern sich nicht um den Jungen, die Versorgung des Kindes ist nicht sichergestellt, und der Junge ist die meiste Zeit sich selbst überlassen.

Die Schule macht enormen Druck und bemängelt, dass Jan häufig zu spät und oft gar nicht zum Unterricht erscheint. Wenn er die Schule besucht, kommt er regelmäßig ohne Pausenbrote, meist ohne Hausaufgaben und immer mit unvollständigen Schulmaterialien. Der Junge wirkt äußerlich vernachlässigt und emotional depriviert, in jeder Hinsicht ist für seine weitere Entwicklung Gefahr im Verzug. Die Schule betont, dass alle Bemühungen, hierüber mit der Mutter ins Gespräch zu kommen, scheiterten, so dass von Seiten des Jugendamtes unverzüglich gehandelt werden muss, um einen weiteren Schaden von Jan abzuwenden.

Die Nachbarn erklären, dass die Mutter und ihr Mann ständig betrunken sind und es in der Wohnung häufig zu lautstarken Auseinandersetzungen zwischen beiden kommt. Mehrfach musste die Polizei gerufen werden, um für Ruhe zu sorgen. Während die Mutter und der Stiefvater Alkohol trinken, lungert Jan bis tief in die Nacht hinein auf der Straße herum. Häufig wird er dabei beobachtet, wie er spät abends zum Kiosk marschiert, um Nachschub an Bier und Schnaps für die Mutter und den Stiefvater zu besorgen. Die Zustände in der Familie sind nach Meinung der Nachbarn nicht mehr zu verantworten.

Gefahr in Verzug. Der Sozialarbeiter handelt sofort. Alle seine Bemühungen, mit der Mutter schriftlich oder persönlich in Kontakt zu treten, bleiben erfolglos. Als Jan wiederholt mit Schnittwunden an den Handgelenken in der Schule auftaucht und erneut erklärt, nicht mehr leben zu wollen, wird unverzüglich gehandelt. Der Mutter wird durch das Vormundschaftsgericht vorübergehend das Aufenthaltsbestimmungsrecht aberkannt mit der Begründung, dass unmittelbare Gefahr für das Kind besteht, und Jan wird zur Beobachtung in der Kinderpsychiatrie untergebracht.

Die Lebensgeschichte der Mutter

Der Sozialarbeiter berichtet, dass Jans Mutter in einer biederen Kleinstadt aufgewachsen ist und aus einem gutbürgerlichen und wohlhabenden Elternhaus stammt. Der Vater, Eigentümer einer Druckerei, galt als sehr leistungsorientiert und geschäftstüchtig. In seiner Familie gefiel er sich in der Rolle des strengen Familienoberhauptes, das keinen Widerspruch duldet und dem alle zu folgen haben. Er selbst hielt sich für streng, aber gerecht; seine Tochter, Jans Mutter, hielt ihn für einen Despoten.

Die eigene Mutter bezeichnet sie als Idealpartnerin des Vaters, ebenso machthungrig, genauso erfolgsorientiert und gleichermaßen von sich überzeugt – aber ihrem Mann loyal ergeben. Alle seine Entscheidungen trug sie mit, als könnte sie nie anderer Meinung sein. Auch sie verbrachte täglich viele Stunden im Betrieb.

Geschwister. Für ihre drei Kinder, Jans Mutter und deren zwei ältere Brüder, blieb aufgrund des beruflichen Engagements der Eltern nicht sehr viel Zeit. Während dieser Umstand den Jungen nur wenig auszumachen schien – beide waren erfolgreich in der Schule und im Sportverein –, litt Jans Mutter sehr darunter, dass sich ihre Eltern zu wenig um sie kümmerten. Im Gegensatz zu ihren Brüdern, die voll und ganz dem Ideal ihrer Eltern entsprachen, interessierte sie sich nicht für Leistung und Erfolg. Sie war schlecht in der Schule, trieb keinen Sport und erregte immer wieder das Missfallen ihrer Eltern.

Sie fühlte sich eigenen Aussagen zufolge zunehmend wie ein Fremdkörper in der Familie. Während sich ihre Eltern und ihre Brüder in die Arbeit stürzten, träumte sie mehr oder minder vor

sich hin und konnte mit deren Lebensweise überhaupt nichts anfangen. Immer häufiger gab es Streit mit ihren Eltern; insbesondere ihr Vater hatte ständig etwas an ihr auszusetzen. Sie war nicht
so, wie er sich seine Tochter wünschte. Sie sollte die Ideale der Familie übernehmen und ihren Vater lieben und verehren. Statt dessen verachtete sie ihn und ließ es ihn spüren. Am Ende hielt sie es
zu Hause nicht mehr aus.

Auszug. Mit siebzehn Jahren brach sie, kurz vor dem Abitur, die
Schule ab und verließ ihre Familie. Sie zog zu einer Freundin und
suchte sich einen Job in einem Supermarkt. Von ihren Eltern
wollte sie nichts mehr wissen, auch von ihren Brüdern nicht. Und
auch ihre Familie lehnte jeden weiteren Kontakt mit ihr ab.

In der Kinderpsychiatrie
Jans Unterbringung in der Kinderpsychiatrie geschah aus der Not
heraus, sofort handeln zu müssen, da Jan akut gefährdet schien.
Die Berichte der Schule über Jans Verletzungen an den Handgelenken, die er sich offensichtlich selbst zugefügt hat, und über
seine neuerlichen Äußerungen, nicht mehr leben zu wollen, ließen
keinen anderen Schluss zu. Sowohl die Hinweise aus der Schule als
auch die aus der Nachbarschaft verlangten ein sofortiges Ein-
schreiten und Aktivwerden des Jugendamtes.

Bericht über Jan. Sehr bald stellte sich dann jedoch in der Klinik
heraus, dass Jan kein Fall für die Kinderpsychiatrie ist, sondern
vielmehr der heilpädagogischen Hilfe bedarf. Jan wird im Bericht
der Klinik als ein introvertiertes und schwer beziehungsgestörtes
Kind beschrieben, welches in seiner Gesamtentwicklung aufgrund
der in seiner Familie existierenden ungünstigen Lebensbedingungen stark beeinträchtigt ist. Die Fachleute in der Klinik sprechen
von einer milieubedingten, schweren emotionalen Störung des
Kindes mit klar depressiven Verstimmungen und starken autoaggressiven Verhaltensweisen, welche als ernste Gefahr für das Kind
anzusehen sind. Die Äußerungen des Kindes, nicht mehr leben zu
wollen, nehmen sie sehr ernst und betonen die unbedingte Not-

wendigkeit, intensiv heilpädagogisch tätig zu werden, um einen noch schlimmeren Schaden des Kindes abzuwenden.

Arbeitsauftrag des Jugendamts. Zur Zukunftsperspektive für Jan ist abzuklären, welche Art der Hilfemaßnahme sich für den Jungen realisieren lässt. Ist eine Rückkehr zur Mutter möglich oder muss eine andere Lösung gefunden werden? Wenn Jan nicht zu seiner Mutter zurückkehren kann, stellt dann eine Pflegefamilie für ihn eine Alternative dar? Ist er überhaupt familienfähig? Kann er die emotionale Nähe einer fremden Familie aushalten bzw. kann eine solche Familie ihn ertragen – oder muss für ihn eine familienähnliche Unterbringung angestrebt werden? Die Klärung dieser Fragen ist der konkrete Arbeitsauftrag des Jugendamtes an die Diagnose-Abteilung. Dabei wird es um die diagnostische und prognostische Abklärung von Jans mittel- und längerfristiger Zukunftsperspektive gehen. Sofern eine Reintegration in den mütterlichen Haushalt in einem zeitlich vertretbaren Rahmen nicht möglich erscheint, soll Jan professionell in ein neues Lebensumfeld vermittelt werden, das seiner Problematik gerecht werden kann. In diesem Zusammenhang ist es notwendig zu klären, in wie weit eine Zusammenarbeit mit der Mutter möglich ist. Nur wenn sich die Mutter in den therapeutischen Prozess integriert, kann eine Rückführung des Jungen in den mütterlichen Haushalt in Erwägung gezogen werden. Aufgrund der jüngsten Erfahrungen scheint dieses Ansinnen allerdings reichlich unrealistisch.

Jans Aufnahme

Jans Aufnahme in die Diagnose-Abteilung der Einrichtung wird zum nächstmöglichen Zeitpunkt realisiert, um ihm einen weiteren Aufenthalt in der Kinderpsychiatrie zu ersparen. Auf den üblichen Vorstellungstermin wird verzichtet aufgrund des Klinikberichts und der Einschätzung des Jugendamtmitarbeiters. Von ihm wird die Mutter schriftlich über sein Vorhaben, Jan in der heilpädagogischen Einrichtung unterzubringen, informiert und ausdrücklich gebeten, sich umgehend bei ihm zu melden. Dies hat sie jedoch bis zum heutigen Tag nicht getan.

Erster Eindruck. Jan erscheint in Begleitung einer Betreuerin der kinderpsychiatrischen Abteilung, in der er die letzten Wochen verbracht hat. Er wirkt abwesend und desinteressiert. Es scheint, als gehe es nicht um ihn, als sei er gänzlich unbeteiligt. Bei der Begrüßung durch den Psychologen schaut Jan diesem flüchtig in die Augen und richtet dann sogleich seinen Blick auf den Boden. Er hält den Blickkontakt nicht länger aus. Er hört zu, spricht aber selbst kein Wort. Der Psychologe akzeptiert Jans Scheu und drängt ihn nicht, sich zu äußern.

Jan hat zwei Koffer, eine Sporttasche und eine Plastiktüte dabei. In seinen Armen hält er einen großen Stoffdinosaurier. Er hat sein gesamtes Hab und Gut mitgebracht. Im Zimmer, das Jan die nächsten Wochen mit einem gleichaltrigen Jungen teilen wird, steht er verloren vor seinem Bett und blickt sich im Zimmer um. Er wirkt jetzt traurig und niedergeschlagen, sagt aber keinen Ton. Es ist offensichtlich, dass es ihm schwer fällt, sich auf die neue Situation einzustellen. Auf die Frage, ob er die anderen Kinder der Gruppe kennen lernen möchte, nickt Jan beinahe unmerklich mit dem Kopf. Eine Mitarbeiterin der Gruppe übernimmt diese Aufgabe.

Der Psychologe informiert sich unterdessen über Jans Verhalten in der Klinik. Jan ist einerseits häufig in Gedanken und Tagträume versunken, andererseits nervös und innerlich unruhig. Er schwankt ständig hin und her zwischen depressiv getönter Lethargie und einem übermäßigen Bewegungsdrang. Jan hat einen Hang zu aggressiven Handlungen, die er vornehmlich gegen sich selbst richtet, indem er ständig an sich „herumschnippelt" und sich täglich irgendwelche Wunden zufügt.

Jans Sozialverhalten. Sein Sozialverhalten ist geprägt durch eine massive Kontaktarmut. Er macht von sich aus keine Versuche, mit Gleichaltrigen zu kommunizieren. Anderen Kindern begegnet er in der Regel gehemmt und verschüchtert. Allerdings ist es vereinzelt auch zu aggressiven Ausbrüchen gekommen, wenn er sich provoziert und in die Enge getrieben fühlt. Aufgrund seiner Außenseiterposition gerät er schnell in die Opferrolle. Er wird von den anderen Kindern bevorzugt als Ziel ihrer eigenen Aggressionen gewählt und entsprechend gepiesackt, worauf er dann seinerseits meist mit verbalen Attacken und seltener mit Handgreiflichkeiten reagiert.

Kontakt mit Erwachsenen. Im Kontakt mit den Erwachsenen verhält er sich meist überangepasst und geradezu devot. Er ist ständig darum bemüht, das Bild eines vernünftigen und wohl erzogenen Jungen zu vermitteln. Allerdings kommt es auch den Erwachsenen gegenüber sporadisch zu verbalen Aggressionen, wenn seine geringe Frustrationstoleranz überschritten wird und er sich überfordert fühlt. Gesprächen hat er sich weitgehend zu entziehen versucht. Wenn es um seine Mutter und die familiäre Situation geht, verschließt er sich völlig, vermittelt jedoch den Eindruck, seine Mutter verteidigen und in Schutz nehmen zu müssen.

Schule. In der Klinikschule kann er sich nicht konzentrieren, wirkt fahrig und zerstreut und ist mit seinen Gedanken nicht bei der Sache. Seine Leistungen entsprechen nicht dem Niveau der zweiten Klasse, an deren Unterricht er teilnimmt. Im Intelligenztest hat Jan ein weit unter dem Durchschnitt liegendes Ergebnis erzielt. Allerdings müssen seine erheblichen Konzentrationsprobleme berücksichtigt werden.

Jans Mutter. Die Mutter hat sich während des sechswöchigen Klinikaufenthaltes ihres Sohnes kein einziges Mal gemeldet, obwohl sie mehrfach dazu aufgefordert wurde. Die Klinikmitarbeiterin vermutet eine erhebliche Eigenproblematik der Mutter, nicht zuletzt auch deshalb, da sich Jan in Bezug auf seine Mutter nicht äußern will.

Die Anfangsphase in der Diagnose-Gruppe
Jan sucht keinerlei Kontakt zu den anderen Kindern und zieht sich zurück. Er hält sich bevorzugt in seinem Zimmer auf. Den Kontakt zu seinem Zimmerkameraden beschränkt Jan auf das Allernötigste. Jan hört mit Vorliebe Kassetten über Kopfhörer und ver-

tieft sich dabei in ein Comic-Heftchen. Auf diese Weise scheint er seiner Realität entfliehen zu wollen und sich in seiner eigenen Welt einzurichten.

Anspannung. Jan wirkt die meiste Zeit geistig abwesend und ist sehr fahrig in seinen Handlungen. Dabei ist ihm seine innere Anspannung deutlich anzumerken. Bereits bei den geringsten Anlässen, etwa wenn die Erzieher eine Anforderung an ihn stellen, beginnt er zu jammern und zu zetern und bricht schließlich in Tränen aus. Jan fühlt sich schnell missverstanden und ungerecht behandelt. Er reagiert dann entweder mit depressiv-getöntem Rückzug oder aber beginnt zu schimpfen und zu schreien, was sich im Laufe der Zeit zu regelrechten Beschimpfungen seiner Erzieher steigert.

Rückzug. Es ist nicht möglich, mit ihm ein Gespräch über seine aktuelle Situation zu führen. Jan schweigt und behält seine Sorgen und Nöte für sich. Das Team beschließt, Jans offenkundigen Wunsch nach Rückzug zu akzeptieren. Allerdings wollen sie ihm helfen, sich allmählich auf die Angebote der Gruppe einzulassen, indem sie ihm seine Verhaltensweisen interpretieren und ihm so eine Rückmeldung darüber geben, welche Gedanken und Gefühle er mit seinem Verhalten bei den Kindern und Erziehern seiner Gruppe auslöst.

Sowohl in der Gruppe als auch in der Heimschule zieht Jan mit seinem Rückzugsverhalten die Aversionen der anderen Kinder auf sich. Die anderen Kinder leben an ihm ihre eigenen Aggressionen aus, und Jan gerät in die Gefahr, isoliert und zum Spielball der anderen zu werden. Einhergehend mit seinen sozialen Problemen werden sehr bald enorme Leistungsdefizite in allen Bereichen deutlich. In der Schule wird sogar erwogen, Jan von der zweiten in die erste Klasse zurückzustufen, da seine Lücken zu groß scheinen. Insbesondere beim Schreiben treten immense Probleme auf; Jan verkrampft derart, dass er den Stift nicht mehr halten kann. Jedoch soll bis zur Entscheidung noch etwas Zeit verstreichen, um die weitere Entwicklung des Jungen in der Einrichtung abzuwarten.

Diebstahl. Bei einer gründlichen Visite in seinem Zimmer nach zwei Wochen fallen diverse Gegenstände auf, die zum Teil seit Tagen in der Gruppe als vermisst gelten und nirgendwo auffindbar waren. Jan hat unter der Wäsche in seinem Kleiderschrank persönliche Dinge der anderen Kinder versteckt, die er ihnen offensichtlich gestohlen hat. Es handelt sich um für ihn wertlose Gegenstände: Fotografien von Eltern und Geschwistern seiner Gruppenkameraden, Briefe von deren Angehörigen, Talismänner. Die Inspektion seines Bettkastens bringt verschiedene z.T. bereits verdorbene Essensreste zu Tage. Ferner finden sich einige verschmutzte Unterhosen, die belegen, dass Jan während der vergangenen Tage eingenässt hat.

Überforderung. Das Team interpretiert diese Vorfälle als Ausdruck der immensen Anspannung, unter der sich Jan befindet. Die Diebstähle werden als Versuch gedeutet, seine Hilflosigkeit auszugleichen und den aufgestauten inneren Druck abzulassen. Außerdem können sie durchaus im Sinne einer Symptomverschiebung verstanden werden. Während er in der Klinik, wie bisher zu Hause, mit autoaggressiven Verhaltensweisen reagierte, weist er im Heim mit diesen neuen Aktionen auf seine prekäre Lage hin. Dies lässt sich so erklären: In die kinderpsychiatrische Abteilung kam er hauptsächlich wegen seiner selbst zugefügten Verletzungen – also zeigte er auch dort diese Autoaggressionen, weil er meinte, dass sie von ihm erwartet werden. Die Aufnahme ins Heim erfolgte aus anderen Gründen – also produziert er hier andere, neue Symptome. Dies alles geschieht jedoch nicht bewusst, vielmehr laufen diese Prozesse in Jans Unterbewusstsein ab.

Jan ist mit seiner aktuellen Situation ganz offensichtlich total überfordert. Nach der plötzlichen Herausnahme aus dem mütterlichen Haushalt muss er sich nun innerhalb weniger Wochen zum zweiten Mal auf neue Menschen einstellen, ohne bislang etwas von seiner Mutter gehört zu haben. Das ist ein kaum erträglicher Zustand. Umso wichtiger ist es, mit der Mutter ins Gespräch zu kommen.

Kontaktaufnahme mit Jans Mutter

Der erste Brief an Jans Mutter mit der Bitte um Zusammenarbeit bleibt von ihr unbeantwortet. Im zweiten Brief gibt der Psychologe der Mutter noch einmal sehr deutlich und eindringlich zu verstehen, dass ihr Sohn sehr darunter leidet, seit Wochen nichts mehr von ihr gehört zu haben. Er teilt ihr ferner mit, dass Jan sich große Sorgen um sie macht und deshalb nicht zur Ruhe kommt. Auf dieses erneute Schreiben meldet sich die Mutter schließlich telefonisch. Sie wirkt sehr verunsichert am Telefon und beginnt das Gespräch mit diversen Entschuldigungen, warum sie sich bisher nicht hat melden können. Der Psychologe geht nicht weiter auf ihre Entschuldigungsversuche ein. Einen Termin für ein Gespräch wird für die folgende Woche vereinbart. Auf ihren Wunsch hin erhält sie die Telefonnummer der Diagnose-Gruppe, in der sich ihr Sohn befindet.

Erster Termin. Zu dem vereinbarten Gesprächstermin erscheint die Mutter nicht. Sie hat sich weder beim Psychologen noch in der Gruppe telefonisch gemeldet. Nach einigen Tagen ruft der Psychologe die Mutter an. Er erreicht sie nach mehreren erfolglosen Versuchen. Wieder entschuldigt sie sich ausführlich. Der Psychologe betont, wie sehr ihr Sohn einen Besuch von ihr wünscht und dass das Team ein Gespräch mit ihr für enorm wichtig hält. Ein neuer Termin wird für den darauf folgenden Tag vereinbart.

Das erste Elterngespräch

Jans Mutter kommt wie abgemacht und ist auf die Minute pünktlich. Als sie Platz nimmt, macht sie einen sehr mitgenommenen und angespannten Eindruck. Ihre Augen irren ziellos durch den Raum, dabei lächelt sie verlegen. Sie wirkt verloren und hilflos.

Sie hat sich ganz offensichtlich große Mühe gegeben, sich für diesen Termin zurecht zu machen. Die Kleidung ist einfach aber in Ordnung, und ihr Äußeres wirkt ungepflegt aber insgesamt passabel. Auch wenn sich bei ihr in diesem Moment keine Alkoholfahne feststellen lässt, ist ihre Alkoholerkrankung nicht zu übersehen. Ihr blasses, aufgedunsenes Gesicht, die tiefen, dunklen Ringe

um die Augen, die fahle, krank wirkende Haut und ein unüber-
sehbares Zittern der Hände weisen auf ihr Problem hin.

Nach der Begrüßung und dem Dank für ihr Kommen erklärt
der Psychologe ihr, dass er die Zukunft von Jan nicht ohne sie und
an ihr vorbei planen möchte. Sie nickt und erklärt ihre Bereitschaft zur Zusammenarbeit. Der Psychologe reagiert erleichtert
und skeptisch zugleich; er weiß aus Erfahrung, dass es der Mutter
nicht leicht fallen wird, ihr Versprechen einzuhalten.

Heirat. Jans Mutter beginnt nach der Aufforderung von sich zu erzählen. Mit knapp achtzehn Jahren lernte sie ihren späteren Ehemann kennen. Es war eine reine Trotzheirat, über die sie ihre Eltern nicht einmal informierte. Die Ehe scheiterte schnell, sie hielt
keine zwei Jahre. Sie begründet dies heute damit, dass beide viel zu
jung für eine tragfähige Verbindung gewesen waren, und außerdem hatten sie überhaupt nicht zueinander gepasst. Schon nach
kurzer Dauer hatten sie sich nur noch gestritten, zuletzt hatte er
sie sogar geschlagen. Sie reichte schließlich die Scheidung ein, da
ein weiteres Zusammenleben für sie unmöglich geworden war.

Danach begegnete sie ihrem zweiten Ehemann, einem passio-
nierten Dartspieler. Sie verliebte sich „Hals über Kopf" und
„warf" sich ihm regelrecht „an den Hals", so ihre Worte. Kaum
verheiratet, entpuppte sich dieser Mann als „Hallodri", wie sie es
formuliert. Ihren Aussagen zufolge belog und betrog er sie „rund
um die Uhr". Auch er war gewalttätig, insbesondere dann, wenn
er getrunken hatte. Sie flüchtete sich schließlich ins Frauenhaus.
Erneut reichte sie die Scheidung ein. Mit 24 Jahren war sie ar-
beitslos, hatte keine abgeschlossene Berufsausbildung und war
zweimal geschieden.

Jans Vater. Kurz nach der zweiten Scheidung lernte sie ihren dritten Ehemann und Vater von Jan kennen. Es habe sich bei ihm um
einen zehn Jahre älteren Mann gehandelt, der wie der Retter in der
Not auftauchte. Er signalisierte ihr Sicherheit und Halt. Sie hatte
sich mit Gelegenheitsjobs gerade so über Wasser halten können,
als sie ihm begegnete. Sie sagt heute, dass es für beide „Liebe auf

den ersten Blick" gewesen ist. Sie zog bald darauf in seine Wohnung. Ein halbes Jahr später wurde sie schwanger. Beide hatten sich sehr über diese Tatsache gefreut. Im fünften Monat kam es zu einer Fehlgeburt, die ihr arg zusetzte.

In diesem Zusammenhang erklärt Jans Mutter von sich aus, zum Alkohol gegriffen zu haben. Sie hatte sich eigenen Aussagen zufolge geradezu in einen Wahn hineingesteigert, als Frau versagt zu haben. Sie sagt, dass sie bis zum heutigen Tag noch nicht darüber hinweg ist. Mit Hilfe ihres Mannes hatte sie sich damals jedoch wieder stabilisiert, und die wegen der Schwangerschaft geplante Eheschließung fand statt. Es war ihre dritte Hochzeit, die sie ohne ihre Verwandtschaft feierte. Schließlich wurde sie erneut schwanger. Wie sie berichtet, litt sie unter immensen Ängsten vor einer erneuten Fehlgeburt. Sie deckte sich mit jeder Menge Informationsmaterial über die Schwangerschaft ein, um bloß nichts falsch zu machen und das Risiko so gering wie möglich zu halten. Dieses Mal ging alles gut, und Jan kommt auf die Welt.

Auf Nachfragen über den Kindesvater reagiert sie mit einem Moment des Schweigens, und es scheint, als kämpfe sie mit den Tränen. Es gelingt ihr jedoch, sich zu beruhigen, und sie beginnt, Jans Vater zu beschreiben. Sie zieht den Vergleich zu ihren ersten beiden Ehen, die „absolute Fehlentscheidungen" gewesen waren. Die Verbindung mit dem Vater von Jan hingegen war ihren Aussagen zufolge eine „echte Partnerschaft". Ihr Mann kümmerte sich um sie, verstand sie in ihren Sorgen und Nöten, nahm ihre Ängste wahr und ernst. Sie fühlte sich bei ihm total geborgen. „Vielleicht zum ersten Mal in meinem Leben", wie sie sagt.

Trauer. Ihre Ausführungen legen die Vermutung nahe, dass sie die damalige Zeit mit ihrem dritten Ehemann heute wie durch einen rosaroten Filter sieht. Sie weiß im Grunde nichts Negatives zu berichten, außer eben, dass ihr Glück von einer Sekunde auf die andere durch einen fürchterlichen Schicksalsschlag zerstört wurde. Bei diesen Worten bricht Jans Mutter in Tränen aus. Es braucht einige Minuten, bis sich Jans Mutter wieder beruhigt hat. Sofort entschuldigt sie sich für ihren Tränenausbruch. Der Psychologe beendet das Gespräch und betont erneut den Wunsch nach baldigen weiteren Gesprächen, die die Mutter fest zusagt.

Besuch bei Jan. Offensichtlich befindet sich die Mutter momentan in einer Phase, in der sie ihren Alkoholkonsum stärker unter Kontrolle hat. Auch ihre Gesprächsbeiträge sind gekennzeichnet von einer durchaus beeindruckenden Offenheit und Ehrlichkeit, wenngleich ihre aktuelle Suchterkrankung bewusst nicht thematisiert wird.

Nach dem Elterngespräch geht Jans Mutter in die Gruppe, um ihren Sohn zu besuchen und den Rest des Nachmittags mit ihm in der Stadt zu verbringen. Es ist der erste Besuch seit Wochen, den Jan von seiner Mutter seit seiner Herausnahme von zu Hause erhält.

Die Zeit danach

Jan ist wie ausgewechselt, nachdem er seine Mutter wiedergesehen hat. Er erklärt spontan, dass er sich riesig über den Besuch seiner Mutter gefreut hat und dass er sehr froh ist, dass es ihr so gut geht. Er hat seine Mutter zweifelsohne bereits häufig in einer ganz anderen Verfassung erlebt, so dass er im Gegensatz zur Beurteilung des Psychologen den aktuellen Zustand der Mutter als geradezu optimal beschreibt.

Entspannung. In den Tagen danach wirkt der Junge in seiner Mimik und Gestik wesentlich entspannter und ruhiger. Der Besuch seiner Mutter hat in ihm neue Kräfte freigesetzt. Zudem ruft sie ihn nun regelmäßig an und bestärkt ihn auch dadurch in der Hoffnung, dass ein gemeinsamer Neuanfang möglich ist. Jan macht jetzt im Kinderplenum mit und erklärt dort auf Nachfragen, dass seine Mutter früher viel zu viel Alkohol getrunken hat, dass sie heute jedoch keine Probleme mehr damit hat. Er gibt sich überzeugt davon, dass seine Mutter ihn bald aus der Einrichtung wieder zu sich nach Hause holen wird. Seine Gesprächsbeiträge sind geprägt durch eine Hoffnung, die als sehr wirklichkeitsfremd zu bezeichnen ist. Bemühungen, seine Sicht der Dinge etwas zu relativieren, lässt er nicht an sich heran. Der Wunsch bleibt Vater seiner Gedanken: Alles wird gut, und er kommt bald wieder nach Hause.

Zweites Elterngespräch. Das zweite Elterngespräch findet zwei Wochen später absprachegemäß statt. Der Psychologe spricht das Thema Alkohol an, ohne jedoch auf die Aussagen Jans zu verweisen, der von einem übermäßigen Alkoholkonsum seiner Mutter in früheren Zeiten sprach. Jans Mutter bestreitet mit Nachdruck, damit ein Problem zu haben bzw. damit jemals ein Problem gehabt zu haben. Sie spricht von einem „bösen Gerede der Nachbarn" und betont in diesem Zusammenhang, dass ihre Nachbarn sie schon immer abgelehnt haben. Auf die Frage nach dem Grund des Verhaltens der Nachbarn, vermutet sie, dass sie zeit ihres Lebens die Rolle des „schwarzen Schafes" spielt und meint, dass sie diese Rolle wohl nie mehr los wird.

Ihren Aussagen zufolge hat sie immer wieder die Erfahrung machen müssen, dass sich alle gegen sie verschwören: ihre Eltern und ihre Brüder, ihre ersten beiden Ehemänner, das Schicksal, indem sie ihren dritten Ehemann verliert, und zuletzt der Vormundschaftsrichter, der ihr das Aufenthaltsbestimmungsrecht für ihren Sohn aberkennt und ihr den Sohn nimmt. Auf die Frage, wie sie das alles verkraftet, zuckt sie nur mit den Schultern und meint: „Irgendwie bin ich da durch. Ich musste und muss da durch! Ich kann es nicht ändern!" Sie sagt diese Worte mit tiefer Resignation in ihrer Stimme. Sie ist jedoch nicht bereit, die volle Wahrheit zu sagen.

Verdrängung. Die Bewertung und Beurteilung ihrer Lebensgeschichte in diesem zweiten Gespräch ist gekennzeichnet von Verdrängungs- und Verleugnungstendenzen. Jans Mutter ist nicht bereit bzw. nicht in der Lage, die Hintergründe ihrer Erfahrungen kritisch zu hinterfragen. Sie führt die Ursachen für diese Ereignisse nicht auf ihr eigenes Verhalten, sondern auf außerhalb ihres Einflussbereiches liegende Faktoren zurück. Nicht sie selbst, sondern die anderen bestimmen maßgeblich den Verlauf ihres Lebens.

Auch wenn Jans Mutter ihre Situation keinesfalls realistisch einschätzt und nicht zu ihrem Alkoholproblem zu stehen vermag, so stellt es doch einen erheblichen Fortschritt dar, dass sie überhaupt in der Einrichtung erscheint und zu Gesprächen dieser Art bereit ist. Im Interesse von Jan ist es viel wichtiger, eine Gesprächsbasis mit der Mutter zu schaffen, den Kontakt mit ihr aufzubauen und zu stabilisieren und eine Perspektive für die nächsten Jahre zu erarbeiten. Die Zukunft von Mutter und Sohn kann durchaus in einer zeitlich begrenzten Trennung bestehen – entscheidend ist, dass eine solche im Einvernehmen gestaltet werden kann, damit Jan offen ist für Alternativen zur Rückkehr zu seiner Mutter.

Drittes Elterngespräch. Ein drittes Elterngespräch folgt weitere vierzehn Tage später. Die Mutter wirkt im Vergleich zum zweiten Termin erheblich nervöser. Auch ihr Aussehen macht einen ungepflegteren Eindruck. Der Psychologe befürchtet, dass sie wieder verstärkt dem Alkohol zuspricht, nachdem sie sich offenbar einige Wochen lang diesbezüglich zurückgehalten hat. Er entscheidet sich jedoch dafür, dies nicht zu äußern, sondern sie aufzubauen und ihr Mut zu machen. Sie soll sich weiterhin anstrengen und bemühen – um ihres Sohnes willen.

Er berichtet der Mutter über die Fortschritte, die Jan zwischenzeitlich sowohl in der Gruppe als auch in der Heimschule gemacht hat – insbesondere seit sie mit dem Heim zusammenarbeitet. Jan wirkt entspannter und orientierter, er kann sich besser konzentrieren, und sein Verhalten ist insgesamt weniger aggressiv. Es kommt zu deutlich weniger Konflikten mit seinen Mitmenschen, seine Frustrationstoleranz ist spürbar gestiegen – er jammert nicht sofort und wegen jeder Kleinigkeit. Darüber hinaus wurden keine weiteren Nahrungsmittel sowie verschmutzte Unterwäsche gefunden. Jan scheint langsam etwas zur Ruhe zu kommen, auch wenn er nach wie vor eine schwere Last mit sich herumschleppt, über die er nicht redet.

Kontaktabbruch

Plötzlich meldet sich die Mutter nicht mehr. Ihre Anrufe für Jan in der Gruppe bleiben aus, und den vereinbarten nächsten Gesprächstermin lässt sie unentschuldigt verstreichen. Der Psychologe erhält auf Nachfrage vom zuständigen Sozialarbeiter vom Jugendamt die Information, dass Jans Mutter wegen einer sogenannten „Varizenblutung" auf der Intensivstation im Krankenhaus liegt. Es wird eine alkoholbedingte Leberzirrhose diagnostiziert, die eine Erweiterung der Speiseröhrenvenen, die Ausbildung sogenannter „Überdruckvarizen", zur Folge hat. Diese Varizen sind gerissen, so dass es zu einer lebensbedrohlichen Blutung gekommen ist. Ihr Zustand ist sehr ernst. In einigen Tagen kann Genaueres gesagt werden. Jan macht sich verständlicherweise große Sorgen, weil sich seine Mutter nicht meldet. Erfreulicherweise spricht er über seine Gedanken. Er befürchtet, dass es seiner Mutter gesundheitlich nicht gut geht. Seine zweifellos vorhandenen Ängste, sie könne erneut verschärft trinken, verbalisiert er allerdings nicht.

Das Team entscheidet sich in diesem besonderen Fall, vom Prinzip der Transparenz abzuweichen, um Zeit zu gewinnen. Um Jan nicht noch stärker zu belasten, verschweigen die Erwachsenen ihm ihr Wissen über den Krankenhausaufenthalt seiner Mutter und deren Erkrankung. Es wird Jan statt dessen versprochen, beim Jugendamt Informationen über seine Mutter einzuholen. Die Entscheidung, Jan nicht über die Wahrheit zu informieren, stellt sich jedoch bald als folgenschwerer Fehler heraus.

Ungewissheit. Jan hält die Ungewissheit in Bezug auf seine Mutter nicht lange aus, obwohl deren Reaktion, sich nicht mehr zu melden, für ihn nichts Neues ist. Jan wird mit jedem Tag unruhiger und nervöser. In seiner Gruppe nehmen die Konflikte mit den anderen Kindern wieder deutlich zu, auch mit seinen Erziehern kommt es wieder verstärkt zu Auseinandersetzungen. Jans Nerven liegen blank. Bereits bei einem falschen Wort platzt ihm der Kragen. Er reagiert mit Beleidigungen und Beschimpfungen seiner Gruppenkameraden, und auch vor den Erziehern macht er nicht halt mit seinen verbalen Attacken.

Autoaggressionen. In der Heimschule spitzt sich die Situation ebenfalls wieder zu. Jan kann sich nicht auf den Unterricht konzentrieren, er ist mit seinen Gedanken ständig bei seiner Mutter, und ein deutlicher Leistungseinbruch ist die Folge. Auch in der Schule verstrickt sich Jan wieder ständig in Konflikte mit Mitschülern und seiner Klassenlehrerin. Besonders besorgniserregend sind seine wieder verstärkt zu beobachtenden autoaggressiven Handlungen. Er demontiert seinen Bleistiftspitzer und fügt sich mit der Klinge Schnittwunden an den Unterarmen zu.

Darüber hinaus klemmt sich Jan den rechten Daumen zwischen Rahmen und Innenkante der massiven Metalleingangstür ein. Die Tür lässt sich nicht mehr bewegen, und Jan schreit vor Schmerzen. Ein Erzieher tritt mit einem Ruck die Tür auf, um den Daumen frei zu bekommen. Es gelingt, und Jan wird sofort ins nahe gelegene Krankenhaus gebracht. Dort stellt sich heraus, dass Jan außer einer schweren Quetschung keine weiteren Verletzungen davongetragen hat. Nach einer ambulanten Behandlung kann er das Krankenhaus mit einem dick verbundenen Daumen wieder verlassen. Im Nachhinein lässt sich nicht mehr feststellen, wie dieser Unfall überhaupt geschehen konnte. Es liegt jedoch der Schluss nahe, dass Jan im Sinne einer Autoaggression sozusagen sein Schicksal herausgefordert hat. Die Tage zuvor hat er sich immer wieder in der Nähe der Eingangstür der Diagnose-Abteilung aufgehalten. Er wird mehrfach von den Erziehern beobachtet, wie er sich an den Scharnieren der Tür zu schaffen macht und wird deswegen eindringlich vor den Gefahren gewarnt und ermahnt, diesen Bereich zu verlassen. Der Vorfall manifestiert einmal mehr Jans momentane Verfassung. Der Junge ist total verwirrt und überfordert – und fällt zurück in alte Verhaltensweisen.

Gespräch. Aufgrund dieser Entwicklung beschließt das Team, unverzüglich ein Einzelgespräch mit Jan zu führen und ihn über den Krankenhausaufenthalt seiner Mutter aufzuklären, um ihm zumindest die Ungewissheit zu nehmen – seine Sorgen und Ängste um die Mutter werden damit nicht gemindert. Im Dienstzimmer berichtet ihm der Psychologe, dass seine Mutter seit Jahren stark Alkohol trinkt und dass dies nicht ohne Folgen geblieben ist, so dass sie jetzt deshalb ins Krankenhaus musste. Jan hört auffallend ruhig zu und scheint dankbar über diese Informationen.

Der Zusammenbruch

Dann wird Jan ganz blass im Gesicht, und die Augen füllen sich mit Tränen. Er zittert am ganzen Körper. „Nein! Nein! Nein!", schreit er und beginnt, um sich zu schlagen. Der Psychologe nimmt ihn in seine Arme, und Jan weint, wie selten ein Kind geweint hat. Seine ganze Verzweiflung und innere Anspannung entlädt sich in diesem Moment. Jan braucht eine Weile, bis er sich wieder beruhigt. Wie ein Häufchen Elend sitzt Jan in seinem Sessel, als er zu reden beginnt.

Alkoholexzesse. Er berichtet von den vergangenen Wochen und Monaten mit seiner Mutter. Er bestätigt die Angaben der Nachbarn und die Hinweise aus der Schule. Die Mutter ist täglich betrunken und kümmert sich nicht mehr um ihn. Den Haushalt besorgt er, so gut er kann. Immer öfter ist seine Mutter derart betrunken, dass sie nicht mehr zurechnungsfähig ist. In solchen Momenten brüllt sie ihn an und schreit: „Du bist das Unglück meines Lebens! Ich hätte dich abtreiben lassen sollen!" Jan bringt sie dann zu Bett. Er versorgt sie, wenn sie sich volltrunken erbricht und beseitigt die Folgen. Er wacht an ihrem Bett, falls sie sich erneut erbrechen muss, damit sie nicht erstickt.

Ungewissheit über den Vater. Die Phasen, in denen seine Mutter weniger Alkohol trinkt, werden immer kürzer. Dann allerdings ist sie überfreundlich zu ihm. Sie entschuldigt sich ständig, dass es ihr seelisch nicht gut geht und berichtet ihm von ihren Sorgen. Sie erzählt von seinem Vater, den sie über alles geliebt hat. Jan beklagt in dem Gespräch, dass er im Grunde nicht weiß, was eigentlich mit seinem Vater geschehen ist. Er berichtet, dass seine Mutter meist vom „Verlassenwerden" durch den Vater redet. Manchmal, wenn es ihr besonders schlecht geht, spricht sie aber auch von seinem Tod. Jan sagt, dass er beinahe überzeugt ist, dass sein Vater tot ist. Aber er weiß eben nichts Genaues darüber. Er ahnt es.

Jan erklärt auf Nachfragen hin, dass er sich bislang nicht getraut hat, die Mutter nach dem Verbleib seines Vaters zu fragen. Er sagt, dass er zu große Angst vor den Reaktionen seiner Mutter hat, spürt er doch sehr genau, dass da etwas nicht stimmt. Diese Ungewissheit in Bezug auf den Vater nimmt Jan sehr mit. Er leidet immens darunter, dass die Mutter nicht offen und ehrlich zu ihm ist. Darüber bekommt er oft eine „unheimliche Wut", wie er sagt, und er fühlt sich dann so unendlich hilflos und allein gelassen. Er weiß dann nicht, was er tun soll mit seiner Ohnmacht.

„Dann stellst du irgend etwas an, weil du dich so schlecht fühlst!", sagt der Psychologe, und Jan nickt.

Er schweigt einen Moment lang und erwidert leise: „Manchmal denke ich, dass ich tot sein möchte!"

„Kommen dir diese Gedanken auch heute noch?"

Jan zögert mit der Antwort: „Manchmal, nicht mehr so oft! Seit ich hier bin, habe ich nicht mehr daran gedacht! Aber vorhin musste ich wieder daran denken!"

„Du weißt aber, dass dir diese Gedanken nicht weiterhelfen! Es ist keine Lösung, wenn du tot bist!"

Jan nickt wieder und antwortet: „Ich weiß das! Aber manchmal geht's mir halt so schlecht, dass ich so was denken muss!"

„Ich verstehe das! Wir werden versuchen, dir zu helfen, damit es dir nicht mehr so schlecht geht!"

Jan schaut den Psychologen zweifelnd an.

„Meinst du, wir können dir helfen?", fragt dieser ihn.

Jan zögert wieder: „Ich weiß nicht!"

„Wir wollen es jedenfalls versuchen! Und wir haben schon vielen Kindern geholfen, die auch nicht mehr weiter wussten und denen es auch ganz schlecht ging! So wie dir! Wir schaffen das, wenn du mitmachst!"

Jan antwortet mit einem stummen Nicken. Seine Zweifel an diesen Worten sind unübersehbar.

Hilflosigkeit der Mutter. Jan erzählt weiter, dass seine Mutter häufig über ihre „ersten beiden Männer" schimpft, die sie als „hundsgemeine Kerle" bezeichnet. Auch ihr jetziger Mann ist so, sagt sie. Und sie erklärt ihrem achtjährigen Sohn, dass ihr der Mut fehlt, sich von diesem Mann zu trennen. Sie hat Angst vor dem Alleinsein. Deshalb hat sie diesen Mann überhaupt geheiratet, sagt sie.

Und sie fürchtet sich sehr davor, was passiert, wenn sie diesen Mann verlässt. Sie glaubt, er werde sie umbringen.

Sie sagt, dass sie sich nur in einem Punkt ganz sicher ist: „Du, Jan, mein kleiner Mann, du bist anders! Du bist mein Blümchen!" Das sagt sie dann zu ihm, wenn sie sich nicht gerade wieder in einem absoluten seelischen Tief befindet.

Der Stiefvater. Bei der Frage nach seinem Stiefvater scheint es, als erschrecke Jan. Er zögert. Schließlich erzählt er, dass dieser tagsüber nur selten zu Hause ist. Wenn er dann volltrunken nach Hause kommt, gibt es in der Regel Streit. Je nachdem, wie betrunken beide sind, kommt es dann häufig zu tätlichen Auseinandersetzungen zwischen seiner Mutter und dem Stiefvater. Jan versucht dann eigenen Aussagen zufolge, die Mutter zu schützen, was ihm jedoch nicht gelingt. Der Stiefvater konzentriert seine Aggressionen in solchen Situationen ganz auf ihn. Am Ende werden seine Mutter und er von dem Stiefvater verprügelt, bis ihn die Kräfte verlassen und er erschöpft auf dem Boden einschläft.

Jan redet sich sein Leid von der Seele. Er berichtet von Vorfällen, deren Folgen bislang noch niemandem aufgefallen sind, da Jan aus Furcht schweigt und alles tut, damit keiner etwas mitbekommt. Jan erzählt, dass der Stiefvater ihn brutal verprügelt. Ferner hält sein Stiefvater ihm eines Tages mit Gewalt die Hand auf und drückt ihm die Zigarettenkippe in der Handinnenfläche aus. Jan erzählt, dass sein Stiefvater mit leeren Flaschen nach ihm wirft und ihm droht, ihm mit der Glasscherbe eines Tages den Hals durchzuschneiden. Sein Stiefvater zwingt ihn, in die Hose zu pinkeln, um ihn nachher deshalb mit seinem Gürtel zu schlagen. Und Jan berichtet uns, dass sein Vater ihm droht, sowohl ihn als auch die Mutter tot zu schlagen, wenn er irgendwem etwas erzählt.

All das geschieht, während die Mutter ihren Rausch ausschläft. Jan wagt es nicht, die Mutter darüber zu informieren. Er sagt, dass er riesengroße Angst hat vor den Folgen. Der Stiefvater wird nicht nur ihn, sondern auch die Mutter schlagen. Und Jan will nicht, dass seine Mutter geschlagen wird.

Rollentausch. Es handelt sich um eine typische Rollenkonfundierung: Seiner Mutter gegenüber nimmt Jan die Rolle des Freundes und Beschützers ein, er ist ihr Ratgeber und „Therapeut". Nicht seine Mutter kümmert sich um ihn, sondern umgekehrt. Damit nicht genug. Im volltrunkenen Zustand beschimpft ihn seine Mutter als Ursache all ihrer Schwierigkeiten. Mit der Bemerkung, dass er das Unglück ihres Lebens ist und abgetrieben gehört hätte, lädt sie die gesamte Verantwortung für ihre persönliche Misere auf seine Schultern. Mit dieser psychischen Last ist der Junge verständlicherweise völlig überfordert.

Opferrolle. Darüber hinaus wird Jan durch seinen Stiefvater auf das Übelste körperlich und seelisch misshandelt. Diesen Qualen sieht er sich hilflos ausgesetzt. Hier übernimmt er eine Art Opferrolle, wobei er als Objekt der aggressiven Ausbrüche des Stiefvaters fungiert. Damit ist klar, wieso Jan im Umgang mit anderen Kindern immer wieder in die Rolle des Opfers gerät. Er ist es seit Jahren zu Hause gewöhnt, misshandelt zu werden. Erschwerend kommt hinzu, dass er glaubt, seine Rolle als Beschützer der Mutter wahrnehmen zu müssen, so dass er sich ihr auch aus diesem Grunde nicht anvertrauen kann.

Vorerst keine Rückführung. Aufgrund dieser Informationen ist klar, dass Jan unter den gegebenen Lebensumständen keinerlei Chance für eine gesunde und kindgerechte Entwicklung hat. Eine Rückkehr des Jungen kommt mindestens so lange nicht in Frage, bis sich die Verhältnisse zu Hause grundlegend geändert haben. Dazu sind zwei Veränderungen zwingend: Erstens ist es notwendig, dass die Mutter ihre Alkoholsucht therapiert, um ihrer Erziehungsverantwortung gerecht werden zu können. Zweitens gilt es, die Probleme mit dem Stiefvater zu lösen. Voraussetzung hierfür ist, dass auch er seine Alkoholerkrankung mit therapeutischer Hilfe in Angriff nimmt. Ferner gilt es, die Gründe für sein verwerfliches Verhalten Jan gegenüber zu klären. Es muss hundert Prozent sichergestellt sein, dass Wiederholungen der Misshandlungen ausgeschlossen sind. Dies ist erfahrungsgemäß kaum realisierbar. Letztlich wird sich die Mutter entscheiden müssen: für ihren Sohn und damit gegen ihren jetzigen Ehemann oder für ihren Ehemann und damit gegen ihren Sohn!

Besuch im Krankenhaus. Jan möchte seine Mutter in der Klinik besuchen. Er will Klarheit und Gewissheit. Er will wissen, wie es ihr geht. Telefonisch erfährt der Psychologe, dass es der Mutter bereits erheblich besser geht. Sie ist außer Lebensgefahr und deutlich auf dem Wege der Besserung. Ein Besuch ihres Sohnes ist möglich. Am nächsten Tag fährt Jan mit einer Erzieherin ins Krankenhaus. Der Junge reagiert erleichtert und glücklich, seine Mutter zu sehen. Es scheint, als wenn ihm ein zentnerschwerer Stein vom Herzen fällt.

Was soll mit Jan geschehen?

Das Aufenthaltsbestimmungsrecht liegt beim Jugendamt, die Mutter ist augenblicklich und in absehbarer Zeit nicht in der Lage, die Versorgung und Erziehung ihres Sohnes in angemessener Weise zu gewährleisten, und ihr Ehemann hat sich der Kindesmisshandlung strafbar gemacht, wobei gewissenhaft abzuwägen ist, ob eine diesbezügliche Anklage im Interesse des Kindes liegt. Unter dem Strich kommt nur eine einzige Lösung heraus. Jan muss anderweitig, außerfamiliär, untergebracht werden. So weit dieser Teil der Fakten.

Tatsache ist aber auf der anderen Seite, dass Jan total auf seine Mutter fixiert ist. Er wird seine Bindung an die Mutter nicht ohne weiteres auflösen. Das hat einmal mehr der Krankenhausbesuch verdeutlicht. Erst als sich Jan selbst davon überzeugt hat, dass es seiner Mutter den Umständen entsprechend gut geht, kann er es zulassen, selbst wieder ruhiger zu werden und sich besser zu fühlen. Daher müssen die Fachleute davon ausgehen, dass er aktuell nicht bereit und in der Lage sein wird, ein alternatives Angebot anzunehmen. Sie können den Jungen nicht zwingen, seine Mutter aufzugeben. Und sie können die zwischen beiden existierende symbiotische Beziehung nicht einfach „wegtherapieren".

Allein die Lebensbedingungen, die Jan in seiner Familie vorfindet, lassen keine Alternative zu. Der Standpunkt, den Jungen anderweitig unterzubringen, erscheint objektiv einleuchtend und geradezu zwingend. Subjektiv, aus der Sicht von Jan, stellt sich die Situation jedoch in einem völlig anderen Licht dar. Er kennt seine Mutter nicht anders als in Not, für ihn ist dies, bei aller Unerträglichkeit, der Normalzustand. Er hat die Liebe seiner Mutter nie in einer anderen Weise erfahren.

Aus diesen Gründen ist es wenig sinnvoll, über seinen und seiner Mutter Kopf hinweg eine Zukunftsplanung in Angriff zu nehmen, die ohne weitere vorbereitende Maßnahmen sehr wahrscheinlich zum Scheitern verurteilt ist.

Entschluss. Es wird beschlossen, eine geeignete Kleinsteinrichtung für Jan zu finden. Eine Pflegefamilie kommt aufgrund der Fixierung Jans auf seine Mutter nicht in Frage. Er würde niemals eine „Ersatzmutter" neben seiner leiblichen Mutter akzeptieren. Andererseits soll die Zustimmung der Mutter für eine Fremdunterbringung ihres Sohnes in einer Kleinsteinrichtung gewonnen werden. Dann wird auch Jan sich eher auf eine solche Lösung einlassen können.

Psychologisches Gutachten

Bei Jan handelt es sich – im Gegensatz zu früheren Testbefunden – um einen gut durchschnittlich begabten Jungen, dessen intellektuelle Leistungsfähigkeit aufgrund der ungünstigen familiären Lebensbedingungen stark neurotisch gehemmt ist. Jan kann sich nicht über einen angemessenen Zeitraum konzentrieren, seine Aufmerksamkeit ist bedeutsam eingeschränkt. Seine Gedanken wandern immer wieder zu seiner Mutter und den damit verbundenen Problemen, so dass ihm für schulische Leistungsanforderungen die nötigen Ressourcen fehlen. In seiner Familie wurde er intellektuell in keiner Weise gefördert und gefordert. Jan bedarf somit einer besonderen pädagogischen Aufmerksamkeit, wie sie ihm nur in einer Sonderschule für Erziehungshilfe geboten werden kann. Momentan ist er mit einer Beschulung in einer Regelschule völlig überfordert.

Persönlichkeit. Seine Persönlichkeit ist gekennzeichnet durch eine tief greifende Verunsicherung, die im krassen Gegensatz zu seinem Anspruch steht, der Mutter Halt und Hilfe zu sein. Jan leidet unter massiven Ängsten, sein Selbstwertgefühl ist extrem angeschlagen, es fehlt ihm an Vertrauen in die eigene Fähigkeit, die auf ihn zukommenden Probleme zu bewältigen. Andererseits meint er, Verantwortung für seine Mutter übernehmen zu müssen, womit er sich selbst derart unter Druck setzt, dass es ihn in seinem Handlungsvermögen geradezu lähmt. Die Folge ist, dass er permanent mit Insuffizienzgefühlen konfrontiert ist, auf die er mit gegen sich bzw. gegen andere gerichteten Aggressionen reagiert.

Depressive Tendenz. Darüber hinaus sind deutlich resignative Phasen im Sinne der depressiven Tendenz bei Jan festzustellen, die in Verbindung mit seinen Suizidäußerungen sehr ernst zu nehmen sind. Jan wird erdrückt durch die Diskrepanz, die sich einerseits aus seiner erlebten Hilflosigkeit und Perspektivlosigkeit bis hin zur Verzweiflung und andererseits aus seinem völlig unrealistischen und abgehobenen Helferanspruch der Mutter gegenüber ergibt. Jan befindet sich durch die Rollenkonfundierung in einem unlösbaren Konflikt, den er nur mit Hilfe von außen bewältigen kann.

Tabuthema. Erschwerend kommt hinzu, dass das Thema Tod des leiblichen Vaters keinesfalls hinreichend bearbeitet erscheint, es wird vielmehr als Tabu betrachtet. Außerdem wird die Beschäftigung mit dieser Thematik durch die alles überragenden aktuellen Probleme mit der Mutter und dem Stiefvater überlagert. Das Zusehenmüssen, wie sich die Mutter allmählich zugrunde richtet sowie die permanenten Misshandlungserfahrungen und den andauernden Psychoterror durch den alkoholkranken Stiefvater müssen als schwere Traumata für Jan beurteilt werden.

Heilpädagogische Hilfe. Jan bedarf weiterhin der intensiven heilpädagogischen Hilfe. Seine Zukunft liegt – so lässt sich zu diesem Zeitpunkt mit an Sicherheit grenzender Wahrscheinlichkeit sagen – längerfristig außerhalb seiner Herkunftsfamilie, wobei noch die

Voraussetzungen zu schaffen sind, damit Jan diese Perspektive für sich akzeptieren kann. Das heißt Jan und seine Mutter müssen von der Notwendigkeit einer solchen außerfamiliären Zukunftsperspektive überzeugt werden. Wie und ob sich dies realisieren lässt, ist noch völlig ungewiss.

Gespräche mit Jan

In vielen Gesprächen mit Jan, sowohl in der Gruppe als auch im Einzelkontakt, wird versucht, ihn auf eine außerfamiliäre Zukunft einzustellen. Seit seinem Zusammenbruch zeigt Jan erfreulicherweise die Bereitschaft, sich mit seiner Lage auseinander zu setzen. Er spricht über seine Sorgen, über seine Ängste um die Mutter und vor der Zukunft. Es gelingt ihm, eine Art verbales Ventil zu öffnen, um auf diese Weise seinen inneren Druck ablassen zu können. Seine aggressiven Ausbrüche lassen sowohl an Ausmaß als auch an Häufigkeit nach. Trotz der nach wie vor völlig unbefriedigenden Situation in Bezug auf seine Mutter wird Jan ruhiger. Es tut ihm zweifelsohne gut, nicht mehr den psychischen und physischen Misshandlungen durch den Stiefvater ausgesetzt zu sein. Und er muss nicht zusehen, wie seine Mutter sich zugrunde richtet. Damit wird er zwar immer wieder in seiner Phantasie konfrontiert, aber dadurch, dass er über seine Gedanken reden kann, gelingt es ihm, diese Wahrheit besser zu ertragen.

Der Psychologe stellt ihm immer wieder aufs Neue die Frage, ob er glaubt, dass es seiner Mutter besser geht, wenn er mitleidet. „Es ist absolut egal, ob du hier schlecht drauf oder glücklich bist: Du hast keinen Einfluss auf deine Mutter! Du kannst deiner Mutter nicht helfen! Das kann nur sie alleine!" Diese Gedankengänge stoßen einerseits bei ihm auf Ablehnung. Zu tief sitzt seine Überzeugung, die Mutter retten zu müssen und vor allem retten zu können. Andererseits spürt er die ungeheure Entlastung, die sofort einsetzt, wenn er diese Gedankengänge zulässt. Noch wehrt sich sein Über-Ich entschieden dagegen, eine innere Stimme scheint ihm immer wieder einzuflüstern: „Du darfst deine Mutti nicht im Stich lassen! Sie braucht dich! Sie kommt ohne dich nicht zurecht! Sie hat doch sonst niemanden! Nur du kannst ihr helfen!"

Der Psychologe hält in seinen Gesprächen mit Jan dagegen: „Du kannst deine Mutter nicht ändern! Nur sie selbst kann etwas in ihrem Leben verändern! Du bist nicht für deine Mutter verantwortlich, sondern sie alleine ist für sich verantwortlich! Deine Mutter ist nicht schlecht oder böse, aber sie hat große Probleme! Da braucht sie fachliche Hilfe! Nur sie allein entscheidet, ob sie die Hilfe annimmt! Und noch einmal, du kannst ihr nicht helfen! Aber du kannst dir helfen! Du bist für dich verantwortlich. Ob du traurig bist oder glücklich, ob du klar kommst oder nicht! Tu etwas für dich, entscheide dich für dich – für deine Mutter kannst du nichts tun!"

Bei seiner gut durchschnittlichen Intelligenz ist Jan auf dieser kognitiven Ebene durchaus ansprechbar. Die Appelle an seine Vernunft verfehlen auf Dauer ihre Wirkung nicht. Jan beginnt mit seinen acht Jahren umzudenken – zugegebenermaßen in klitzekleinen Schritten, aber er setzt sich doch mit dem Gedanken auseinander, dass er nur für sich verantwortlich ist. Dies wird in den Gesprächen mit ihm offenkundig. Trotzdem machen ihm seine Gefühle immer wieder einen Strich durch die Rechnung, und es kommt zu den bekannten Verhaltensproblemen. Aber auch in seinem Verhalten ist eine Veränderung feststellbar. Seine Verhaltensauffälligkeiten sind weniger extrem und in ihrer Häufigkeit deutlich geringer.

Probleme mit Jans Mutter

Nach ihrer Entlassung aus dem Krankenhaus meldet sich Jans Mutter nicht. Von dem zuständigen Sozialarbeiter des Jugendamtes erfahre ich, dass sie ganz offensichtlich wieder exzessiv Alkohol konsumiert. Ihre positive Phase – wenn es sie überhaupt gegeben hat – ist zu Ende.

Beurteilung der Mutter. Im Gutachten wird über die Mutter von Jan zusammenfassend folgendes festgehalten: Ihre Kindheit und Jugend ist geprägt durch ein gestörtes Verhältnis zu ihren Eltern und Brüdern. Sie fühlte sich in ihrer Familie unverstanden und konnte kein Urvertrauen entwickeln.

Später setzten sich ihre Enttäuschungen im Beziehungsbereich fort. Auch ihre Partnerschaften scheiterten allesamt. Sie sieht sich immer wieder vom Schicksal bestraft und neigt dazu, die Realität zu verkennen und in eine Traumwelt zu fliehen. Dazu bedient sie sich, wie der medizinische Befund eindeutig belegt, schon seit geraumer Zeit des Alkohols.

Im Laufe der Zeit macht die Kindesmutter einen schweren sozialen Abstieg durch. Aus sogenannten „guten Verhältnissen" stammend, lebt sie heute von Sozialhilfe und ist dem Alkohol verfallen. Sie ist unter diesen Voraussetzungen nicht in der Lage, den Bedürfnissen ihres Sohnes gerecht zu werden. Vielmehr missbraucht sie ihn für ihre eigenen Bedürfnisse: Er dient ihr als Seelentröster, als Therapeutikum und als Partnerersatz. Es steht außer Frage, dass Jan vor diesem Missbrauch und vor dem Stiefvater geschützt werden muss.

Überraschender Besuch. Dann steht die Mutter plötzlich vor der Tür. Sie ist barfuß, total verschmutzt und völlig betrunken. Schwankend fordert sie, unverzüglich ihren Sohn sehen zu wollen. Und sie erzählt– quasi zur Begrüßung – lallend eine merkwürdige Geschichte. Sie berichtet von einer „tollen Geburtstagsfeier mit vielen Gästen", die ihr gratuliert und sie „mit großartigen Geschenken überhäuft" haben. Es habe eine „Super-Stimmung" geherrscht. Schließlich seien sie mit einem Polizeiauto „spazieren gefahren" – ein Freund ihres Bruders sei bei der Polizei und habe dies möglich gemacht. Und nun will sie ihren Sohn heimholen.

Der Psychologe erkennt, dass er bereits Jans Version dieser Geschehnisse, die allerdings einige Monate zurückliegen, kennt. Jan hat davon eines Tages im Rahmen eines Kinderplenums berichtet. Seine Mutter und der Stiefvater haben wie so oft schwer gezecht und sich dann in die Haare bekommen. Dieser Streit ist derart eskaliert, dass jemand aus der Nachbarschaft die Polizei gerufen hat. Ein Streifenwagen ist schließlich vorgefahren, und die Beamten haben ihn und seine Mutter vor dem randalierenden und um sich schlagenden Stiefvater in Sicherheit gebracht.

Jan wird gerufen. Die Mutter befindet sich in einer absolut desolaten Verfassung, so dass es nicht möglich ist, mit ihr ein vernünftiges Gespräch zu führen. Es wundert, dass sie es in diesem Zustand überhaupt geschafft hat, in die Einrichtung zu kommen. Bald haben sich mehrere Kinder eingefunden und beobachten staunend die Szene. Jans Mutter beharrt darauf, ihren Sohn sehen zu wollen. Jan probt zu diesem Zeitpunkt im Kinderchor. Da sich seine Mutter nicht beruhigen lässt, beschließt der Psychologe, den Jungen zu rufen. Er muss seine Mutter erleben. Das ist seine familiäre Realität! Er muss es schaffen, sich diese Wirklichkeit bewusst zu machen. Nur dann, wenn er sich sicher ist, dass seine Mutter momentan und in absehbarer Zeit keine Perspektive für ihn darstellt, wird er das Angebot einer Fremdunterbringung annehmen können.

Viele Menschen haben mit Jan in den vergangenen Wochen immer wieder über seine Situation gesprochen: über den Stiefvater, die schlechte Verfassung seiner Mutter und die Unmöglichkeit, dass er ihr in irgendeiner Art und Weise helfen kann. Alle haben in den diversen Gesprächen mit ihm verdeutlicht, dass er für sich verantwortlich ist und es niemandem hilft, schon gar nicht seiner Mutter, wenn er leidet. Immer und immer wieder sind diese Fragen in den letzten Wochen mit ihm thematisiert worden: im Alltag, wenn er wieder einmal seine Wut und Verzweiflung an einem anderen Kind abreagiert hat; am Abend, auf der Bettkante, wenn es Zeit zum Schlafen ist; im Kinderplenum, wenn diese Themen grundsätzlich auf der Tagesordnung stehen und schließlich im Einzelgespräch, wenn er – wie in der letzten Zeit erfreulicherweise der Fall – von sich aus um eine Unterredung bittet, weil es ihm so schlecht geht.

Konfrontation. Dann kommt Jan. Alle Augen richten sich auf ihn. Es ist eine mehr als unglückliche Situation. Aber soll sie ihm erspart werden? Jan steht vor seiner torkelnden und lallenden Mutter und schaut sie mit Tränen in den Augen an. Sie will ihn unbeholfen und schwankend umarmen, aber Jan weicht zurück. Es ist ihm sichtlich peinlich, seine Mutter in einem solchen Zustand anzutreffen.

Sie schreit ihm geradezu entgegen: „Komm zu mir, mein Schatz, ich brauche dich! Komm mit mir nach Hause!" Jan schüttelt traurig den Kopf und sagt, um eine feste Stimme bemüht, zu ihr: „Mutti, es tut mir schrecklich weh, dich so zu sehen, aber ich kann dir nicht helfen! Bitte geh, und tu etwas für dich!" Und der achtjährige Junge dreht sich auf dem Fuß um und verschwindet in seinem Zimmer. Eine Erzieherin folgt ihm unmittelbar, um in dieser Situation bei ihm zu sein und ihn nicht alleine zu lassen. Die Mutter starrt sprachlos mit ihren glasigen Augen ins Leere, unfähig zu begreifen, was sich da eben abgespielt hat.

Jans Mutter. Die Mutter lehnt ein Gespräch mit dem Psychologen ab mit den Worten: „Sie können mir auch nicht helfen! Mir kann keiner helfen!"

Seit diesem Tag haben die Erzieher nichts mehr von der Mutter gehört. Sie ist im wahrsten Sinne des Wortes untergetaucht – im Alkohol.

Die Tage danach

Die folgenden Tage sind für Jan kaum zu ertragen. Er steckt dieses für ihn sehr peinliche und tragische Erlebnis mit seiner Mutter nicht so einfach weg. Dem situativen Sieg der Vernunft und des Verstandes über die Gefühle und das Herz folgen Tage des inneren Kampfes und der Selbstqual. Jan bezeichnet sein Verhalten in den darauf folgenden Gesprächen mit den Erziehern der Gruppe und dem Psychologen als richtig, um es im nächsten Moment zu bereuen. Der Junge weiß mit seinen acht Jahren vom Kopf her, dass er seiner Mutter nicht helfen kann und dass es das Beste für ihn ist, wenn er Abstand zu ihr bekommt, da er ihr Leiden nicht ertragen kann. Aber seine Gefühle lassen sich nicht so ohne weiteres rational steuern. Immer wieder überkommen sie ihn und stürzen ihn in schwere Gewissenskonflikte. Er erlebt seine Entscheidung als einen existentiellen Loyalitätskonflikt. Aus seiner Sicht der Dinge entscheidet er sich gegen seine Mutter und für – ja wofür eigentlich? Für sich? Für eine Zukunft ohne seine Mutter? Kann er sich überhaupt eine solche vorstellen – ein Leben ohne seine Mutter? Es ist schlimm für den Jungen, aber er muss diese schwer wiegende Erfahrung durchstehen, wenn er seine Chance wahrnehmen will.

Zeitweiliger Rückschritt. Jan kämpft mit sich. Seine Verhaltensauffälligkeiten nehmen wieder zu – sowohl was die Häufigkeit als auch was die Qualität anbelangt. Das gilt für sein Verhalten in der Heimschule als auch in der Gruppe. Seine Leistungen lassen nach, er isoliert sich und reagiert aggressiv. Das verwundert nicht. Aber er bemüht sich auffallend, Eskalationen zu vermeiden, was ihm einigermaßen gelingt. Es scheint, als wolle er nicht aufgeben.

Erfreulicherweise versucht Jan, sein Verhalten zu steuern und zu reflektieren. Seine seit einigen Wochen vorhandene Gesprächsbereitschaft hilft ihm dabei entscheidend.

Epilog

Die Bemühungen, für Jan eine geeignete Zukunftsperspektive zu realisieren, führen zum Ziel. Da die Mutter den Kontakt zu ihrem Sohn von sich aus abbricht und sich mit ihrem momentanen Ehemann dem Alkohol verschreibt, braucht Jan nicht nur eine geeignete Zukunftsperspektive, sondern so etwas wie eine neue Heimat. Diese findet sich in einer kleinen Wohngemeinschaft circa hundert Kilometer vom Wohnort der Mutter entfernt. Dorthin wechselt Jan wenige Wochen nach dem letzten Auftritt seiner Mutter.

Erfreulicherweise hat Jan es geschafft, für sich eine Entscheidung zu treffen. Dem achtjährigen Jungen ist es gelungen, eine gewisse Distanz zu seiner Mutter aufzubauen. Wie lange diese Einstellung anhält, vermag zum aktuellen Zeitpunkt niemand zu sagen. Tatsache ist aber, dass er sich bemüht, seinen eigenen Weg zu gehen: in der Schule und in der Lebensgemeinschaft. Er strengt sich an, leistungsmäßig mitzuhalten und versucht, weniger Konflikte im sozialen Miteinander zu produzieren. Mit dem Wechsel in seine neue Heimat scheint er mit jedem Tag ruhiger zu werden. Vielleicht schafft er es, diese ausgesprochen positive Entwicklung fortzuführen. Alle wünschen es ihm von Herzen!

3.4   Agnes, 7 Jahre

Agnes ist ein Adoptivkind. Sie besucht mit siebeneinhalb Jahren die erste Klasse der Grundschule und hat, obwohl sie entwicklungsbedingt ein Jahr mit der Einschulung zurückgestellt wurde, erhebliche Probleme, den schulischen Anforderungen zu genügen. Ihre mündliche Mitarbeit im Unterricht lässt sehr zu wünschen übrig, auch ihre schriftlichen Leistungen entsprechen nicht der Norm. Aber das ist nicht der eigentliche Grund, weshalb das Kind dem Psychologen vorgestellt werden soll, wie die zuständige Mitarbeiterin des Jugendamtes am Telefon erklärt.

Zurückgezogenheit. Bereits seit ihrer Kindergartenzeit fällt Agnes durch eine ungewöhnliche Zurückgezogenheit auf. Das Mädchen scheint permanent gedanklich abwesend und in sich gekehrt. Während des Unterrichts sitzt sie mehr oder minder gedankenverloren und teilnahmslos auf ihrem Stuhl. Sie ist nicht in der Lage, dem Unterrichtsgeschehen zu folgen und sich auf den Lehrstoff zu konzentrieren. Wird sie in ihrer geistigen Abwesenheit von der Lehrerin angesprochen, schreckt sie zusammen und reagiert wie jemand, der gerade aus dem Schlaf gerissen wurde.

Sexualisiertes Verhalten. Im krassen Gegensatz zu ihrer Verschlossenheit steht ihr sexualisiertes Verhalten, welches sie seit ihrer Einschulung immer dann an den Tag legt, wenn sie sich von den Erwachsenen unbeobachtet glaubt. In den Pausen zieht sie die Aufmerksamkeit der anderen Kinder durch sexualisierte Redensweisen auf sich, die manchem Erwachsenen die Schamröte ins Gesicht treiben würden. Agnes verfügt über ein umfangreiches Vokabular aus dem Fäkalbereich, ihr Repertoire an unflätigen Worten und Begriffen scheint schier unerschöpflich. Sie fordert die Jungen höherer Klassen auf, mit ihr „zu bumsen". Sie bietet sich an, dass diese an ihrer „Muschi lutschen" oder ihr den „Arsch lecken" dürfen. Sie versucht, den Jungen in die Hose zu greifen, um sie an ihren Geschlechtsteilen zu berühren. Sie lässt die eigenen Hosen herunter und streckt den verdutzten Jungen ihre entblößte Scham entgegen.

Dieses extrem auffällige Sexualverhalten von Agnes bleibt den Lehrerinnen der Schule nicht verborgen, nicht zuletzt deshalb, weil sich andere Kinder bei ihnen beschweren. Auch hat sich in Elternkreisen die Problematik von Agnes nach kurzer Zeit herumgesprochen, und die Stimmung in der Schule wird zunehmend angespannter. Die Schulleitung drängt die Klassenlehrerin zum Handeln. Hinzu kommt, dass Agnes während des Unterrichts häufig einnässt und einkotet, was zu einer weiteren Belastung für ihre Mitschüler und Lehrer wird.

Handlungsbedarf. Die Klassenlehrerin, die wie die Schulleitung von den Eltern über Agnes' Vorgeschichte nicht informiert wurde, ist sehr beunruhigt. Sie hält Agnes' extrem normabweichendes Verhalten keinesfalls für eine vorübergehende Krise, sondern vermutet ernstere Ursachen. In mehreren Gesprächen mit den zutiefst betroffen wirkenden Eltern betonen diese, dass sie sich das Verhalten ihrer Tochter nicht erklären können. Sie machen einen sehr irritierten und hilflosen Eindruck. Die Klassenlehrerin fordert die Eltern auf, unverzüglich eine Erziehungsberatungsstelle aufzusuchen. Die Eltern wenden sich sofort an die Beratungsstelle, die sie seinerzeit um Hilfe baten, als Agnes in ihre Familie aufgenommen wurde.

Nach wenigen Terminen legt die dortige Beraterin den Eltern nahe, sich umgehend an das Jugendamt zu wenden, um eine stationäre Maßnahme in die Wege zu leiten, da das Problem ambulant nicht zu lösen ist. Die Eltern entsprechen auch dieser Aufforderung. Die Agnes' betreuende Sozialarbeiterin setzt sich sogleich telefonisch mit dem zuständigen Psychologen der heilpädagogischen Einrichtung in Verbindung und schildert in aller Kürze die Situation. Aufgrund der Dringlichkeit bekommt Agnes einen baldigen Vorstellungstermin. Dem Psychologen werden die dem Jugendamt vorliegenden Daten über Agnes als Vorabinformation zugeschickt. Die folgenden Ausführungen sind diesen Unterlagen entnommen.

Zur Vorgeschichte

Ihre leiblichen Eltern kennt Agnes nicht. Ihren Vater hat sie nie zu Gesicht bekommen, er war nur eine Art Zufallsbekanntschaft ihrer Mutter mit ungeplanten Folgen. Und ihre Mutter wollte weder von dem Kindesvater noch von dem Kind in ihrem Bauch etwas wissen.

Wie aus den Unterlagen des Jugendamtes über die Mutter von Agnes hervorgeht, stammt diese aus sogenannten „schwierigen Familienverhältnissen". Ihre Eltern hatten sich scheiden lassen, als sie vierzehn Jahre alt war. Seitdem hatte sie keinen Kontakt mehr zu ihrem Vater. Sie lebte mit der Mutter in einer engen Sozialwohnung, in die sie nach der Scheidung gezogen waren. Der neue Freund der Mutter übernachtete immer häufiger in der Wohnung.

Vergewaltigung. Unerträglich wurde es für Agnes' Mutter, als dieser Freund sie zu belästigen begann und versuchte, sie zu sexuellen Kontakten zu überreden. Auf ihre Ablehnung reagierte er zunächst mit immer dreister werdenden Versuchen. Mit ihrer Mutter wagte sie nicht über diese ihr peinlichen Erlebnisse zu sprechen. Die hatte selbst genug mit sich und ihren Sorgen zu schaffen. Außerdem war sie sich überhaupt nicht sicher, wie die Mutter reagieren würde und ob sie ihr überhaupt glauben würde.

Eines Tages wendete der Freund ihrer Mutter körperliche Gewalt an. Trotz erbitterter Gegenwehr gelang es ihr nicht, die Vergewaltigung zu verhindern. Agnes' Mutter, sie war mittlerweile siebzehn Jahre alt, wusste danach nicht, was sie tun sollte. Auch jetzt fehlte ihr der Mut, mit ihrer Mutter zu sprechen. Vielmehr ging sie ihrer Mutter aus dem Weg und war sowohl tagsüber als auch nachts nur noch selten zu Hause. Die Mutter nahm es scheinbar interesselos hin.

Ausschweifungen. Agnes' Mutter geriet auf diese Weise immer mehr aus der Bahn. Sie litt sehr darunter, dass sich ihre Mutter so gar nicht um sie sorgte. Dies gestand sie sich allerdings nicht ein. Sie suchte vielmehr verstärkt Trost im Alkohol und in flüchtigen Bekanntschaften. Sie trank Unmengen von Rotwein, rauchte wie ein Schlot und lebte von einem Tag in den anderen. Sie übernachtete bei ihren dubiosen Freunden und ließ sich in jeder Hinsicht gehen.

Schwangerschaft. Als Agnes' Mutter bemerkte, dass sie schwanger war, lebte sie bei einem Freund, den sie erst vor kurzem kennen gelernt hatte. Ohne Zögern entschloss sie sich zur Abtreibung. Aber ein Schwangerschaftsabbruch war im Rahmen der geltenden deutschen Gesetze nicht mehr möglich. Die Schwangerschaft war schon zu weit fortgeschritten. Sie befand sich bereits im vierten Monat. Nun blieb ihr nichts anderes übrig, als das Kind auszutragen.

Entschluss zur Adoption. Schockiert und wütend darüber, dass eine Abtreibung nicht mehr möglich war, wandte sie sich sofort an die Adoptionsabteilung des für sie zuständigen Jugendamtes, um die Formalitäten zu besprechen und eine Vermittlung in die Wege zu leiten. In mehreren Gesprächen mit einer der dortigen Sozialarbeiterinnen schilderte sie ihren bisherigen Lebensweg und ihre Beweggründe für eine Adoptionsfreigabe ihres noch ungeborenen Kindes. Der Mitarbeiterin der Adoptionsvermittlung erklärte sie: „Ich werde gegen meinen Willen gezwungen, dieses Kind, mit dem ich überhaupt nichts anfangen kann und das wie ein Fremdkörper in meinem Bauch heranwächst, auszutragen! Und das nur, weil es in diesem verdammten Staat für einen Abbruch zu spät ist! Ich muss, ob ich will oder nicht, dieses Kind in meinem Bauch behalten und zur Welt bringen!"

Sie ignorierte ihre Schwangerschaft, so gut es ging. Sie kümmerte sich nicht um das Wohl des Kindes und nahm keinerlei Rücksicht in ihren Lebensgewohnheiten. Weiterhin trank und rauchte sie stark. Die medizinischen Vorsorgeuntersuchungen versäumte sie allesamt. Sie brachte ihre Schwangerschaft hinter sich wie eine übergangene Grippe. Ihre Scheinwelt brach zusammen wie ein Kartenhaus, als nicht mehr zu übersehen war, dass sie schwanger war. Ihr Freund sowie ihre Mutter beschimpften sie als Hure und warfen sie kurzerhand aus der Wohnung. Irgendwie schaffte sie es, bei einer Freundin unterzukommen.

Agnes' Geburt. Es kommt zu einer Frühgeburt. Sechs Wochen vor dem errechneten Geburtstermin kommt das Kind zur Welt. Es ist ein Mädchen und wiegt gerade mal 2200 Gramm. Agnes' Mutter weigert sich, das Neugeborene in den Arm zu nehmen. Sie will nichts mit dem Kind zu tun haben, sie will es nicht einmal sehen. Sobald es ihr von ihrer körperlichen Verfassung her möglich ist, verlässt sie das Krankenhaus. Ihre Tochter lässt sie zurück, ohne das geringste Interesse an ihr gezeigt zu haben. Agnes ist kaum geboren, da hat sie ihre Eltern bereits verloren und ist zu einem „Fall" für das Jugendamt geworden.

Zusätzlich zu ihrem Mindergewicht erkrankt Agnes an einer akuten Virusinfektion, weshalb das Neugeborene in der Baby- und Kinderabteilung der Klinik medizinisch betreut werden muss. Mehrere Wochen wird das kleine Mädchen intensiv behandelt, bis sie schließlich über den Berg ist.

Die Adoptiveltern. Währenddessen prüfen die Mitarbeiter des Jugendamtes die in Frage kommenden Adoptiveltern. Unter Berücksichtigung der üblichen Kriterien fällt die Wahl auf ein jüngeres Ehepaar, welches geeignet erscheint.

Es handelt sich um einen damals 29 Jahre alten Diplom-Ingenieur und um eine 25jährige Erzieherin, die beide aus sogenannten „guten Familien" stammen. Sie leben in geordneten finanziellen Verhältnissen und der Arbeitsplatz des Mannes ist gesichert. Über die formalen Rahmenbedingungen hinaus bietet sich dieses Ehepaar als Adoptiveltern für Agnes an. Die Ehe der beiden besteht seit fünf Jahren und ist, soweit sich das im Rahmen der Überprüfung durch die Mitarbeiter des Jugendamtes beurteilen lässt, intakt. Das Ehepaar steht seit drei Jahren auf der Bewerberliste, nachdem medizinisch festgestellt worden ist, dass die Frau kein Kind bekommen kann. Seitdem nehmen beide regelmäßig an Veranstaltungen des Jugendamtes für Adoptiveltern und Vorbereitungskursen für solche Ehepaare, die es werden wollen, teil. Darüber hinaus hat sich vor allem die Frau sehr intensiv mit Literatur zu dem Thema Adoption beschäftigt. Beide gelten als besonders engagierte Bewerber.

Es wird eine sogenannte „Inkognito-Adoption" geplant, d. h. die Adoptiveltern und die leibliche Mutter werden nicht miteinander bekannt gemacht, auch werden keine Informationen weitergegeben. Noch während des Krankenhausaufenthaltes von Agnes kommt es zu ersten Kontakten zwischen dem Kind und seinen vorgesehenen Adoptiveltern. Die Adoptivmutter besucht das kleine Mädchen täglich in der Klinik, am Wochenende wird sie von ihrem Mann begleitet. Zwei Wochen später kann Agnes endlich aus dem Krankenhaus entlassen werden.

In der Familie

Im Alter von acht Wochen wird Agnes von dem besagten Ehepaar aufgenommen. Wenige Wochen später ist Agnes als Adoptivtochter der beiden rechtlich anerkannt und erhält deren Familiennamen. Es folgt die Taufe und ein großes Fest, an dem alle Freunde und Verwandte der Familie teilnehmen. Für das kleine Mädchen sind die Adoptiveltern „ihre" Mutter und „ihr" Vater.

Abweisendes Verhalten. Die Freude über die Realisierung ihres lang gehegten Adoptionswunsches wird bald dadurch getrübt, dass sie sich mit einer Verhaltensweise ihrer Tochter konfrontiert sehen, die beide vor den Kopf stößt. Im Gegensatz zu anderen Babys sträubt sich das Kind, von seinen Eltern gedrückt und geschmust zu werden. Agnes wird am ganzen Körper steif wie ein Brett und dreht sich weg; es ist den Eltern kaum möglich, sie überhaupt in den Armen zu halten. Agnes verweigert die körperliche Nähe, sie will keinen Körperkontakt; und damit verwehrt sie ihnen – aus der Sicht der besorgten und enttäuschten Eltern – ihre emotionale Zuwendung.

Die Eltern erklären sich das abweisende und ablehnende Verhalten ihrer Tochter mit deren Erfahrungen vor und nach der Geburt. Auch der längere Klinikaufenthalt in der eher unpersönlichen Krankenhausatmosphäre während der ersten Lebenswochen des Kindes wird als Erklärung herangezogen. Und es braucht viel Zeit und Geduld von ihnen als Eltern, um der Kleinen zu helfen, diese emotionale Sperre, die von den Fachleuten als frühkindlicher Autismus in Folge einer schweren Hospitalisation bezeichnet wird, zu überwinden.

Großer Einsatz. Die Eltern sind damals recht verstört und traurig, aber doch einigermaßen zuversichtlich, dass sich die körperliche Verkrampftheit und emotionale Verschlossenheit von Agnes mit der Zeit legen wird. Sie geben sich in diesen ersten Wochen und Monaten viel Mühe, das Kind so anzunehmen, wie es ist und versuchen, Agnes nicht mit ihren Gefühlen und Wünschen zu bedrängen. Ratschläge, Hilfe und Trost holen sie sich sowohl in den Treffen der Adoptiveltern als auch in Gesprächen mit Fachpersonen einer Erziehungsberatungsstelle, die sie in regelmäßigen Abständen aufsuchen. Sie tun alles mögliche, um für das Problem eine Lösung zu finden. Insbesondere die Mutter gibt sich sehr bemüht und engagiert, Agnes zu helfen. Auf diese Weise kommt es mit der Zeit tatsächlich zu einer gewissen Beruhigung, wenngleich Agnes nach wie vor den Austausch von Zärtlichkeiten verweigert. Die Mutter leidet darunter mehr, als sie sich eingesteht.

Die Jahre gehen ins Land. Agnes' Eltern nehmen in dieser Zeit weiterhin regelmäßig an den vom Jugendamt organisierten Treffen und Seminaren für Adoptiveltern teil. Agnes gedeiht trotz der genannten Probleme körperlich prächtig und entwickelt sich zu einem hübschen kleinen Mädchen. Von ihrem frühgeburtsbedingten Mindergewicht ist ihr bald nichts mehr anzumerken. Sie lernt Laufen und Sprechen, wenngleich etwas verzögert. Diesbezüglich haben die Eltern keinen Grund zur Sorge.

Sauberkeitsentwicklung. Agnes ist mittlerweile im Kindergartenalter und drei Jahre alt. Sie hat Schwierigkeiten mit ihrer Sauberkeitsentwicklung, weshalb die Mutter von einer Anmeldung zum Kindergartenbesuch absieht. Es kommt mehrfach tagsüber und jede Nacht zum Einnässen. Darüber hinaus kotet Agnes ein. Dem Kind ist sein Malheur jedes Mal sehr peinlich, und es versucht, sein Missgeschick vor den anderen zu verheimlichen.

Vorstellungsgespräch

Zum Vorstellungsgespräch erscheinen die Eltern mit Agnes sowie die zuständige Sozialarbeiterin des Jugendamtes. Agnes' Erscheinung fällt sofort auf. Sie ist ein sehr schmächtiges Mädchen mit strähnigen, langen blonden Haaren, das mit dem prächtig gediehenen Kind aus den Akten nichts mehr gemein hat. Ihre Gesichtszüge wirken starr und verkrampft, ihre Bewegungen gehemmt und unsicher. Ihr Blick ist ständig auf den Boden gerichtet, mit der rechten Hand umklammert sie die Hand ihrer Mutter und setzt sich auf deren Schoß. Sie ist nur schwer dazu zu bringen, mit einer Kollegin ins Spielzimmer zu gehen.

Aufklärung über Adoption. Der Psychologe klärt zuerst die Frage, ob Agnes über ihre Adoption informiert ist. Kinder erleben es als einen existentiellen Vertrauensbruch, wenn sie von anderen Personen als ihren Adoptiveltern über ihre Herkunft aufgeklärt werden. Deshalb kann diese Aufklärung nicht früh genug stattfinden. Spätestens wenn das Kind konkrete Fragen stellt wie: „Mutti, komme ich aus deinem Bauch?" ist es an der Zeit, ein offenes Gespräch mit dem Kind über seine Herkunft zu führen.

Häufig fürchten sich Adoptiveltern vor einem solchen Aufklärungsgespräch und dessen Folgen. Sie schieben den Termin Jahr für Jahr vor sich her. Mit jedem Jahr, das sie schweigen, wird es für sie schwerer, ihrem Kind die Wahrheit über seine Identität zu sagen – bis es schließlich zu spät ist und es das Kind aus einer anderen Quelle erfährt. Oft genug lebt das Kind über Jahre in einer kaum erträglichen Ungewissheit, ohne sich zu trauen, mit seinen Eltern über die quälenden Fragen zu sprechen. Diese Kinder leiden unter einem permanenten Gefühl der Ohnmacht. Sie fühlen sich von ihren Eltern im Unklaren gelassen, sie spüren, von den Eltern nicht die Wahrheit gesagt zu bekommen und reagieren nicht selten mit Verhaltensauffälligkeiten.

Agnes' Eltern berichten, dass sie im Rahmen der Adoptiveltterntreffen ausführlich informiert wurden und Agnes deshalb sehr früh über diese Gegebenheit aufklärten. Somit ist davon auszugehen, dass Agnes' Verhaltensauffälligkeiten nicht primär in diesem Zusammenhang zu interpretieren sind.

Ansonsten ergeben sich in diesem Vorstellungsgespräch keine Neuigkeiten und Erkenntnisse. Allerdings fällt dem Psychologen auf, dass die Mutter sich wesentlich rat- und hilfloser zeigt als ihr Mann. Dieser versucht mit Geschick und Vorsicht den Eindruck zu vermitteln, dass die Probleme mit Agnes nicht unbedingt stationär in Angriff genommen werden müssen. Seine Einwände werden jedoch sowohl von seiner Frau als auch von der Mitarbeiterin des Jugendamtes verworfen. Am Ende besteht Einvernehmen zwischen allen Beteiligten, dass Agnes für ein Vierteljahr in die Diagnose-Abteilung aufgenommen werden soll, um abzuklären, welche konkreten Hilfsangebote Agnes und ihren Eltern vorgeschlagen werden können.

Aufnahme in die Einrichtung

Die ersten Tage in der Diagnose-Gruppe verlaufen ohne besondere Vorkommnisse, abgesehen von gelegentlichem Einnässen, was sich jedoch im Vergleich zu früher in Grenzen hält und für die Erzieher zum Alltagsgeschäft gehört. Agnes verhält sich den anderen Kindern der Gruppe gegenüber vorsichtig-zurückhaltend und abwartend, den Erwachsenen gegenüber überangepasst, ja geradezu devot. Insgesamt zieht sich das Kind in sich zurück, wie es aus den Schulberichten bekannt ist. Das extrem aus der Norm fallende Sexualverhalten zeigt Agnes nicht.

Die Erzieher sind deshalb darauf bedacht, Agnes auf Grund ihres vergleichsweise unauffälligen Verhaltens in der Gruppe nicht zu kurz kommen zu lassen. Im Gegensatz zu denjenigen Kindern, die durch ihr extravertiertes Verhalten das Interesse der sozialen Umgebung unwillkürlich auf sich ziehen, besteht bei eher introvertiert agierenden Kindern die Gefahr, dass sie übersehen werden, weil sie sich eben nicht durch entsprechende Aktionen in den Blickpunkt der Aufmerksamkeit bringen.

Das gilt besonders für aggressive Verhaltensweisen. In vollstationären Einrichtungen der Kinder- und Jugendhilfe werden hauptsächlich Kinder betreut, die ihre Aggressionen nach außen und gegen andere richten. Diese Kinder fordern mit ihrem unangemessenen Verhalten automatisch die Reaktionen der Erzieher ein. Im Gegensatz dazu fallen autoaggressive Kinder, die mit Aggressionen gegen sich selbst reagieren, ihrer sozialen Umgebung oft nicht unmittelbar auf. Erst später werden unter Umständen die Folgen ihres selbstzerstörerischen Handelns entdeckt und zur Kenntnis genommen, wenn ein Kind sich beispielsweise verwundet hat und offenbar wird, dass sich das Kind diese Verletzungen selbst willentlich zugefügt haben muss.

Vorgehen. Im Rahmen der fallbezogenen Teambesprechungen wird das Vorgehen der Erzieher festgelegt. Agnes soll mit behutsamer Ansprache und konkreten Hilfestellungen die Integration in die Gruppe erleichtert werden. Nach einer Phase der Eingewöhnung machen sich die Fachleute allmählich ein Bild über die Hintergründe von Agnes' Verhalten und tasten sich an den Kern ihrer Problematik heran. Doch bis dahin müssen sie Agnes genauer kennen lernen. Es ist notwendig, dass Agnes Vertrauen zu ihnen aufbaut, sofern sie dazu in der Lage ist, um sich allmählich zu öffnen und ihre Sorgen und Nöte preiszugeben.

Agnes fällt nicht durch aggressive Handlungen auf. Sie zeigt jedoch ein zunehmend unterschiedliches Verhalten gegenüber Kindern und Erwachsenen. Den Fachleuten der Einrichtung gegenüber verhält sie sich nach wie vor sehr unterwürfig. Bei den Kindern hingegen umhüllt sie sich mit einem Hauch von Besonderheit; sie gibt sich verschlossen und unnahbar. Sie meidet Gruppenspiele, zieht sich in ihr Zimmer zurück und macht sich bei den anderen Kindern durch ihr attraktives Spielzeug interessant.

In der Heimschule. In der Heimschule bemüht sich Agnes, dem Unterricht zu folgen und für ihre Verhältnisse engagiert mitzuarbeiten. In der Schule wie in der Gruppe wirkt Agnes in ihrer Mimik und Gestik unecht, ihr seltenes Lachen scheint aufgesetzt. Übereinstimmend vermittelt das Kind bei den Erwachsenen den Eindruck einer großen, inneren Leere. Sie scheint wie in einer anderen Welt zu leben, die den Erwachsenen und den anderen Kindern in der Gruppe gleichermaßen völlig fremd ist. Und Agnes ist streng darauf bedacht, niemanden in ihre Welt hineinzulassen.

Agnes steht enorm unter Druck

Agnes schleppt eine schwere Bürde mit sich herum. Und sie hütet ihr Geheimnis wie einen Augapfel.

Alpträume. Wie sehr Agnes leidet, wird in einer Nacht, etwa vierzehn Tage nach ihrer Aufnahme in der Diagnose-Gruppe, offenkundig. In den vergangenen zwei Wochen hatte Agnes einen sehr unruhigen Schlaf. In dieser Nacht jedoch wälzt sich Agnes in ihrem Bett hin und her und schaukelt so stark mit dem Kopf, dass sie immer wieder mit dem Kopf gegen die Wand schlägt. Agnes ist schweißgebadet und murmelt unverständliche Wortfetzen vor sich hin. Die Erzieherin versucht vergeblich, den Sinn ihrer Worte zu erfassen.

Gegen Morgen findet sie Agnes laut schluchzend in ihrem total zerwühlten Bett vor. Das Mädchen befindet sich ganz offensichtlich in einem Alptraum. Sie wirft sich in ihrem Bett hin und her und ruft immer wieder laut: „Nein! Bitte Nein! Aufhören damit! Ich will das nicht!", bis es der Erzieherin endlich gelingt, das Kind zu wecken. Damit gibt es ganz konkrete Hinweise für die längst in unseren Köpfen existierende Befürchtung. Der Verdacht auf das Vorliegen eines sexuellen Missbrauchs verdichtet sich immer mehr.

Innere Unruhe. Noch schweigt sich Agnes aus: sowohl im Kinderplenum und in einem Einzelgespräch, das der Psychologe mit ihr zu führen versucht, als auch den Erziehern gegenüber. Agnes nässt nun jede Nacht ein, gelegentlich auch tagsüber. Sie wirkt sehr fahrig und von einer inneren Unruhe getrieben. In der Heimschule kann sie sich nicht mehr konzentrieren, die Erledigung ihrer Hausaufgaben zieht sich über den gesamten Nachmittag, so dass die Erzieher mit Agnes' Klassenlehrerin aufgrund der gegebenen

Umstände eine Kürzung derselben vereinbaren. Agnes ist seit dieser Nacht völlig verändert, es scheint, als könne sie sich selbst nicht mehr ertragen. Das hat auch bei den Erziehern, die das Leiden des Kindes rund um die Uhr begleiten müssen, Auswirkungen. Das Gefühl, Agnes in ihrer Not nicht wirklich helfen zu können, belastet sehr und macht unzufrieden.

Geduld. Um so mehr gilt es jetzt, Ruhe zu bewahren und nicht in einen unangemessenen Aktionismus zu verfallen. Vielmehr ist Geduld und Empathie erforderlich. Agnes soll spüren, dass sich alle ehrlich und mit viel Einfühlung um sie bemühen und sie vor allen Dingen zu nichts zwingen wollen. Sie soll wissen, dass sie keine Angst haben und sich nicht schämen muss. Sie soll sich sicher sein, dass die Erzieher ihr glauben und mit ihren Erlebnissen, wie belastend sie auch immer sein mögen, angemessen umzugehen in der Lage sind. Und sie allein entscheidet, ob und worüber und wann sie sprechen will.

Elterngespräche

In den Elterngesprächen, die regelmäßig alle vierzehn Tage stattfinden, zeigen sich beide Elternteile sehr interessiert und motiviert. Es fällt jedoch auf, dass sich der sprachlich versierte Vater deutlich zurückhält, während die Mutter den Hauptteil der Gespräche bestreitet. Der Psychologe erwähnt Agnes' Unruhe, ohne diese zu interpretieren. Insbesondere die Mutter betont einmal mehr ihre Hilflosigkeit in Bezug auf die Probleme von Agnes. Der Psychologe schlägt die aktuelle Familiensituation, die Ehe der Eltern und ihre eigene Situation als Gesprächsthemen vor. Er möchte herausfinden, was in dieser Familie nicht stimmt.

Ehekrise. Es dauert nicht lange, bis sich erste Anhaltspunkte ergeben. Das positive Bild über die Beziehung der Eltern lässt sich nicht lange aufrechterhalten. Mit jedem Gespräch wird klarer, dass sie sich bereits seit längerer Zeit in einer schweren Ehekrise befinden, die sie bislang, ganz offensichtlich erfolgreich, nach außen verdeckt haben.

Während die Mutter ihren Lebensinhalt in der Betreuung und Erziehung ihrer Tochter sucht, flüchtet der Vater sich in seine berufliche Verwirklichung. Er kümmert sich zuletzt kaum mehr um familiäre Belange. Und wenn doch, dann nimmt er in Erziehungsangelegenheiten aus Prinzip meist die Gegenposition zu seiner Frau ein, ohne sich über seine verbalen Stellungnahmen hinaus aktiv zu engagieren. Deshalb kommt es immer wieder zum Streit zwischen den Eheleuten.

Beziehung zum Vater. Ferner betont Agnes' Mutter in den Gesprächen mehrfach, dass ihre Tochter sehr darunter leidet, dass sich ihr Vater so wenig Zeit für sie nimmt. Zwar hat Agnes sich ihm gegenüber bis zum heutigen Tage eher verschlossen und ablehnend verhalten, doch ist die Mutter sich sicher, dass Agnes sehr an ihrem Vater hängt. Die Mutter wertet es als sicheres Zeichen ihrer Zuwendung zum Vater, dass sich Agnes häufig nach dem Vater erkundigt, wenn dieser bis spät in die Nacht arbeitet oder das halbe Wochenende in seinem Büro verbringt.

Agnes' Mutter. Die Mutter lebt nur für Agnes. Seit dem Tag, da sie das Kind zum ersten Mal sieht, zeigt sie sich sehr engagiert und bemüht um ihre Adoptivtochter. Dieses Bemühen, so stellt sich im Verlaufe der Gespräche immer mehr heraus, ist jedoch keinesfalls uneigennützig und selbstlos. Vielmehr lebt die Mutter ihren persönlichen Helferkomplex aus, indem sie sich voll und ganz auf die Schwierigkeiten und Probleme von Agnes konzentriert – und darüber die Person Agnes aus den Augen verliert. Die Mutter fixiert sich geradezu auf die Verhaltensauffälligkeiten ihrer Tochter und nimmt deren positive Seiten gar nicht mehr wahr.

Die Mutter ist nicht in der Lage, ihr Kind so zu akzeptieren und anzunehmen, wie es ist. Sie verstrickt sich schließlich heillos in ihrem Agieren, das mit der Zeit eine Eigendynamik erhält und längst zum Selbstzweck geworden ist. Auf diese Weise überdeckt sie ihre eigenen Probleme – Probleme mit sich und/oder mit ihrem Partner?

Machtkampf der Eltern. So verwundert es nicht, dass sich Agnes von ihrer Mutter immer unverstandener und abgelehnter fühlt, während sie den Vater, der in Konflikten fast ausnahmslos ihre Partei ergreift, zunehmend idealisiert. Dabei nimmt Agnes die permanente Uneinigkeit zwischen Vater und Mutter in Erziehungsfragen, die längst den Charakter eines Machtkampfes der Eltern angenommen hat, sehr wohl wahr. Hinzu kommt, dass der Vater aufgrund seiner häufigen Abwesenheit Agnes nur selten zur Verfügung steht. Die wenige, gemeinsam mit ihm verbrachte Zeit muss Agnes wie ein Fest erleben, während ihr der Alltag mit der Mutter fast nur noch Kummer bereitet. So, wie sich die Familiensituation zu diesem Zeitpunkt darstellt, glaubt Agnes zuletzt, es ihrer Mutter ohnehin nie recht machen zu können.

Beziehungskrise. Nach außen gelingt es den Eltern mit Erfolg, den Schein zu wahren – und niemand bemerkt ihre Schwierigkeiten. Sie gelten nach wie vor als harmonisches Ehepaar, das sich engagiert und kompetent um ihre schwierige Adoptivtochter kümmert. Tatsächlich stecken sie jedoch längst in einer tiefen Beziehungskrise. Wie Agnes' Vater eines Tages in einem seiner wenigen Gesprächsbeiträge unmissverständlich formuliert, „spielt sich nichts mehr ab" zwischen ihnen. Er erklärt, dass er diese Entwicklung zwischen ihm und seiner Frau nicht gewollt habe und macht deutlich, dass er dafür in erster Linie seine Frau, aber auch in gewisser Hinsicht seine Tochter Agnes, verantwortlich macht. Er betont ausdrücklich, dass er immer alles in seinen Kräften stehende für die Familie getan hat.

Streit. In diesem Moment verliert die Mutter überraschend die Beherrschung, und voller Erregung bricht es aus ihr heraus. Für alle völlig unerwartet wirft sie ihrem Mann vor, ein Verhältnis mit einer anderen Frau eingegangen zu sein: „Es gibt eine andere Frau! Ich spüre das genau! Und das geht schon länger!", schreit sie ihren Mann an. Sie lässt ihren Gefühlen freien Lauf und ihre Vorwürfe sind von einer solchen Heftigkeit, die der Psychologe von der sonst eher ruhig und besonnen wirkenden Frau nicht erwartet hat.

Auch ihr Mann zeigt sich plötzlich von einer anderen Seite. Der sonst als freundlicher Ehepartner und Familienvater auftretende Mann gerät seinerseits außer Kontrolle und reagiert ungewöhnlich laut und aufbrausend: „Es stimmt", sagt er voller Erregung, „es gibt eine Leidenschaft in meinem Leben, und die heißt Arbeit! Ich habe mich mit der Zeit in meiner Arbeit verkrochen, weil ich mich von dir immer stärker ausgegrenzt und vor den Kopf gestoßen fühle!" Agnes' Vater betont ausdrücklich, dass es eine andere Frau nicht gibt. Anschuldigungen dieser Art nennt er „totalen Unsinn". Seine Frau bombardiert ihn mit massiven Vorwürfen, wonach er seit Jahren kein echtes Interesse mehr an ihr und an seiner Familie zeigen würde. Dies wiederum weist ihr Mann vehement von sich.

Diese Szene lässt ahnen, was sich zwischen den beiden Elternteilen in den vergangenen Jahren immer wieder an Streit und Auseinandersetzungen abgespielt hat. Beide reagieren sehr gekränkt und verletzt. Sie werden schnell unsachlich, und die gegenseitigen Schuldzuweisungen gehen zum Teil erheblich unter die Gürtellinie. Es wird überdeutlich, dass sie nicht mehr vernünftig miteinander reden können und ausschließlich über die Austragung ihrer Konflikte miteinander kommunizieren. Am Ende sind beide sehr betroffen. Vielleicht weil es so weit mit ihnen gekommen ist? Vielleicht weil sie den Schein einer intakten Beziehung vor uns nicht mehr aufrecht erhalten konnten? Vielleicht aus beiden Gründen?

Fragen. Zuletzt stellen sich viele Fragen. Können die Eheprobleme der Eltern und deren permanente Auseinandersetzungen der alleinige Grund für Agnes' enorme Schwierigkeiten und Verhaltensauffälligkeiten sein? Reagiert das Mädchen deshalb so extrem auffällig, weil sie es tagtäglich ertragen musste, wie ihre Eltern über Jahre hinweg ein doppeltes Spiel gespielt haben. In der Öffentlichkeit das nahezu perfekte Paar inszenierend, untereinander aber heillos zerstritten und voneinander enttäuscht? Wie lassen sich Agnes' massive sexuelle Auffälligkeiten erklären? Liegen die Gründe in der Beziehung der Eltern und deren Sexualleben? Was hat Agnes mitbekommen? Was hat sie gesehen? Treffen die Vorwürfe des Ehebruchs zu? Was weiß Agnes darüber? Welche Rolle spielt das Verhalten ihrer Mutter, die Agnes – bewusst oder unbewusst – immer stärker als pädagogisches Objekt behandelt?

Vertrauensaufbau

Zwei Monate sind vergangen, seit Agnes in die Diagnose-Abteilung aufgenommen wurde. In dieser Zeit hat es Agnes sich und den Erziehern und Kindern nicht leicht gemacht. Sie fällt zwar nach wie vor weder durch besondere inakzeptable Verhaltensweisen auf noch durch die berichteten sexuellen Auffälligkeiten. Sie steuert sich diesbezüglich immer noch sehr erfolgreich, was wirklich bemerkenswert ist.

Stimmungswechsel. Ihre psychische Befindlichkeit ist jedoch einem ständigen Wechsel unterworfen. Es gibt Tage, da ist Agnes völlig lethargisch, in sich gekehrt und kaum ansprechbar. Sie leidet, und alle sehen ihr Leiden, ohne ihr helfen zu können, weil sie sich niemandem anvertraut. Diese, für alle sehr belastende Situation ist immer dann zu beobachten, wenn sie nachts schlecht geschlafen hat und von ihren Alpträumen heimgesucht wurde. An anderen Tagen wiederum scheint sie etwas ruhiger und in sich gefestigter, trotz ihrer Anspannung, die ihr permanent anzumerken ist. Besonders frustrierend ist die Tatsache, dass Agnes nicht über sich, über ihre Eltern und über ihr Zuhause redet. Sie vermeidet diese Themen konsequent und schweigt sich aus, wenn die Erwachsenen versuchen, mit ihr darüber zu sprechen.

Zuneigung. Erfreulich ist, dass Agnes sich mit der Zeit zu einer ihrer Erzieherinnen hingezogen fühlt. Trotz ihrer enormen Distanziertheit signalisiert sie der betreffenden Mitarbeiterin zaghaft ihre Zuneigung. Dies äußert sich beispielsweise darin, dass Agnes wissen möchte, wann diese Erzieherin Dienst hat. Sie freut sich, wenn es sich um den Spätdienst handelt, da die besagte Mitarbeiterin Agnes dann ins Bett bringt und ihr deren neuerdings geäußerten Wunsch erfüllt, noch eine Weile auf der Bettkante Platz zu nehmen. Agnes baut langsam eine Art Vertrauensverhältnis auf zu dieser Mitarbeiterin, die ihrerseits eine große Sympathie für das verschlossene Mädchen empfindet, wie sie in der Teambesprechung betont.

Abends, wenn sich Agnes unter ihrer Bettdecke verkrochen hat und die Erzieherin noch eine Weile bei ihr am Bett sitzt, vermittelt das Kind den Eindruck, als wolle es endlich über seine Sorgen und Probleme zu sprechen beginnen, ohne jedoch letztlich den Mut und die Kraft dazu zu finden. Die Erzieherin ist sehr vorsichtig in ihren Reaktionen und zeigt Agnes ihr Interesse und ihre Gesprächsbereitschaft ohne sie zu bedrängen. Auf diese Weise entwickelt sich mit den Tagen und Wochen eine gegenseitige Zuneigung zwischen Agnes und der besagten Erzieherin.

Abendliche Gespräche. Während sich Agnes in der Heimschule und im Gruppenalltag unverändert verschlossen und in einem ständig wechselnden Auf und Ab ihrer Stimmungen zeigt, erscheint sie in den abendlichen Momenten der zunehmenden Vertrautheit mit ihrer „Lieblingserzieherin" wie verwandelt. Agnes beginnt vorsichtig, ihre Gedanken und Gefühle zu äußern. Sie tut dies, indem sie in sehr eindrucksvollen Bildern spricht: „Ich fühle mich manchmal wie ein kleiner Vogel, der nicht fliegen kann!" „Ich wünsche mir, wie ein Adler in die Luft zu steigen und ganz weit fort zu fliegen." Diese Formulierungen sind umso bemerkenswerter, da Agnes gerade mal siebeneinhalb Jahre alt ist.

Agnes redet

„Ich muss ihnen was sagen, aber ich trau mich nicht!", beginnt sie eines abends im Bett. Ihre Lieblingserzieherin, die diese Nacht Bereitschaftsdienst hat, sitzt wieder auf ihrer Bettkante.

„Du weißt, Agnes, dass du mit mir über alles reden kannst!", erwidert die Erzieherin.

„Aber es ist etwas ganz Schlimmes!", sagt Agnes.

„Und wenn es etwas ganz Schlimmes ist. Auch darüber kannst du mit mir sprechen!"

Agnes zögert. Die Anspannung steht ihr ins Gesicht geschrieben. Schließlich berichtet sie stockend und mit zittriger Stimme:

„Ein böses Gespenst kommt zu mir und macht schlimme Sachen mit mir!"

„Ein böses Gespenst?", fragt die Erzieherin.

„Ja, ein ganz böses Gespenst. Es kommt nachts, wenn ich im Bett liege und schlafe!", erzählt Agnes und schaut der Erzieherin voller Angst in die Augen.

„Und es macht schlimme Sachen mit dir, hast du gesagt?", fragt die Erzieherin.

„Ja, schrecklich schlimme Sachen!", antwortet Agnes voller Abscheu.

„Willst du mir erzählen, was das für schrecklich schlimme Sachen sind, die das böse Gespenst mit dir macht?", fragt die Erzieherin.

Agnes zögert erneut. Sie starrt auf ihre Bettdecke und schweigt lange. Dann kommt ihre Antwort. Sie flüstert, als sie sagt: „So unten rummachen!"

Die Erzieherin denkt nach. Sie lässt Agnes und sich Zeit. Dann fragt sie: „Meinst du mit unten deine Scheide?"

Agnes presst ein kurzes „Ja" hervor.

Wieder denkt die Erzieherin nach und überlegt ihre nächste Frage: „Erinnert dich das Gespenst vielleicht an jemanden, den du kennst?"

Agnes antwortet nach kurzer Pause: „Ja!"

„An wen erinnert dich das Gespenst?"

Agnes zögert wieder mit ihrer Antwort. Sie ist sich unsicher, ob sie antworten soll. Sie schweigt minutenlang. Ihr angsterfüllter Blick geht ins Leere.

Nach einer Weile fragt die Erzieherin behutsam nach: „Du musst es mir nicht sagen! Aber ich glaube, es ist gut, wenn du es mal rauslässt!"

Agnes kämpft mit sich. Ihre Gesichtszüge verzerren sich unnatürlich. Voller Anspannung haben sich ihre kleinen Hände in die Bettdecke gekrallt. Verzweifelt starrt sie die Erzieherin an.

„Der Opa!", bricht es schließlich aus ihr heraus, und sie fängt bitterlich zu weinen an. Schluchzend wirft sie sich in die Arme der Erzieherin. Agnes hat endlich ihr trauriges Geheimnis preisgegeben.

Agnes' Bericht. In dieser Nacht finden Agnes und ihre Erzieherin wenig Schlaf. Agnes ist erschöpft und kann doch nicht schlafen. Einige Stunden sitzt die Erzieherin an ihrem Bett. In dieser Nacht erzählt ihr Agnes alles, was sie erlebt hat. Bereits seit knapp zwei Jahren ist sie das Opfer von sexuellem Missbrauch. Ihren Berichten zufolge geschieht es immer an den Wochenenden, wenn sie bei ihren Großeltern mütterlicherseits zu Besuch ist. Dies ist etwa ein- bis zweimal im Monat der Fall, wenn ihre Eltern Ruhe vor ihr haben wollen, wie sie sich ausdrückt. Nachts, wenn es dunkel ist und sie schlafen soll, öffnet sich plötzlich die Tür zu ihrem Zimmer und das „weiße böse Gespenst" kommt herein. Es geht schweigend direkt auf ihr Bett zu. Es fasst mit einer Hand unter ihre Bettdecke und streichelt ihren Oberkörper. Dann wandert die Hand langsam über ihren Bauch zum Genitalbereich. Die Hand schiebt sich unter ihr Höschen und streichelt sie „überall dort". „Das Gespenst fängt zu Schnaufen an" und entblößt schließlich seinerseits sein Geschlechtsteil, welches „immer größer wird". Sie muss dieses dann anfassen und in ihren Mund nehmen. „Das Gespenst stöhnt so komisch. Auf einmal muss es so weißes Zeug pinkeln. Das schmeckt ganz salzig." Bevor es geht, droht es Agnes, dass etwas ganz Furchtbares mit ihr passieren wird, wenn sie mit irgend jemand über den Vorfall spricht. Agnes sagt, dass sie davor riesengroße Angst hat.

Die Erzieherin muss ihr am Ende ausdrücklich versprechen, dass sie mit niemandem außer den anderen Erziehern der Gruppe und dem Psychologen auch nur ein Sterbenswort über ihr gemeinsames nächtliches Gespräch redet.

Ein spektakulärer Wandel

In den Tagen darauf geht Agnes den Erziehern – und insbesondere ihrer Lieblingserzieherin – aus dem Weg. Gleichzeitig legt sie ihre bisherige Zurückhaltung und Schüchternheit den anderen Kindern der Gruppe gegenüber ab und präsentiert sich plötzlich in der vulgär-provokativen Art und Weise, wie sie den Erziehern aus den Akten bekannt ist. Agnes zeigt einen extrem sexualisierten Sprachgebrauch und ein ebensolches Verhalten. Sie versucht in den folgenden Tagen mehrfach, den Jungen in die Hose zu fassen

und deren Geschlechtsteile zu berühren. Sie fordert die über-
raschten Knaben auf, sie zu „bumsen". Sie tut dies auf dem Schulhof, auf dem Spielplatz und in der Gruppe. Ihre Opfer sind Jungen
aus ihrer Gruppe wie auch aus anderen Gruppen der Einrichtung.
Agnes ist wie verwandelt.

Interpretation. Der Psychologe interpretiert das Verhalten von
Agnes wie folgt: Bevor das Mädchen in die Diagnose-Abteilung
aufgenommen wird, ist sie immer wieder den Missbrauchssitua-
tionen hilflos ausgeliefert. Dabei fühlt sie sich selbst schuldig. Sie
weiß, dass das, was geschieht, nicht passieren darf. Dass es überhaupt passiert, so glaubt sie, liegt ganz bestimmt an ihr. Sie hält
sich für schlecht und böse und schämt sich für alles, was geschieht.
Und sie hat panische Angst vor ihrem Großvater und davor, dass
jemand von den Vorfällen erfährt. Sie wird mit ihren Erlebnissen
nicht fertig und reagiert mit Depression und Rückzug. Andererseits ist sie voller Ohnmacht und Wut und agiert diese Gefühle aus
über ihr auffälliges und provozierendes Sexualverhalten, welches
gleichermaßen als Ventil und als Signal fungiert.

Mit ihrer Aufnahme in die heilpädagogische Einrichtung verbindet das Mädchen zunächst die Hoffnung, alles hinter sich lassen und vergessen zu können, wenn sie nur nicht mehr in die
Missbrauchssituation kommt. Schnell muss sie die bittere Erfahrung machen, dass die Gedanken sie nicht loslassen und sie die
schlimmen Erlebnisse der Vergangenheit in den Träumen verfol-
gen. Agnes findet keine Ruhe. Sie weigert sich vehement, sich mit
ihrer Vergangenheit auseinander zu setzen. Sie will darüber nicht
reden. Und sie schämt sich darüber so unendlich, fühlt sich so un-
sagbar schlecht, schmutzig, leer und ausgelaugt. Bis sie es nicht
mehr aushält und sich einer Erzieherin anvertraut.

Damit gibt sie alle ihre schützenden Abwehrmechanismen auf
und liefert sich den Erwachsenen im Heim aus. Sie bricht alle ihre
Tabus und offenbart sowohl ihre vermeintliche Schlechtigkeit und
Verdorbenheit als auch ihre Hilflosigkeit und Angst. Aus ihrer
Sicht hat sie nun nichts mehr zu verlieren, und sie sieht daher auch
keinerlei Grund mehr, sich zusammenzureißen.

Dass sie sich der Erzieherin anvertraut hat, ist ihr Erleichterung und Ängstigung zugleich. Alles gesagt und herausgelassen zu haben, bedeutet eine vorübergehende Entlastung; die Angst vor den Konsequenzen ihrer Beichte bedeutet eine langfristige Belastung. Sie empfindet plötzlich Wut und Ärger darüber, dass sie der Erzieherin und damit allen ihr Geheimnis verraten hat. Sie lässt diese Gefühle an allen aus, indem sie den Erwachsenen, und vor allem der besagten Erzieherin, aus dem Weg geht. Jetzt ist ihre ohnehin große Angst noch größer und unerträglicher geworden.

Information der Eltern

Da es erste Priorität hat, Agnes zukünftig vor weiteren Übergriffen dieser Art zu schützen, ist es unumgänglich, dass ihre Eltern unverzüglich informiert werden, auch wenn Agnes das auf keinen Fall will. Als der Psychologe sie deshalb einige Tage später fragt, ob sie sich vorstellen kann, dass sie auch ihren Eltern über diese Vorkommnisse berichtet, antwortet sie überraschenderweise, dass er es ihnen beim nächsten Elterngespräch erzählen soll.

Der Psychologe bietet ihr an, bei diesem Gespräch dabei zu sein, wenn sie das möchte.

„Nein, tun sie das! Ich kann es nicht!", antwortet sie kurz und bündig.

„Du bist sicher, dass ich ihnen alles sagen soll?"

Agnes richtet ihren Blick in die Ferne und sagt leise: „Ja!" Flüsternd fügt sie hinzu: „Es ist jetzt sowieso alles egal!"

Schockierende Mitteilung. Das nächste Gespräch mit den Eltern von Agnes und der Mitarbeiterin aus der Gruppe eröffnet der Psychologe mit den Worten: „Ich habe ihnen heute eine Mitteilung zu machen, die sie sehr schockieren wird!" Die Eltern schauen ihn fragend an.

„Agnes hat berichtet, dass sie sexuell missbraucht wird!"

Während der Mutter ein entsetztes „Nein!" entfährt, schaut der Vater den Psychologen regungslos an.

„Nein, das glaube ich nicht! Das kann doch nicht wahr sein!", ruft die Mutter aus.

„Ich befürchte doch", erklärt der Psychologe und fährt, um Sachlichkeit bemüht, fort. „Mit an Sicherheit grenzender Wahrscheinlichkeit wird Agnes seit zwei Jahren fortwährend sexuell missbraucht!"

Der Mutter hat es mittlerweile die Sprache verschlagen, sie starrt den Psychologen mit großen Augen an, die sich längst mit Tränen gefüllt haben. Der Vater sitzt schwer und unbeweglich in seinem Sessel und starrt den Psychologen an, seine Hände haben sich in die Lehne vergraben.

„Wer?", fragt er unwillkürlich. Es scheint nicht er selbst zu sein, der diese Frage stellt.

„Ich will ihnen alles berichten", sagt der Psychologe. „Seit genau zwei Wochen wissen wir von diesen schlimmen Vorfällen. Agnes hat sich einer ihrer Erzieherinnen anvertraut. In einem Gespräch mit mir, wenige Tage später, hat sie ihre Schilderungen bestätigt. Wir haben sie bislang nicht informiert, weil Agnes ausdrücklich darum gebeten hat. Wir mussten es ihr hoch und heilig versprechen, und wir haben uns an diese Abmachung gehalten. Vor drei Tagen hat uns Agnes von diesem Versprechen entbunden und uns sogar gebeten, sie zu informieren. Sie hat gesagt, dass die Eltern alles wissen sollen, dass sie sich selbst aber nicht trauen würde, mit ihnen darüber zu sprechen."

„Aber warum denn nicht?", fragt die Mutter spontan. „Sie schämt sich, nicht wahr?"

„Ja!", antwortet der Psychologe, „sie fühlt sich schuldig und schlecht!"

Die Mutter hat ihre Fassung wiedergefunden. Sie wirkt plötzlich sehr ruhig und stark. Auch sie stellt jetzt die Frage, die ihr Mann bereits gestellt hat: „Wissen sie, wer es war? Hat sie gesagt, wer ihr das angetan hat?"

„Ja! Sie sagt, dass es ihr Großvater gewesen ist!" Agnes' Mutter ist entsetzt, sie kann es sich nicht vorstellen. Auch ihr Mann starrt den Psychologen völlig ungläubig an.

„Wer?", flüstert er, „mein Schwiegervater? Hat Agnes das gesagt?", will er noch einmal bestätigt bekommen.

„Ja, der Vater ihrer Frau!"

„Aber mein Vater würde so etwas doch nie tun! Außerdem ist er alt und kränklich! Der Gedanke, er könnte Agnes so etwas angetan haben, ist völlig absurd!", erklärt die Mutter voller Zweifel.

„Jedes Mal, wenn sie das Wochenende bei den Großeltern verbracht hat, muss es passiert sein. So berichtet es uns Agnes. Wir haben keinen Grund, ihre Aussagen zu bezweifeln. Alle uns vorliegenden Erkenntnisse sprechen für die Richtigkeit ihrer Anschuldigungen. Wir halten ihre Tochter für vollkommen glaubwürdig", erklärt der Psychologe den geschockten Eltern.

Zukunftsplanung. Die Eltern wissen nun Bescheid. Gemeinsam muss überlegt werden, wie das Kind vor dem Großvater zu schützen ist und welche weiteren Schritte getan werden sollen. Nach Auffassung des Psychologen müssen die Eltern, namentlich die Mutter, entscheiden, welche Konsequenzen erfolgen sollen.

Nach langem Hin und Her kam der Psychologe für sich in diesem konkreten Fall zu der Überzeugung, dass eine Anzeige und eine strafrechtliche Verfolgung des Großvaters zum jetzigen Zeitpunkt niemandem nützen würde. Ein solcher Schritt würde nur noch mehr Unheil über die Familie bringen. Und Agnes, um die es in allererster Linie geht, würde noch mehr leiden müssen – nicht nur, wenn der Großvater alles abstreiten würde und sie vor Gericht aussagen müsste. Entscheidend ist die Tatsache, dass Agnes noch jahrelang die rechtliche Möglichkeit hat, eine solche Anzeige nachzuholen – wenn sie es will. Andererseits ist es wichtig und notwendig, nicht zuletzt im Sinne der Prävention, dass sexueller Missbrauch in die Öffentlichkeit gelangt und potentielle Täter abgeschreckt werden.

Agnes' Problem muss rein therapeutisch gelöst werden. Agnes braucht die Hilfe von Fachleuten, die sich auf diesem Gebiet auskennen. Auch ihre Eltern müssen beraten und gestützt werden, um mit den Folgen des sexuellen Missbrauchs ihrer Tochter umgehen zu lernen. Voraussetzung ist allerdings, dass sicher ausgeschlossen werden kann, dass der Großvater sich noch einmal an Agnes oder an einem anderen Kind vergehen kann. Da ein solches Verhalten Suchtcharakter hat, müssen diesbezüglich konkrete

Vorkehrungen getroffen werden. Das heißt über die Information der Großmutter hinweg werden auch die übrigen Familienmitglieder über die Vorfälle in Kenntnis gesetzt werden müssen.

Schock. Der Psychologe ist mit seinen Gedanken bei der Zukunftsplanung, als der Vater von Agnes plötzlich schleppend zu sprechen beginnt und diesen jäh in die Gegenwart zurückholt. Seine Worte bedeuten nicht nur einen erneuten, noch größeren Schock für seine Frau, sie schockieren auch die Erzieherin aus der Gruppe und den Psychologen. Der Vater, tief bewegt und um Fassung ringend, sagt: „Es stimmt, was Agnes widerfahren ist. Sie sagt die Wahrheit. Aber es war nicht ihr Großvater. Ich war es!"

Es folgt langes Schweigen. Damit haben die Heimleute – bei aller Erfahrung auf diesem Gebiet – nicht gerechnet. Die Aussagen von Agnes schienen rund und stimmig zu sein. Sie hat den inneren Druck nicht mehr ausgehalten und hat über das, was ihr an Schrecklichem widerfahren ist, geredet. Offensichtlich wollte sie den geliebten Vater nicht verraten – und damit verlieren. Lieber opfert sie in ihrer kindlichen Logik den alten, kranken Großvater.

Bericht des Vaters

Der Vater berichtet schließlich mit tränenerstickter Stimme von dem Gefühl der Einsamkeit, das sich in den vergangenen Jahren immer stärker und bedrohlicher in ihm breit gemacht hat. Seit dem Tag, da Agnes zu ihnen kam, lebt seine Frau ihre Muttergefühle voll und ganz aus, wie er es formuliert, und konzentriert sich ganz auf das Mädchen. Sie hat sich seiner Meinung nach viel zu intensiv um das Kind und seine Probleme gekümmert. Auf diese Weise sind seine Bedürfnisse auf der Strecke geblieben, und er hat sich immer häufiger allein und verlassen gefühlt. Den emotionalen und körperlichen Rückzug seiner Frau sieht er in Verbindung mit dem Verhalten von Agnes. Mit der Verschlossenheit des Kindes hat sich auch seine Frau immer stärker von ihm zurückgezogen und verschlossen.

Seinen Aussagen zufolge entwickelt er mit den Jahren Agnes gegenüber eine zunehmende Hassliebe. Anfangs ist ihm diese unglückselige Entwicklung gar nicht bewusst. Er erwischt sich dabei, wie er eifersüchtig reagiert, weil seine Frau nur noch Augen für das Kind hat und ihn – auch sexuell – immer häufiger zurückweist. Er zieht sich seinerseits zurück und „verkriecht" sich in seiner Arbeit, wie er es formuliert. Die Zeit vergeht, Agnes wächst heran, und er fühlt sich mit jedem Tag unzufriedener und unglücklicher. Die Gespräche mit seiner Frau verlaufen fruchtlos. Seine Frau wiegelt ab und sagt, dass er sich nicht so anstellen soll. Schließlich sei er ein erwachsener Mensch, während Agnes ein Kind mit großen Problemen sei, das ihrer Hilfe bedarf.

Eines Nachts, seine Frau hat wieder einmal ihre immer häufiger auftretenden Probleme mit Migräne, passiert es zum ersten Mal: „Es ist über mich gekommen! Ich verstehe es noch heute nicht! Ich wollte in ihr Zimmer gehen und sie nur anschauen! Dann ist das Wahnsinnige geschehen!"

Kreidebleich berichtet er, dass er in den folgenden zwei Jahren immer wieder, wenn seine Frau mit Migräne im Bett liegt, spät abends und in der Nacht zu Agnes geht. Mit Entsetzen stellt er fest, dass diese nächtlichen Besuche sein schon seit langem zu kurz gekommenes Sexualbedürfnis wecken und es ihn immer wieder zu Agnes zieht, obwohl er sich jedes Mal vornimmt, dass es das letzte Mal ist. Es ist wie eine Sucht, und es überkommt ihn wie ein Zwang, wogegen er sich eigenen Aussagen zufolge nicht zu wehren vermag. Aus Angst vor den Folgen schüchtert er Agnes ein, dass sie mit niemandem darüber sprechen darf und droht ihr, dass sonst etwas ganz Furchtbares passieren wird. Er weiß, dass er etwas ganz Furchtbares getan hat. Und er sagt, dass er froh ist, dass es nun endlich vorbei ist …

Der Vater schlüpft in seinen Schilderungen selbst in die Opferrolle. Seine Frau und Agnes scheinen aus seiner Sicht mitschuldig zu sein, dass er sich an seiner Adoptivtochter über Jahre hinweg vergangen hat. Bei seinen Erklärungsversuchen handelt es sich um eine Art Selbstschutz und um das verzweifelte Bemühen, sein Verhalten vor sich selbst und vor anderen zu rechtfertigen. Bei allem Verständnis für seine sehr frustrierende Rolle in der Familie, keine noch so schwere Belastung kann sein Handeln entschuldigen – er allein trägt die Verantwortung für seine Taten.

Weitere Schritte

Wie soll es weitergehen? Diese Frage ist nicht nur mit den Eltern zu klären, sondern die zuständige Sozialarbeiterin des Jugendamtes ist als nächstes über die Sachlage in Kenntnis zu setzen, um mit ihr gemeinsam die weitere Vorgehensweise zu erörtern und festzulegen. Hierzu wird das ausdrückliche Einverständnis von Agnes eingeholt. Das ist wichtig und notwendig, damit sie – die Hauptbetroffene – nicht den Eindruck hat, dass sich die Erwachsenen ohne Absprache mit ihr über deren Versprechen hinwegsetzen.

Agnes wird informiert. Zuvor hat der Psychologe Agnes über den Verlauf des letzten Elterngespräches informiert. Sie weiß nun, dass ihr Vater alles zugegeben hat. Agnes reagiert spontan erleichtert, dann überkommt sie sofort die Angst vor den Folgen. Sie stellt viele Fragen, die ihr zu diesem Zeitpunkt niemand beantworten kann: „Was wird werden? Kommt der Vati jetzt ins Gefängnis? Will er nun gar nichts mehr von mir wissen? Wie lange darf ich den Vati nicht sehen?" Es ist eine sehr unbefriedigende Situation für den Psychologen und eine nur schwer zu ertragende Situation für Agnes. Aber sie hat keine Wahl. Auch diese Belastungen wird sie ertragen und durchstehen müssen.

Der Psychologe teilt ihr schließlich mit, dass für die nächsten Tage ein gemeinsames Gespräch aller Beteiligter im Jugendamt vereinbart wurde, an dem ihre Eltern, die zuständige Sozialarbeiterin des Jugendamtes sowie die Gruppenleiterin und er selbst teilnehmen werden. Er versichert Agnes, dass sie keine Angst vor ihrem Vater zu haben braucht. Agnes fragt sofort erwartungsvoll: „Kommen Mami und Vati mich dann besuchen?"

„Ich denke, dass du die Mami bald sehen kannst!"

„Und den Vati?", fragt Agnes traurig.

Der Psychologe schüttelt hilflos den Kopf. Wird Agnes jemals verstehen können was passiert ist?

Bericht des Psychologen. Das besagte Gespräch findet wie geplant im Jugendamt statt. In diesem Gespräch fasst der Psychologe die Erkenntnisse der psychodiagnostischen Arbeit mit Agnes und ihren Eltern zusammen.

Agnes' intellektuelle Fähigkeiten liegen im unteren Durchschnittsbereich, wobei eine pränatale Schädigung aufgrund des Alkohol- und Nikotinkonsums der leiblichen Mutter während der Schwangerschaft nicht auszuschließen ist. Tatsache ist, dass Agnes erhebliche Entwicklungsrückstände aufweist, die nicht ausschließlich mit den negativen vorgeburtlichen Lebensbedingungen zu erklären sind, sondern die mindestens ebenso auf die ungünstigen psychosozialen Umstände in der Familie und nicht zuletzt auf den sexuellen Missbrauch während der vergangenen zwei Jahre zurückzuführen sind.

Ferner liegt eine erhebliche Selbstwert- und Angstproblematik bei Agnes vor. Diese ist durch ihre frühkindlichen Erfahrungen bedingt und wird durch die innerfamiliären Belastungen in erheblichem Maße verstärkt. Der sexuelle Missbrauch durch den Vater hat tiefe, irreversible Spuren in der kindlichen Persönlichkeit hinterlassen. Es ist davon auszugehen, dass die schweren Traumata kaum jemals wieder gut zu machen sein werden.

Auch die Mutter hat Agnes letztlich für ihre eigenen Bedürfnisse missbraucht, indem sie das Kind zuletzt wie eine ihr anvertraute Patientin behandelt, die sie mit ihren pädagogischen Fähigkeiten zu heilen versucht. Ihre Zuwendung und Aufmerksamkeit gegenüber Agnes fixiert sich immer mehr auf deren Verhaltensauffälligkeiten. Dieser Mechanismus verselbständigt sich mit der Zeit dahingehend, dass die Mutter nicht mehr die Person Agnes als solche, sondern in erster Linie deren Symptomatik wahrnimmt. Auf diese tragische Weise trägt die Mutter selbst maßgeblich dazu bei, dass Agnes zur Kranken wird, die nicht genesen kann, weil sie sonst befürchten muss, die Gunst und das Interesse der Mutter zu verlieren.

Wie sich aufgrund der diagnostischen Befunde herausstellt, hat die Mutter ihr eigenes erzieherisches Scheitern nicht akzeptieren können. Hinzu kommt, dass sie die Verfehlungen ihres Mannes nach den vorliegenden Erkenntnissen tatsächlich nicht mitbekommen hat. Ahnungen, die existiert haben, hat sie – wie so häufig in solchen Fällen – nicht zugelassen und deshalb die Existenz einer anderen Frau im Leben ihres Mannes angenommen.

Beide Elternteile haben sich nach außen als engagierte Eltern präsentiert, die nur um das Wohl ihrer Tochter bemüht scheinen. Tatsächlich ist es ihnen jedoch nie gelungen, Agnes anzunehmen wie sie ist und sie um ihrer selbst Willen zu lieben. Besonders die Mutter versuchte Agnes nach ihren Vorstellungen zu prägen und zu formen, ohne sie als eigenständiges Wesen zu akzeptieren.

Agnes, deren Start ins Leben ohnehin alles andere als glücklich verlief, ist mit ihren von Anfang an existierenden Problemen im emotionalen Bereich nie zurechtgekommen. Wie sollte sie auch – unter diesen schwierigen Lebensbedingungen? Das Mädchen hat ihren Möglichkeiten entsprechend alles getan, um ihrer Mutter zu gefallen und es ihr recht zu machen. Agnes' Kampf um die Liebe und Zuneigung ihrer Eltern war von vornherein hoffnungslos zum Scheitern verurteilt.

Agnes' Zukunft. Agnes bedarf einer weiteren stationären psychotherapeutischen und heilpädagogischen Behandlung. Diese Maßnahme ist aufgrund der Schwere der Problematik längerfristig anzusetzen und muss aller Wahrscheinlichkeit nach weit über einen Zeitrahmen von zwei Jahren hinaus geplant werden. Ferner ist ungewiss, ob Agnes jemals zu ihrer Adoptivmutter zurückkehren kann. Aus diesem Grund schlägt der Psychologe eine Unterbringung von Agnes in einer auf die Behandlung von sexuellem Missbrauch spezialisierten Kleinsteinrichtung vor. Dort kann das Mädchen, falls notwendig, bis zu ihrer Verselbständigung bleiben.

Der Vater erklärt sich sofort einverstanden mit diesem Vorschlag. Auch die Mitarbeiterinnen des Jugendamtes sprechen sich dafür aus. Die Mutter stimmt schließlich unter der Bedingung zu, dass sie weiterhin in regelmäßigem Kontakt zu ihrer Tochter stehen kann. Dies wird der Mutter zugesagt, da dieser Wunsch im Interesse von Agnes liegt. Mit dem Vater wird vereinbart, dass er in den nächsten Monaten keinerlei Kontakt zu seiner Tochter sucht, bis dies vom therapeutischen Prozess her wünschenswert ist.

Zu einer Anklage des Vaters wird es nicht kommen. Agnes will das ausdrücklich nicht! Sie will nicht, dass ihr Vater verurteilt wird. Das hat sie auf Fragen hin mehrfach zu verstehen gegeben. Alle akzeptieren Agnes' Wunsch. Vielleicht wird Agnes eines Tages ihre Meinung ändern. Zum heutigen Zeitpunkt ist sie noch nicht so weit. Es wird zu keiner Anzeige gegen den Vater kommen, wenn dieser folgende Bedingungen erfüllt: Erstens hält er die vereinbarte Distanz zu seiner Tochter. Zweitens macht er eine Psychotherapie, um seine Probleme in Angriff zu nehmen und den wirklichen Ursachen seines Verhaltens auf den Grund zu gehen, damit Vergehen dieser Art zukünftig ausgeschlossen sind. Der Vater erklärt sich mit allen Auflagen einverstanden.

Die Fachleute nehmen sofort Kontakt zu einer geeigneten Einrichtung der Kinder- und Jugendhilfe auf und leiten die Vermittlung von Agnes in die Wege. Sie wollen und dürfen keine Zeit verlieren, denn die Situation, in der sich Agnes befindet, ist sehr belastend für das Kind. Agnes braucht schnell eine Perspektive. Sie muss wissen, wie es weitergeht, um nicht noch weiteren psychischen Schaden zu nehmen.

Epilog

Die Adoptivmutter von Agnes reicht, wenige Tage nach dem Gespräch im Jugendamt, die Scheidung ein. Sie kann und will nicht länger mit ihrem Mann zusammenleben. Und sie will, trotz aller Fehler, die sie selbst in der Erziehung von Agnes gemacht hat, ihre Tochter nicht verlieren. Die Mutter erklärt sich bereit, mit einer Fachperson an ihren Problemen zu arbeiten und sich in Psychotherapie zu begeben.

Agnes findet erfreulicherweise schnell einen Therapieplatz in einer auf sexuell missbrauchte Mädchen spezialisierten Kleinsteinrichtung. Wie besprochen, hält die Mutter regelmäßig Kontakt zu ihrer Tochter. Eine Rückkehr in den mütterlichen Haushalt ist nicht gänzlich ausgeschlossen. Es hängt von den Therapiefortschritten ab, die beide machen und ob es ihnen – insbesondere der Mutter – gelingt, die notwendigen Voraussetzungen für eine Rückkehr zu schaffen.

Der Vater verlässt nach kurzer Zeit die Stadt und versucht, sich in einer neuen Umgebung eine Existenz aufzubauen. Absprachegemäß beginnt er eine Therapie in einer entsprechenden Beratungsstelle. Diese informiert auf Veranlassung des Vaters das für Agnes zuständige Jugendamt über diesen Schritt. So ist es seinerzeit in dem Gespräch vereinbart worden. Zu seiner Tochter sucht er keinerlei direkten Kontakt. Alle Monate erkundigt er sich bei seiner Frau über Agnes' Befinden. Auch nach der Scheidung ruft er alle Monate bei seiner Exfrau an, um nach Agnes zu fragen.

Zweiter Epilog

Jahre sind vergangen. Der Psychologe hat nichts mehr von Agnes und ihren Eltern gehört. Auch die Mutter ist in der Zwischenzeit verzogen. Das sie bisher betreuende Jugendamt ist somit nicht mehr zuständig. Auch dort hat niemand etwas von der Familie gehört. Die Kleinsteinrichtung, in die Agnes seinerzeit gekommen ist, berichtet, dass Agnes im Alter von elf Jahren auf ihren ausdrücklichen Wunsch in den Haushalt der Mutter entlassen wurde. Agnes ist jetzt 15 Jahre alt. Keiner weiß, was aus ihr geworden ist.

4 Noch etwas zum Thema Heimerziehung – Ausblick

Es ist einige Jahre her, dass nicht nur der allgemeine Sprachgebrauch, sondern auch die fachliche Terminologie sich des Begriffes der „schwer erziehbaren Kinder" bediente. Diese Bezeichnung wurde zwischenzeitlich zu Recht ersetzt durch die Termini „verhaltensgestört" bzw. „verhaltensauffällig". Der Begriff der „Schwererziehbarkeit" ist unangemessen und irreführend, schließt er doch eine Art irreversible Veranlagung beim Kind mit ein und verlagert die Ursachen der Probleme weg vom sozialen Umfeld hin auf das Kind. Es gibt keine sogenannten „schwer erziehbaren Kinder", aber es gibt Eltern, die sich – aus den unterschiedlichsten Gründen heraus – schwer tun mit der Erziehung ihrer Kinder. Für diese Familien ist qualifizierte Hilfe dringend notwendig.

Differenziertes Angebot. Erfreulicherweise bietet unsere heutige Sozialgesellschaft ein differenziertes Angebot fundierter Hilfe zur Erziehung. Es existieren ambulante, ambulant-mobile, teilstationäre und vollstationäre Hilfemaßnahmen. Letztere, die stationäre Heimerziehung von Kindern und Jugendlichen, wird vernünftigerweise dann angeboten, wenn anzunehmen ist, dass die anderen Hilfsangebote nicht greifen oder wenn diese Möglichkeiten bereits erfolglos ausgeschöpft wurden.

Elementare Bestandteile. Heute ist es eine Selbstverständlichkeit, dass der Anspruch moderner Heimerziehung über die Verwahrung und Versorgung „problematischer" Kinder hinausgeht. Es wird nach den Gründen für das unangemessene kindliche Verhalten gesucht und mit Hilfe verschiedener therapeutischer Methoden eine Veränderung des Verhaltens und der dahinter stehenden Einstellungen angestrebt. Dies ist sogar gesetzlich festgelegt.

> Die **Grundpfeiler moderner (heil)pädagogischer Heimerziehung** bestehen in
> (1) einer multidimensionalen Individualdiagnostik der Kinder und einer umfassenden Abklärung der familiären Rahmenbedingungen als Basis
> (2) einer heilpädagogisch-psychologisch ausgerichteten ganzheitlichen Therapie der Kinder und
> (3) einer die Therapie der Kinder begleitenden, qualifizierten intensiven Elternarbeit.

Diese elementaren Bestandteile der Heimerziehung gilt es, ständig weiter zu entwickeln. Um diesem Anspruch gerecht zu werden, ist eine praxisbegleitende Forschung notwendig, um die angewandten therapeutischen Interventionen wissenschaftlich abzusichern. Dies beinhaltet z.b. Untersuchungen zur Erfolgskontrolle und damit ein über die eigentliche Maßnahme hinausgehendes Engagement (vgl. Schauder,1998).

Supervision. Ferner bedarf es der kontinuierlichen Supervision der an der Hilfemaßnahme beteiligten Fachkräfte und deren grundsätzlicher Bereitschaft zu selbstkritischer Betrachtung und Hinterfragung eigenen Handelns. Ein regelmäßiger Besuch hausinterner und externer Fortbildungsveranstaltungen ist selbstverständlich.

Interdisziplinäre Zusammenarbeit. Darüber hinaus ist eine Intensivierung der interdisziplinären Zusammenarbeit der Angehörigen verschiedener Fachrichtungen wie Erzieher, Lehrer, Psychologen, Neurologen, Logopäden etc. zu fordern, da es diesbezüglich erfahrungsgemäß noch nicht zum Besten bestellt ist.

Konzepte. Trotz der Bemühungen, die Qualität der stationären Heimerziehung zu optimieren, stoßen wir dennoch immer wieder an die Grenzen unserer Möglichkeiten. Dies ist bei aller Fachlichkeit und Professionalität die unerfreuliche Wirklichkeit. Um so mehr gilt es, für diese besonders schweren bzw. schwierigen „Fälle" neue und weiter reichende Konzepte zu entwickeln, um den besonderen Anforderungen gerecht werden zu können.

Finanzierung. Schließlich soll noch ein weiterer wichtiger Aspekt angesprochen werden: die Frage der Finanzierung bzw. Finanzierbarkeit derartiger Maßnahmen. Ein unangemessenes Kostendenken, wie es von manchen (un)wissenden Repräsentanten aus Politik und Wirtschaft geäußert wird, ist hier völlig fehl am Platz und erinnert an das Bild, nicht weiter als bis zum eigenen Tellerrand zu schauen und zu denken. Diesen „Kostenrechnern" sei sehr deutlich gesagt: Jedes „gerettete" Kind, d.h. jedes Kind, das in unsere Gesellschaft integriert werden kann, das nicht zum Drogenabhängigen, zum Alkoholkranken, zum Arbeitslosen, zum Delinquenten oder zum sonstwie Hilfebedürftigen wird, erspart unserer Gesellschaft Kosten von zig Tausenden Euro. Also nicht nur aus ethisch-humanistischem Blickwinkel betrachtet, sondern auch rein wirtschaftlich im Sinne der „Kosten-Nutzen-Abwägung" gesehen, „rechnet" sich eine qualifizierte Heimerziehung – und ist nicht nur ein mehr und mehr unbezahlbarer sozialer Luxus jenseits des Bruttosozialprodukt-Denkens.

Keine Frage: Heimerziehung ist notwendig und „lohnt" sich! Wenn sie sich den Anforderungen sozialer Veränderungen in unserer Gesellschaft stellt und in der Lage ist, ständig im Wandel zu sein und flexibel neuen Herausforderungen zu begegnen, dann ist – auch rein wirtschaftlich betrachtet – jeder in die Heimerziehung investierte Euro gut angelegt.

5 Worauf sollten Väter oder Mütter achten – ausgewählte Leitsätze und Regeln

Einige ausgewählte Leitsätze und Regeln für Eltern
Dieses Kapitel wendet sich primär an Eltern. Es soll aber auch im Sinne eines Perspektivenwechsels allen professionell mit Erziehung Befassten Denkanstöße geben.

Im Laufe meiner diagnostischen und therapeutischen Arbeit mit Kindern und Jugendlichen und ihren Eltern sind mir eine Reihe von wichtigen und entscheidenden Leitgedanken und Regeln im erzieherischen Alltag begegnet. Sie sind sicher nicht neu, aber so wichtig, dass ich sie an dieser Stelle noch einmal mit Nachdruck allen Vätern und Müttern ans Herz legen möchte. Sozusagen als Aufforderung, sich das eigene erzieherische Handeln tagtäglich bewusst zu machen, immer wieder aufs Neue zu überprüfen und kritisch zu reflektieren, um eigenes Fehlverhalten rechtzeitig wahrzunehmen und zu verändern. Und als Hilfe, um dem eigenen Anspruch engagierter und verantwortungsvoller Eltern, in der Erziehung ihrer Kinder „alles richtig" zu machen, möglichst nahe zu kommen.

Nicht selten, wenn nicht sogar im Regelfall, befinden sich Eltern in irgendeiner Form von Alltagsstress. Entweder situativ und kurzfristig oder mittel- und längerfristig über mehr oder minder längere Zeiträume hinweg, je nach den individuellen Lebensumständen und Problemen, mit denen Eltern zu kämpfen haben. Eltern sind im Alltag gefangen und in ihre Probleme verstrickt, so dass sie Gefahr laufen, den Blick für das Wesentliche zu verlieren. Sie werden unter diesen Umständen Geist und Seele ihrer Kinder mit ihren Anliegen nicht erreichen.

Aus den folgenden ausgewählten Leitsätzen und Regeln für Eltern, die erfahrungsgemäß entscheidend zum Aufbau eines gesunden Selbstwertgefühls von Kindern beitragen, möge sich jeder Vater und jede Mutter die für sich selbst wichtigsten auswählen und beherzigen.

Zur Wertschätzung

Eltern sollten sich jeden Tag aufs Neue bewusst machen, was ihre Kinder für sie bedeuten. Gibt es eine wichtigere und wertvollere Person für Eltern als ihre Kinder? Dabei ist wichtig, dass Eltern ihre Liebesbekundung nicht von irgendetwas – z.b. von einer besonderen Leistung – abhängig machen. Eltern lieben ihre Kinder unabhängig von ihrem Verhalten. Egal, ob sie gerade etwas besonders gut oder schlecht gemacht haben. Und Eltern nehmen sie mit ihren kindlichen Sorgen und Nöten ernst, sie respektieren deren Gefühle und Empfindungen. Mit dieser Grundeinstellung werden Eltern auch in kritischen und konflikthaften Situationen mit ihren Kindern besser umgehen können.

> **LEITSÄTZE**
>
> ▶ Mein Kind ist das Wichtigste und Wertvollste auf der Welt, das ich habe!
> ▶ Ich liebe mein Kind über alles!
> ▶ Ich (be)achte mein Kind!
> ▶ Ich nehme die Sorgen und Nöte meines Kindes ernst!

Zur Akzeptanz

Kinder sind ein Geschenk, sie sind eigenständige Geschöpfe, und Eltern besitzen sie nicht, sie gehören ihnen nicht. Eltern haben sie so zu nehmen, wie sie sind.

> **LEITSÄTZE**
>
> ▶ Ich nehme mein Kind an, so wie es ist!
> ▶ Ich akzeptiere mein Kind, so wie es ist!
> ▶ Mein Kind ist in Ordnung, so wie es ist!

Zum Vertrauen

Eltern sollten ihren Kindern Vertrauen schenken und ihnen signalisieren, dass sie ihnen etwas zutrauen. Das trägt entscheidend zur Ausbildung eines gesunden Selbstwertgefühls bei.

Zu Entscheidungen

Eltern sollten ihre Kinder selbst mehr Entscheidungen für sich treffen lassen, das fördert deren Verantwortungsbewusstsein. Wenn Eltern Entscheidungen treffen, sollten sie ihre Kinder mit einbeziehen in den Entscheidungsprozess. Das zeigt den Kindern, dass Eltern die Meinung ihrer Kinder achten, für wichtig halten, hören wollen und vor allem berücksichtigen.

Zur Kritik

Sehr wichtig ist, wann, wie oft und vor allem wie Eltern bei Meinungsverschiedenheiten reagieren. Ob Eltern freundlich-konstruktiv oder harsch-ablehnend kritisieren, entscheidet maßgeblich, wie das Kind die Kritik wahrnimmt und sich selbst dabei erlebt. Kritik soll dem Kind weiterhelfen und es nicht frustrieren und entmutigen. Das ist von immenser Bedeutung für die Ausbildung eines gesunden Selbstwertgefühls.

▶ Ich enge mein Kind nicht ein mit unnötigen Gängeleien und Meckereien!

▶ Ich kritisiere mein Kind möglichst wenig!

▶ Was und wie ich kritisiere, überdenke ich zuvor!

▶ Wenn ich Kritik üben will, überprüfe ich zuvor meine eigene Stimmung und meine aktuellen Gefühle, um mich steuern zu können!

▶ Ich achte bewusst auf meinen Tonfall, wenn ich meinem Kind etwas sage!

▶ Ich bemühe mich, nicht unangemessen laut zu werden oder zu schreien!

▶ Ich vermeide unbedingt unsachliche, nicht konstruktive Kritik!

Zu Aggression und Wut

Kinder reagieren weniger gesteuert als Erwachsene. Sie müssen erst noch lernen, sich zusammen zu reißen und ihren Gefühlen nicht ungebremst freien Lauf zu lassen. Das muss Eltern klar sein, wenn Kinder in ihrem Ärger unangemessen reagieren.

LEITSÄTZE

▶ Auf Wutausbrüche meines Kindes reagiere ich nicht selbst mit Aggressionen!

▶ Ich behalte meine Geduld!

▶ Ich bleibe ruhig!

▶ Ich führe mir immer mein Ziel vor Augen: ein selbstbewusstes und zufriedenes Kind!

Zur Konsequenz

Eltern und Erwachsene sind Vorbilder. Die Kinder sollen sich auf ihre Eltern verlassen können. Nur dann werden sie lernen, selbst verlässlich zu sein. Nur dann werden sich Eltern auch auf sie verlassen können. Es ist absolut notwendig, dass Eltern und Erwachsene den Kindern klare Wenn-Dann-Beziehungen vorleben (vgl. Kapitel 1.2.5). Das gibt ihnen Klarheit, Sicherheit und Orientierung.

Selbstverständlich lassen sich die genannten Leitsätze nicht allesamt problemlos und jederzeit realisieren. Oft genug wissen Eltern, wie sie reagieren sollten, nur gelingt es gerade nicht, weil sie überfordert sind. Wie oft werden Eltern im Nachhinein ihre Fehler im Erziehungsverhalten klar, und sie wissen nur zu gut, wie sie hätten reagieren sollen, aber sie konnten es in der Situation nicht realisieren. Schuldgefühle und ein schlechtes Gewissen helfen da weder Eltern noch Kindern. Vielmehr sollten Eltern versuchen, aus ihren Fehlern zu lernen und es zukünftig besser zu machen.

Dabei ist entscheidend, dass Eltern ihre ureigenen Einstellungen und die daraus resultierenden Ansprüche an ihre Kinder überprüfen. Immer wieder müssen Eltern die Erfahrung machen, dass sie durch das Fehlverhalten ihrer Kinder an eigenes, unerwünschtes Verhalten erinnert werden. Auf diese Weise werden Eltern mit ihren negativen Eigenanteilen konfrontiert, die sie an sich nicht akzeptieren und deren Existenz sie mehr oder minder ignorieren bzw. verdrängen. Diese negativen Eigenanteile werden Eltern nun durch ihre Kinder widergespiegelt, was Gefühle des Unmuts und der Unzufriedenheit bis hin zu Wut, Aggression und Ablehnung auslöst.

Wenn Eltern unter diesen Voraussetzungen ihren Kindern begegnen, helfen die besten Leitsätze nichts, da sie deren Inhalt nicht verinnerlicht haben. Es geht um eine Bewusstmachung der eigenen kognitiven und emotionalen Positionen gegenüber den Kindern. Wollen Eltern eigentlich ein anderes Kind, das am besten immer funktioniert, das möglichst unproblematisch ist und sie mit seiner Existenz in ihrem gestressten Lebensalltag so wenig wie möglich belastet? Oder können Eltern ihre Kinder vorbehaltlos annehmen, so wie sie sind, mit allen ihren Ecken und Kanten?

Es geht nicht darum, immer „alles richtig" zu machen! Auch Eltern dürfen in der Erziehung **Fehler** machen! Aber das Bestreben von Eltern und Erwachsenen sollte es sein, so wenig „Fehler" wie möglich und so oft wie möglich „alles richtig" zu machen. Das gelingt am ehesten mit der „richtigen" Einstellung!

Eltern sollten in sich gehen und schauen, wie es bei ihnen um die Umsetzung dieser Leitsätze bestellt ist. Das können sie zu zweit oder jeder für sich tun. Das können beide Elternteile tun im gemeinsamen Gespräch, im Erfahrungsaustausch und in gegenseitiger kritischer Reflexion des alltäglichen erzieherischen Handelns. Das können mehrere Eltern in (Selbsterfahrungs)Gruppen tun, um sich in ihren Erfahrungen gegenseitig zu bestärken und zu unterstützen.

Jede verantwortungsvolle berufliche Tätigkeit ist mit einer mehr oder minder umfangreichen und intensiven Ausbildung verbunden, um den Anforderungen gerecht zu werden und „gute Arbeit" leisten zu können. So haben beispielsweise Lehrer und Erzieher ein umfassendes, mehrsemestriges Pädagogikstudium mit verschiedenen berufsbezogenen Praktika und abschließenden Prüfungen zu absolvieren. Eltern hingegen sind häufig ohne jede Vorbereitung – ohne jede Ausbildung und Vorkenntnisse – mit ihrer Aufgabe konfrontiert und haben einen Erziehungsauftrag auszuführen, der maßgeblich für die Entwicklung eines jungen Menschen ist.

Wenn Eltern alleine nicht weiter kommen, sollten sie sich nicht scheuen, professionelle Hilfe von außen einzufordern!

6 Wer hilft, wenn Hilfe gebraucht wird – Informationen über Anlaufstellen

Informationen über Anlaufstellen für Kinder, Eltern, Erzieher und Lehrer

Bei Problemen gibt es Anlaufstellen, an die sich Betroffene wenden können, um Hilfe zu bekommen. Es kann nicht oft genug betont werden, dass es wichtig ist, frühzeitig zu reagieren und rechtzeitig zu handeln, damit sich Probleme erst gar nicht festsetzen und Folgeprobleme vermieden werden können.

> Je eher ein **relevantes Problem** erkannt und behandelt wird, um so größer sind die Erfolgsaussichten, das Problem in den Griff zu bekommen.

Es ist wichtig, sich den Rat und die Unterstützung von Experten holen zu wollen und Hilfe annehmen zu können. Es gilt von der Maxime weg zu kommen, alles alleine hinkriegen zu müssen oder den falschen Ehrgeiz zu besitzen, alles alleine hinkriegen zu wollen.

Mit diesem Aufruf sollen auch alle „sich aufopfernden Erzieher" und alle „Lehrer mit Helfersyndrom" angesprochen werden. Ihnen sei an dieser Stelle gesagt: Die Hoffnung, es werde bei genügend persönlichem und pädagogischem Engagement schon besser werden, und ein falscher Ehrgeiz, es ohne weitere, professionelle Unterstützung zu schaffen, hilft den betroffenen Kindern am allerwenigsten.

> Als **Indikator** für die Notwendigkeit professioneller Hilfe gilt, wenn das Kind selbst in unübersehbarer Weise leidet oder wenn die soziale Umwelt unter dem Verhalten eines Kindes in massiver Form leidet (vgl. Kapitel 2.2.1).

Im Folgenden sind wichtige Anlaufstellen aufgeführt, bei denen die verschiedenen Personengruppen Hilfe und Unterstützung einfordern können.

Kinder

Kinder wenden sich bei Problemen – wenn ihre Eltern oder andere nahe stehende Familienmitglieder ihnen nicht helfen können und sie professionelle Hilfe haben wollen – an das örtliche Jugendamt, an eine örtliche Erziehungsberatungsstelle oder an ein Kindertelefon. Die Telefonnummern für diese Anlaufstellen können aus der Zeitung entnommen oder über die Telefonauskunft erfragt werden. Auch ihre Vertrauenslehrer in der Schule, der Pfarrer oder Erzieher im Hort oder der Kindertagesstätte können ihnen weiterhelfen. Andere vertraute Personen wie Freunde der Familie oder gut bekannte Nachbarn können in Einzelfällen ebenfalls Anlaufmöglichkeiten sein.

Eltern und Adoptiveltern

Eltern und Adoptiveltern wenden sich mit ihren Beziehungs- und Erziehungsproblemen an eine örtliche Erziehungsberatungsstelle oder an den örtlichen Sozialdienst der Stadt oder des Kreises bzw. an das Jugendamt vor Ort. Den Eltern steht per Gesetz das Recht auf Hilfe zur Erziehung nach dem Kinder- und Jugendhilfegesetz (KJHG) zu! (vgl. Kapitel 1.1). Auch eine private Psychologische Praxis hilft (allerdings müssen dann die Kosten für die Beratung bzw. Behandlung selbst übernommen werden, wenn sie nicht über die Krankenkasse abgerechnet werden können). Grundsätzlich gilt für verantwortungsvolle Eltern: Lieber einmal zu viel gefragt! Um Hilfe bitten ist keine Schande und bedeutet nicht, persönlich versagt zu haben!

Pflegeeltern

Pflegeeltern sind in einer rechtlich anderen Position als Eltern und Adoptiveltern. Deshalb sollten sie grundsätzlich regelmäßigen Kontakt mit dem für sie zuständigen Jugendamt haben und von dort eine entsprechende Unterstützung bei der Bewältigung ihres

Erziehungsauftrages erhalten. Dazu gehört eine regelmäßig stattfindende Supervision durch eine unabhängige, von den Pflegeeltern selbst ausgewählte Fachkraft (Psychologe, Supervisor).

Erziehungsstelleneltern

Erziehungsstelleneltern werden in der Regel durch die jeweils zuständigen Landeswohlfahrtsverbände (LWV) oder das Jugendamt vor Ort fachlich betreut. Dazu gehört eine intensive (fallbezogene) Supervision durch eine unabhängige, von den Erziehungsstelleneltern selbst ausgewählte Fachkraft (Psychologe, Supervisor).

Erzieher

Erzieher im Kindergarten, im Hort bzw. in der Kindertagesstätte oder im Heim sollten grundsätzlich eine durch ihren Arbeitgeber angebotene bzw. finanzierte regelmäßige Fallsupervision haben, entweder in Form einer externen Einzel- oder einer kollegialen oder externen Gruppensupervision. Andernfalls sollten sie sich deswegen an ihre unmittelbaren Vorgesetzten oder Leitungen wenden. Wenn sie in ihrem Kindergarten, Hort oder Tagesstätte mit verhaltensauffälligen Kindern konfrontiert werden, sollten sie sich nicht scheuen, deren Eltern auf die Probleme gezielt anzusprechen und gemeinsam mit ihnen nach Lösungen suchen. Falls notwendig, sollte den Eltern die Konsultation einer Erziehungsberatungsstelle oder des Jugendamtes angeraten werden (s.o.). Sollten die Eltern die Probleme mit ihrem Kind ignorieren und zu keiner Kooperation mit der Einrichtung bereit sein, sollten die Erzieher den Eltern mitteilen, dass das Jugendamt von der Einrichtung informiert und eingeschaltet wird.

Lehrer

Lehrer sollten ebenfalls grundsätzlich eine Form von externer oder kollegialer fachbezogener Supervision erhalten, was jedoch immer noch die Ausnahme darstellt. Wenn sie mit verhaltensauffälligen Kindern konfrontiert werden, sollten sie Rücksprache mit den Eltern halten und die Probleme gezielt benennen. Gemeinsam können erste Hinweise zu Ursachen und damit zu Lösungen gefunden werden. Auch hier sollte den Eltern die Konsultation einer Erziehungsberatungsstelle oder des Jugendamtes angeraten werden, wenn dies notwendig scheint. Das Jugendamt kann von der Schule informiert und eingeschaltet werden, wenn die Eltern die Probleme ignorieren und so keine Kooperation mit der Schule zustande kommt.

Nachbarn
Nachbarn sollten sich, wenn sie den wirklich begründeten Verdacht von Gefahr in Verzug für ein Kind in der Nachbarschaft haben, z.B. bei dem Verdacht auf Kindesmisshandlung bzw. -missbrauch, ohne Zögern an das örtliche Jugendamt oder die örtliche Kinderschutzstelle wenden. Eine solche Meldung hat mit Diffamie nichts zu tun, wenn es dem Wohl und Schutz der Kinder dient!

Sachregister

A

Abwehrmechanismen 68, 163
Adipositas (Fettleibigkeit) 43
Aggressionen 2, 13, 14, 20, 21, 39,
  40, 42, 55, 56, 57, 59, 61, 63, 64, 83,
  89, 93, 102, 103, 109, 120–122, 133,
  137, 153, 180, 181
Aggressionen, Auto- 14, 113, 129,
  130,
Alkoholabusus 114, 131
Änderungsresistenz 38
Angst 32, 33, 42, 45, 46, 63, 70, 71,
  80, 85, 86, 93, 98, 99, 162–164,
  168–170
Anorexia nervosa (Magersucht) 43,
  57
Ansatz, multidimensionaler 11
Antriebsschwäche 41
Appetitlosigkeit 43
Arbeitslosigkeit 51, 55, 79
Attribuierung, externale 30
Aufenthaltsbestimmungsrecht 6, 34,
  76, 116, 127, 135
Aufmerksamkeit 17, 36, 38, 65, 80,
  107, 136, 144, 152, 170
Aufmerksamkeitsprobleme 41
Autismus, frühkindlicher 150

B

Behandlungsbedürftigkeit 39
Bekräftigung(slernen) 16
Beratungsdienste 3
Beschulbarkeit 13
Bestrafungen, körperliche 6
Beziehungsprobleme 49
Beziehungsstörung 42, 49, 109

Bezugsperson 13, 17, 25, 27, 32–34,
  39, 76, 77, 106
Buhmann 48
Bulimie bzw. Bulimia nervosa
  (Ess-Brech-Sucht) 43, 57

D

Darmbeschwerden 43
Daumenlutschen 43
Delinquenz (Straffälligkeit) 50
Depression 40, 49, 55, 57, 163
Diagnostik, psychologische 11
Diskriminationslernen 18
Distanz, emotionale 8, 9
Distanzierung 27
Drogenmissbrauch 50
Durchschlafprobleme 43
Dysfunktionalität 10

E

Ebene
– emotionale 31
– kognitive 31, 139
– konative 31
Eigenproblematik 2, 8, 28, 32, 37,
  88, 100, 120
Einflussfaktoren
– pränatale 12
– perinatale 12
– postnatale 12
Einkoten (Enkopresis) 43
Einnässen (Enuresis) 19, 39, 43, 152
– am Tage (Enuresis diurna) 38
– nächtliches (Enuresis nocturna)
  19, 150
Einschlafprobleme 43

elterliche Sorge 6
Elternarbeit 25–29, 31–34, 175
Entwicklung, emotionale 42, 46, 47
Entwicklungsanamnese 12
Entwicklungspsychopathologischer
 Ansatz 36
Entwicklungsstand 1, 21, 27
Entwicklungsverzögerung 12
Erkrankung
– psychosomatische 49
– psychotische 50
Erlernen 19
Erscheinungsbilder, neurotische 32
Erziehung, gewaltfreie 6
Erziehungsberatungsstelle 60, 94,
 114, 145, 150, 184, 185
Erziehungsberechtigte(r) 3, 60,
 61, 70
Erziehungshilfe 4, 13, 20, 60, 66–68,
 91, 136
Erziehungspläne 15
Erziehungsverhalten 17, 46, 49, 181
Erziehungsvorstellungen 46
Ess-Brech-Sucht (Bulimie nervosa)
 43, 57
Essstörungen 43, 49

F
Familien, milieuschwache
 bzw. sozialschwache 57
Familienanamnese 12
Familienatmosphäre 45, 112
Familiengericht 5, 6
Familiensystem 24, 26, 31, 36, 37,
 51, 57
Familienunfähigkeit 7
Fehlentwicklungen, neurotische 49
Fehlverhalten, soziales 39
Fettleibigkeit (Adipositas) 43
Fremdbewertung 23
Fremdwahrnehmung 23
Frequenz 38
Frustration, -sgefühle 40

G
Gedächtnisschwierigkeiten 41
Gefahr im Verzug 5, 115
Generalität 38
Gewalt, psychische 53
Gewaltausübung, physische 53
Gruppennorm 49

H
Handlungskompetenz 17, 23
Hassliebe (Ambivalenz) 45, 167
Hausaufgabenunterschlagung 41
Hausaufgabenverweigerung 41
Hautritzen 57
Heimerziehung 1, 4, 7–11, 14, 24,
 25, 27, 33, 56, 174–176
Heimsonderschule für Erziehungs-
 hilfe 20
Helferkomplex 156
Herumstreunen 41, 42
Hilfe zur Erziehung 1, 3, 4, 174, 184
Hilfeplan 15
Hilflosigkeit 37, 40, 54, 78, 86, 88,
 122, 132, 137, 155, 163
Homöostase 31
Hospitalisation 150
Hyperaktivität 38, 43

I
Identifikation 19, 56
Imitation 18
Individualdiagnostik 11
– multikausale 11
– treatmentorientierte 11
Insuffizienzgefühle 137
Intensität 38
in vivo 13, 23, 24,
Isolation, soziale 51

J
Jugendhilfemaßnahme 1, 7

K

Kinder- und Jugendhilfegesetz
  (KJHG) 1, 3–5, 9, 10, 184
Kindeswohl, Gefährdung des 5, 6
kognitive Ansätze 23
Kompetenz, soziale 14, 20
Konditionieren
  – klassisches 19
  – operantes 16, 18
Konsequenz 2, 15–18, 33, 57, 41, 45,
  59, 164, 166, 180
Kontaktstörung 42
Kontingenz 16, 17
Kontinuität 15–17
Kontrolle 22, 65, 93, 95, 114, 126,
  158
Konzentrationsstörungen 41, 107
Kopfschaukeln (Jaktationen) 43

L

Labilität, affektive 43
Leidensdruck 28, 30
Leistung 20, 39, 40, 116, 178
Leistungsdefizite 40, 121
Leistungskriterien 39
Leistungsschwierigkeiten,
  schulische 39
Leistungsverweigerung 40, 41
Lernen am Modell 18
Lernen, soziales 19
Lese- und Rechtschreibschwäche
  (Legasthenie) 40
Liebesentzug 53
Loslösung 27
Loyalitätskonflikt 9, 19, 37, 48, 51,
  89, 112, 142
Lügen 39, 42, 46

M

Magenbeschwerden 43
Magersucht (Anorexia nervosa)
  43, 57, 109
Medikamentenmissbrauch 50

Merkschwierigkeiten 41
Missbrauch, sexueller 33, 43, 44,
  51–53, 58, 59, 154, 162, 164–166,
  170–172
Missbraucher 52
Misserfolg 10, 20, 40
Misshandlungen 33, 53, 97, 134,
  135, 137, 138, 186
Modelllernen 46
Motorik 43

N

Nachahmung 18
Nägelkauen 43, 57
Nichtleistungskriterien 39
Norm
  – soziale 39
  – statistische 39
Normsystem 50

P

Partnerersatz 48, 140
Partnerschaftskonflikte 45
Persönlichkeitsstörungen
  – Borderline 49
  – dissoziale oder psychopathische
    49, 50
Personensorge 4–6
Perspektivlosigkeit 43, 137
Problemlösung 29–31
Prüfungsangst 42

R

Rational Emotive Therapie (RET)
  22
Realitätsbewusstsein 23
Reflexion 20, 24, 182
Reintegration 7, 10, 68, 118
Restfamilie 37, 48
Rollenkonfundierungen 134, 137
Rollenkonfusion 34
Rollenspiel 23

S

Scheidung 3, 46, 76, 93, 94, 124, 146, 172, 173
Scheidungsfamilien 27, 77
Schizophrenie 50
Schlafstörungen 43
Schulangst 15, 42, 63
Schuldgefühle 30, 72, 181
Schuleschwänzen 41, 65
Schulleistungsprobleme 3, 39
Schulreife/Schulunreife 62
Schutzmechanismen 33
Selbstbeobachtung 22
Selbstbeurteilung 22
Selbstbewertung 22
Selbstbild 42, 43, 53, 107, 109
Selbstinstruktion 23
Selbstreflexion 22
Selbstschutz 30, 32, 168
Selbstsicherheit 20
Selbststeuerung, Techniken der 22
Selbstverbalisation 23
Selbstverstümmelungen 57
Selbstvertrauen 43
Selbstvorwürfe 29
Selbstwahrnehmung 22
Selbstwert(gefühl) 17, 20, 88, 137, 178, 179
Selbstwertproblematik 42, 87, 170
Sexualentwicklung 42, 44
Sexualität 44, 74
Sexualtechniken 44
Signalcharakter 36
Sorgerecht 6, 34
Sozialisation 36
Sozialkontakt 39, 40, 64
Sozialverhalten 2, 20, 40, 42, 46, 59, 119
Stabilität 38
Status, Sozial- 31, 40
Stehlen 38, 42
Stimmungsschwankungen 40, 43, 78

Störung 25
Störungen
– affektive 49
– motorische 43
– psychische 49
– wahnhafte 50
Störung des Sozialverhaltens 42
Substanzen, psychotrope 50
Sucht 51
Suchterkrankung 50, 126
Suchtprobleme, -problematik 32, 50
Supervision, psychologische 9, 175, 185
Symptome, psychophysiologische 19, 43
Symptomträger 25, 26, 36, 37, 57
Symptomverursacher 26

T

Tagesgruppe 4
Teilleistungsstörungen 40
Testverfahren, psychologische 13
Therapieabbruch 30, 32
Therapiemaßnahmen 23
Traumatisierungen 52
Treibjagdphänomen 14
Trennung 3, 5, 6, 46, 47, 71–73, 77, 80–85, 88, 90, 92, 104, 105, 112, 128

U

Übergewicht 43
Umstrukturierung, kognitive 30
Unruhe, motorische 38, 43
Untersuchung, testpsychologische 13, 87
Ursachenzuschreibung 16, 17
Urvertrauen 28, 139

V

Ventilfunktion 37
Verbote 46, 98
Verdrängung 137

Verdrängungsmechanismen 30
Verhalten
– extrapunitives 14, 56
– intropunitives 14
– überbehütendes 46
– vernachlässigendes 46
Verhaltensbeobachtung, stationäre
  13, 87
Verhaltensdefizite 39
Verhaltensexzesse 39
Verhaltensstörungen, kindliche 10,
  26, 36, 38, 39, 45
Verhaltensweisen
– erwünschte 16
– unerwünschte 16
Verlernen 19, 24
Verletzungen, seelische 6, 100
Verlustängste 38
Vernachlässigung 6
Versagensgefühle 40, 51

Verstimmungen, depressive 43, 117
Vertrauen 17, 18, 23, 28, 77, 87, 137,
  153, 179
Vertrauensverlust 53
Verwahrlosungstendenzen 14
Verweigerung 15
Vollzeitpflege 4
Vorbildfunktion 18
Vorstellungsgespräch 60, 70, 151,
  152

W
Wahrnehmungen 35, 37, 53, 81
Weglaufen 42
Wenn-Dann-Beziehungen 16, 17,
  181
Wertesystem 50

Z
Zündeln 42

Literaturvorschläge

An dieser Stelle werden einige ausgewählte Titel aufgeführt, die in Verbindung zu den im vorliegenden Buch dargestellten Problembereichen stehen. Sie sind nach den Themenschwerpunkten Familie, Heimkinder, sexueller Missbrauch und Verhaltensstörungen gegliedert.

Familie

Böhm, A. & von Braunmühl, E. (1993). Liebe ohne Hiebe. Der Weg zu harmonischen Familienbeziehungen. Düsseldorf: Patmos.

Boszormenyi-Nagy, I. & Spark, G.M. (1995). Unsichtbare Bindungen. Die Dynamik familiärer Systeme. Stuttgart: Klett-Cotta.

Bundesministerium für Familie, Senioren, Frauen und Jugend (1999). Das Kinder- und Jugendhilfegesetz, Berlin: Bundesministerium für Familie, Senioren, Frauen und Jugend, 9. Auflage.

Goldbrunner, H. (1992). Arbeit mit Problemfamilien. Mainz: Grünewald.

Herbert, M. (1999). Die ewigen Streitereien! Wie man Aggressivität in der Familie vermeidet. Göttingen: Huber.

Hofer, M., Wild, E. & Noack, P. (2002). Lehrbuch Familienbeziehungen. Göttingen: Hogrefe.

Kuschik, K. (1998). Die beste Erziehung für ihr Kind: Liebe geben, Grenzen setzen. Niedernhausen: Falken-Verlag.

McGoldrick, M. & Gerson, R. (2000). Genogramme in der Familienberatung. Stuttgart: Huber.

Minuchin, S. (1994). Familienszenen: Problemmuster und Therapien. Reinbek: Rowohlt.

Minuchin, S. & Fishman, H.C. (1992). Praxis der strukturellen Familientherapie. Freiburg: Lambertus.

Petzold, M. (1999). Entwicklung und Erziehung in der Familie: Familienentwicklungspsychologie im Überblick. Baltmannsweiler: Schneider-Verlag Hohengehren.

Preuschoff, G. (2000). Eltern brauchen Grundvertrauen. Freiburg im Breisgau: Herder.

Richter, H.E. (1996). Patient Familie. Reinbek: Rowohlt.

Satir, V. (1994). Familienbehandlung. Freiburg: Lambertus.

Simon, F.B., Clement, V. & Stierlin, H. (1999). Die Sprache der Familientherapie. Stuttgart: Klett.

Stierlin, H. (1996). Eltern und Kinder. Frankfurt/M.: Suhrkamp.

Sturzbecher, D. & Großmann, H. (Hrsg.) (2001). Besserwisser, Faxenmacher, Meckertanten: Wie Kinder ihre Eltern und Erzieher erleben. Berlin: Luchterhand.

Skynner, R. & Cleese, J. (1998). Familie sein dagegen sehr. München: Deutscher Taschenbuch Verlag.

Walper, S. & Pekrun, R. (Hrsg.) (2001). Familie und Entwicklung. Göttingen: Hogrefe.

Wiemann, I. (2001). Wie viel Wirklichkeit braucht mein Kind? Reinbek: Rowohlt Taschenbuch Verlag.

Heimkinder

Conen, M.-L. (Hrsg.) (1992). Familienorientierung als Grundhaltung in der stationären Erziehungshilfe. Dortmund: Borgmann.

Demirkan, R. (Hrsg.) (2001). Der Mond, der Kühlschrank und ich: Heimkinder erzählen. Köln: Kiepenheuer und Witsch.

Frankfurter Heimtage 1994, Dokumentation, Frankfurt am Main: Jugendamt der Stadt.

Hebbron-Brass, U. (1991). Verhaltensgestörte Kinder im Heim: Eine empirische Längsschnittuntersuchung zu Indikation und Erfolg. Freiburg: Lambertus.

Mehringer, A. (1994). Heimkinder. München: Reinhardt.

Müller, K.-H. (1992). Aufsätze und Gedanken zur Heimerziehung. Frankfurt/M.: R.G. Fischer.

Müller, K.-H. (1995). Lebensort Heim oder was Heimkinder brauchen. Frankfurt/M.: R.G. Fischer.

Planungsgruppe Petra (Hrsg.) (1991). Analyse von Leistungsfeldern in der Heimerziehung. Frankfurt: Lang.

Schauder, T. (1998). Selbstwert, Angst und Ursachenzuschreibung: Eine Untersuchung von Kindern und Jugendlichen aus dem Heim und aus der Reha-Klinik. Landau: Verlag Empirische Pädagogik.

Verband katholischer Einrichtungen der Heim- und Heilpädagogik (1994). Kleine Kinder im Heim. Freiburg: Lambertus.

Sexueller Missbrauch

Braun, G. (1992). Ich sag' Nein. Arbeitsmaterialien gegen den sexuellen Missbrauch an Jungen und Mädchen. Mülheim: Verlag an der Ruhr.

Enders, U. (Hrsg.) (2001). Zart war ich, bitter war's. Handbuch gegen sexuellen Missbrauch. Köln: Kiepenheuer und Witsch.

Finger-Trescher, U. & Krebs, H. (Hrsg.) (2000). Misshandlung, Vernachlässigung und sexuelle Gewalt in Erziehungsverhältnissen. Gießen: Psychosozial-Verlag.

Geisler, D. (Hrsg.) (2002). Mein Körper gehört mir. Bindlach: Loewe.

Gerber-Hess, M. (2000). Und konnte nicht schreien. München: Omnibus.

Hassenmüller, H. (2000). Gute Nacht, Zuckerpüppchen. Hamburg: Ellermann.

Jäckel, K. (Hrsg.) (1994). Du bist doch mein Vater …. München: Heyne.

K., M. & Herold, S. (2001). Wenn das Schweigen bricht: Die Geschichte eines Missbrauchs. Basel: Brunnen-Verlag.

Koch, H.H. & Kruck, M. (2000). „Ich werd's trotzdem weitersagen!": Prävention gegen sexuellen Missbrauch in der Schule. Münster: Lit.

Reichelt, S. (2001). Mein Vater wird mich heiraten. Heidelberg: Asanger.

Sender, C. (2001). Ich suchte mich und fand mein Leben. Wiesbaden: Escritor-Verlag Hölling.

Wirtz, U. (2001). Seelenmord, Inzest und Therapie. Zürich: Kreuz-Verlag.

Verhaltensstörungen

Brack, U.B. (Hrsg.) (1993). Frühdiagnostik und Frühtherapie: Psychologische Behandlung von entwicklungs- und verhaltensgestörten Kindern. Weinheim: Beltz, PsychologieVerlagsUnion (PVU).

Döpfner, M., Schürmann, S. & Lehmkuhl, G. (2000). Wackelpeter und Trotzkopf. Weinheim: Beltz, PsychologieVerlagsUnion (PVU).

Ellis, A. & Grieger, R. (Hrsg.) (1995). Praxis der rational-emotionalen Therapie. Weinheim: Beltz, PsychologieVerlagsUnion (PVU).

Köhler, H. (1997). Schwierige Kinder gibt es nicht. Stuttgart: Verlag für freies Geistesleben.

Kupffer, H. & Ziethen, U. (1992). Erziehung verhaltensgestörter Kinder und Jugendlicher. Heidelberg: Quelle & Meyer.

Mielke, U. (1998). Schwierige Kinder besser verstehen. Augsburg: Midena.

Myschker, N. (1999). Verhaltensstörungen bei Kindern und Jugendlichen. Stuttgart: Kohlhammer.

Petermann, F. (Hrsg.) (2000). Lehrbuch der Klinischen Kinderpsychologie und Kinderpsychotherapie. Göttingen: Hogrefe.

Petermann, U. (Hrsg.) (1994). Verhaltensauffällige Kinder. Salzburg: Otto Müller.

Petermann, U. & Petermann, F. (1992). Probleme im Jugendalter – Psychologische Hilfen. Freiburg: Lambertus.

Seligman, M.E.P. (1999). Erlernte Hilflosigkeit. Weinheim: Beltz.

Winkel, R. (Hrsg.) (2001). Schwierige Kinder – Problematische Schüler. Baltmannsweiler: Schneider-Verlag Hohengehren.